ALEX BUCK · MATTHIAS VOGT

DESIGN MANAGEMENT

ALEX BUCK · MATTHIAS VOGT

DESIGN
MANAGEMENT

WAS PRODUKTE WIRKLICH
ERFOLGREICH MACHT

Frankfurter Allgemeine
ZEITUNG FÜR DEUTSCHLAND
GABLER

Die Deutsche Bibliothek – CIP-Einheitsaufnahme

Design-Management : was Produkte wirklich erfolgreich macht /
Alex Buck/Matthias Vogt (Hrsg.). – Frankfurt am Main :
Frankfurter Allg. ; Wiesbaden : Gabler, 1996
  ISBN 3-409-19311-1
NE: Buck, Alex [Hrsg.]

© Frankfurter Allgemeine Zeitung GmbH, Frankfurt am Main 1997
© Betriebswirtschaftlicher Verlag Dr. Th. Gabler GmbH, Wiesbaden 1997

Abbildungen und Tabellen: FROMM MediaDesign GmbH, Selters/Ts.
Druck: Wilhelm & Adam, Heusenstamm
Buchbinderei: Osswald & Co., Neustadt/Weinstraße

Printed in Germany

ISBN 3-409-19311-1

Inhalt

Standortbestimmung

Das bessere Produkt ist eine rare Spezies geworden, tatsächlich ist es aber das einzige Produkt, das sich heute noch verkaufen läßt. Was das bessere Produkt ist, wie es entwickelt wird und welche Instrumente dabei zum Einsatz kommen, davon soll nachfolgend die Rede sein. Und vor allem natürlich davon, wie das „Design", dieses scheinbar so flatterhafte Wesen, dabei zu einer so zentralen Rolle kommen konnte.

Die Managementliteratur im allgemeinen muß sich immer wieder kritisch nach der Übertragbarkeit des Geschriebenen in die Praxis fragen lassen. Dieses Buch dagegen entstand unter anderen Bedingungen. Sowohl aus beraterischer Sicht wie aus der unterschiedlicher Unternehmen werden im folgenden Ansätze und Instrumente vorgestellt, die nachweislich in der Lage sind, Produkterfolg herbeizuführen – und Unternehmenserfolge zu sichern. Damit ist auch unsere zentrale Botschaft formuliert: Unternehmenserfolg ist Produkterfolg.

Die Konzentration wieder auf diesen Zusammenhang zu richten, erscheint überfällig. Es ist erstaunlich genug, daß diese Sichtweise so lange hinter andere zurücktrat.

Das aktuelle Problem begann höchstwahrscheinlich beim Übergang vom Verkäufer- zum Käufermarkt, der nun auch schon (weit) über zwanzig Jahre zurückliegt. Er wurde nicht durch die Entwicklung hochkomplexer systemischer Strukturen begleitet, mit deren Hilfe anspruchsvoller werdenden Kunden ein adäquates Produkt zur Verfügung gestellt werden kann. Statt dessen wurden Produkte entwickelt wie bisher. Der in vielen Branchen schon dramatische Mißerfolg bei Entwicklung und nachfolgender Implementierung von Neuprodukten in den Markt wurde und wird eher dem „unberechenbaren Konsumenten" in die Schuhe geschoben als eigener Ideenlosigkeit und strukturellen Defiziten im gesamten Produktentwicklungsprozeß.

Floppende Produkte, kraftlose Sortimente, sinkende Deckungsbeiträge und insgesamt das Gefühl, nicht recht zu wissen, wie in der Produkt- und Sortimentsentwicklung weiterzumachen ist, charakterisieren breite Bereiche der Wirtschaft.

Die Instrumente, die bisher eingesetzt wurden, um die Lage zu meistern, erwiesen sich als wenig wirksam. Deutlicher könnte man formulieren, daß vor allem die Produktentwicklung stiefmütterlich behandelt wurde und wird. Aus dem strategischen Fokus der Unternehmen scheint sie fast verschwunden. Als Indikator dafür mag der aktuelle Grad an Beteiligung der obersten Unternehmensleitungen an der Produktentwicklung dienen. Richtig erscheint uns: Innovationspolitik ist Produktpolitik, und erfolgreiche Produktentwicklungen sind die Konsequenz gelungenen Innovationsmanagement.

Wie naheliegend wäre es doch, auf dem Königsweg erfolgreicher Produktentwicklungen zum Unternehmenserfolg zu kommen! Denn das Produkt ist der Kern jeglicher Unternehmung, und man kann immer wieder erstaunt sein, mit welcher (mangelnden) Sorgfalt, Liebe und Intelligenz die Produktentwicklung ausgestattet wird – vor allem im Verhältnis zu vergleichsweise nachgeordneten Funktionen im Unternehmen. Hier ist ein Umdenken notwendig. Bekannte und oftmals auch bewährte Strategien müssen auf Erfolgsträchtigkeit hin strukturell analysiert werden, die (Marketing-)Theorie, die sich bezüglich der Produktentwicklung bedeckt hält, soll aufgefordert sein, Neues, Interdisziplinäres beizusteuern, und vor allem müssen neue, erfolgversprechende Optionen vorurteilslos geprüft und gegebenenfalls in die jeweiligen strategischen Ansätze integriert werden.

Einem Instrument ist unter diesem Gesichtspunkt eindeutig zu wenig Aufmerksamkeit geschenkt worden, dem Design. Das mag ungewöhnlich klingen, meint man doch zu wissen, was Design ist – schließlich hat jeder zumindest schon davon gehört und (weiß Gott) nicht nur Positives.

Die originäre Wortbedeutung von „Design"

Sicherlich, Design ist ein facettenreicher Begriff und vieles wird darunter versammelt. Die hier vorliegende Betrachtung wird sich jetzt und weiterhin jeden Kommentars zu Begriffsvergewaltigungen wie „Naildesign" oder „Brotdesign" enthalten und sich statt dessen auf die originäre Wortbedeutung konzentrieren: ein industrienaher, zur seriellen Multiplikation geeigneter, konsumenten- und produktionsnaher Entwurfsprozeß. Die Auseinandersetzung mit diesem Designbegriff ist notwendig, weil konsumentenseitig ein Bedürfnis nach unterscheidbaren Produkten besteht, das ständig wächst. Die technisch-abstrakte Produkt-Markt-Beziehung wird dadurch zu einem fast emotionalen System. Ein psycho-soziales Verwobensein zwischen Konsument, Produkt und Hersteller erscheint vorstellbar, in dem der Hersteller viel mehr bieten muß als nur Preis und Technik. Wettbewerbsvorsprünge werden heute über gezielte eine Steuerung von Produkt- und Unternehmensanmutungen erzielt. Infolgedessen müssen nicht nur die Produkte differenzierter auftreten, auch die Unternehmen selbst werden sich bewegen müssen – und dies betrifft nicht nur Hersteller der Konsumgüterindustrie, für die Design Management zur Zeit noch die höchste Relevanz hat (unsere Beispiele hierzu: Philips, Sony, Shimano und Keramag). Auch Dienstleister sind gefordert (unsere Beispiele: Deutsche Bahn, EXPO 2000 sowie das Museum für Angewandte Kunst, MAK in Wien), und weiterhin werden sich auch die Zuliefer- und Investitionsgüterhersteller (unsere Beispiele: Schindler und Wöhner) damit auseinandersetzen müssen.

Der Terminus, unter dem Design in den strategischen Fokus der Unternehmen zurückkehrt, heißt „Design Management". Das bedeutet also nicht die ungerichtete, ziellose Kreativität bekannter Art, für die es in Unternehmen kaum entsprechend geschulte Schnittstellen gibt, sondern das externe beziehungsweise interne Management des Prozesses von der Produktidee bis zum Markteintritt.

Im Design Management wurden Instrumente entwickelt, um Design in bestehende Abläufe der Unternehmen zu integrieren, diese transparenter zu machen, legitimierbare, konsensfähige Entscheidungen herbeizuführen und einen hohen Grad an unternehmensinternem Know-how bezüglich erfolgreicher Produktentwicklung zu verankern. Der unter Umständen wichtigste Aspekt ist allerdings der, daß Design visualisiert! Eventuell klingt das allzu schlicht für die Bedeutung, die dahintersteht: Design visualisiert alle Qualitäten des Produkts, bei weitem nicht nur „ästhetische". Sämtliche Produktvorteile, technische und ergonomische Qualitäten, Innovationsvorsprünge, kulturelle und soziale Beziehungen, Preis und Wert, ökologische Aspekte sowie eine Vielzahl anderer. Das alles wird durch Design zur sinnlich wahrnehmbaren Erscheinung, und durch Design Management wird es in den Prozeß der Produktdefinition und der nachfolgenden Entwicklung integriert. Eine faszinierende Option – das Resultat dessen kann das „neue", erfolgreiche Produkt sein!

Der vielleicht erstaunlichste Nebenaspekt ist, daß Design im Gegensatz zur allgemeinen Annahme kostensenkend wirken kann, entsprechende Instrumente vorausgesetzt. Design Management

Design kann kostensenkend wirken

geht hier noch einen Schritt weiter, indem es Herstellungskosten und Preisbereitschaft der Kunden in einen neuen strategischen Zusammenhang bringt und damit eine bisher ungenutzte Perspektive aufzeigt.

All das wird in diesem Buch in zwei größeren Abschnitten behandelt: zuerst der methodische Ansatz und danach die Praxisbeispiele. Im ersten Teil wird dementsprechend beschrieben, was einen kompletten und komplexen Design Management-Prozeß ausmacht. Die Autorenschaft hierfür haben Partner und Mitarbeiter unseres Unternehmens übernommen. Im einzelnen heißt das: A. Buck integriert alle nachfolgend weiter ausgeführten Aspekte und bettet Design Management in einen ganzheitlichen Rahmen ein. S. Schupbach definiert die im weiteren wichtigen Aspekte Differenz, Identität und Bedeutung und macht mit ersten grundsätzlichen Wirkungsebenen der Produkte vertraut. G. Moeller fügt das Design Management in die aktuelle Theorie und Praxis des Marketing ein und stellt definitorische Bezüge her. J. Zindler beschreibt die anzuwendenden Instrumente und ihre Wirkungsweisen konkret und stellt damit Design Management operationalisierbar dar. Die neue Rolle der Marktforschung im Rahmen des Design Management wird durch den Beitrag von D. Lubkowitz anschaulich, einigen Raum nimmt hier das von uns entwickelte Produkt-Trend-Monitoring ein. Schließlich werden von L. Benz die erweiterte Bedeutung sowie die spezifischen Einsatzmöglichkeiten kommunikativer Strategien im Design Management aufgezeigt.

Erfolgreiche Beispiele aus der Praxis

Insgesamt wird damit ein umfassender Ansatz zur Definition und Entwicklung von Produkten beschrieben, der im zweiten Teil des Buches durch die Praxisbeispiele anschaulich wird. Je nach Branche und Schwerpunkt des jeweiligen Unternehmens stehen einzelne der oben beschriebenen Aspekte im Mittelpunkt. Kein Unternehmen wendet alle Instrumente an, was sowohl den Facettenreichtum der Mittel wie auch deren singuläre Wirksamkeit betont. Ein besonderes Vergnügen war es uns, nicht die „Paradeunternehmen" des Design Management (wie zum Beispiel Vitra, Wilkhahn, Olivetti, Siemens, Braun, ERCO, FSB, Vorwerk usw.) als Zeugen aufzurufen, sondern neue, teilweise sogar unbekannte Beispiele zu finden.

Da ist zum Beispiel die Deutsche Bahn AG, die sich im Wandel von einer Behörde zu einem modernen Dienstleistungsunternehmen befindet und hierbei Design Management einsetzt, um alle gestaltungsrelevanten Aspekte zu koordinieren.

Das zweite Beispiel ist das Unternehmen Shimano, ein Hersteller von Fahrradkomponenten, der durch sein Design den Marktwert des ganzen Fahrrads bestimmt.

Bei der Neugestaltung des Museums für angewandte Kunst in Wien (MAK) schlugen Künstler mit ihren unkonventionellen Sichtweisen eine Brücke zwischen den traditionellen Exponaten und dem Experiment der Raumgestaltung.

Keramag hat ein Grundschema von Elementarformen entwickelt, auf deren Basis sich Sanitärobjekte für die unterschiedlichsten Marktfelder und Bedürfnisse formen lassen. Design Management koordiniert diesen Prozeß.

Ein dynamisches, sich veränderndes Logo steht als zukunftsweisendes Symbol für die offenen Strukturen und die breite Palette von Themen der Weltausstellung Expo 2000 in Hannover.

Das Design Management der Aufzügefabrik Schindler erarbeitete Konzepte, die die Standardfertigung der Aufzüge mit wahlweise zu kombinierenden Designelementen verbindet.

Auf seine technische Innovation aufbauend geht Sony mit dem Walkman „YPPY" auf die zunehmende Individualisierung der Verbraucher ein, in dem es aus einem technischen Gerät ein Modeaccessoire macht.

Philips setzt auf ein neues Bedürfnis der Menschen, ein persönliches Verhältnis zu den Gegenständen des täglichen Gebrauchs zu erlangen. Gemeinsam mit dem Unternehmen Alessi brachte Philips eine Serie von Küchengeräten auf den Markt, bei denen das Kriterium des innovativen Design eine zentrale Rolle spielt.

Das mittelständische Unternehmen Wöhner hat durch eine ganzheitliche Designstrategie neue Differenzierungsmöglichkeiten im Markt erkannt. Design Management konzipierte und koordinierte diesen Prozeß.

Abschließend bleibt zu sagen: Design Management ist gewiß nicht das neueste, bestimmt aber das am wenigsten bekannte und genutzte Instrument, mit dem man Produkterfolg und damit Unternehmenserfolg forcieren kann. Produkt- und Sortimentsqualität stellen den Kern jedes Unternehmens dar. Diese Qualität zu verbessern, ist die Stärke des Design Management.

Dieses Buch vermittelt Ihnen eine andere, neue Sicht der Dinge, durch die Beschreibung einer veränderten, weiterentwickelten

Praxis der Produktentwicklung und natürlich auch durch die An-
schaulichkeit der Beispiele von Unternehmen, die überwiegend
nicht im Ruf stehen, „designverliebt" zu sein. Daß sich dadurch
die Möglichkeit bietet, zweifellos bestehende, zum Teil gravie-
rende Informationsdefizite bezüglich der Bedingungen nachhaltigen Produkterfolgs zu eliminieren, braucht nicht weiter betont
werden. Wir hoffen, die Lektüre regt Sie an, und wünschen Ihnen viel Spaß dabei.

Frankfurt, im Oktober 1996   Alex Buck
                                                          Matthias Vogt

Der neue Produkterfolg

von Alex Buck

Dieses Buch geht davon aus, daß die Maxime „Unternehmenserfolg durch Produkterfolg" etwas aus dem aktuellen Fokus der Unternehmen gerückt ist. Viele Gründe mögen für diese Entwicklung in der Praxis verantwortlich sein, Tatsache ist aber, daß dies korrigiert werden muß, um zukünftig (wieder) Erfolg zu haben.

Eine Facette, ein Baustein auf dem Weg zum erfolgreichen Produkt ist das Design, beziehungsweise seine Integration ins Unternehmen durch Design Management. Dem unberechenbaren, fluktuierenden Zustand vieler Märkte, vor dem eine Vielzahl von Unternehmen zu kapitulieren beginnt, kann mit Design aktiv begegnet werden.

Neue Wege der Wertschöpfung, der Kundenbindung und natürlich der Produkt- und Sortimentspolitik sind möglich, (noch) nicht zu reden von der Definition und von der Fixierung der Eigenidentität eines Unternehmens, die nötig ist für einen langfristigen Wettbewerbsvorteil im Markt. Die gesamte Dienstleistungsbranche zum Beispiel wird sich in absehbarer Zeit nur noch über Visualisierung der spezifischen Leistungen untereinander wirksam differenzieren können, weitere Branchen werden folgen.

Design Management liefert hier zentrale Beiträge, die natürlich nur im Kontext der bewährten Managementinstrumente durchschlagend wirken können. Design ist hierbei oftmals in der Lage, den ausschlaggebenden Unterschied herzustellen!

Diese Potentiale bewerten und operativ nutzen zu können, dazu wird das Folgende beitragen. Strategische Produktentwicklung ist immer kreative Produktentwicklung – dabei hilft Design Management. Ihre volle Wirksamkeit entfalten die hier darzustellenden Instrumente allerdings erst, wenn die oberste Unternehmensleitung in den Kreis der „Produktentwickler" zurückkehrt und damit demonstriert, daß der zukünftige Unternehmenserfolg auf dem Weg der strategischen Produktentwicklung gesucht wird.

Alex Buck (1961) studierte Industriedesign (Hochschule für Gestaltung, Offenbach). 1992 gründete er zusammen mit Matthias Vogt die d...c Unternehmensberatung in Frankfurt am Main, ein auf gesamtheitliche Produkt- und Marktbeziehungen spezialisiertes Design Management Unternehmen. Er ist Verleger (Verlag form) und Herausgeber von *form – Zeitschrift für Gestaltung* sowie *form diskurs – Zeitschrift für Design und Theorie.*

Was ist Design Management?

Einige wesentliche Klärungen voraus: Was ist Design? Design ist – bezogen auf einen dreidimensionalen, physisch vorhandenen Gegenstand – dessen Entwurf im Kontext seiner industriellen Fertigung und seiner späteren Rezeption im Markt. Design ist – bezogen auf einen zweidimensionalen oder physisch nicht vorhandenen Gegenstand (Multimedia, virtuelle Anwendungen usw.) – dessen Einsatz als Zeichensystem mit dem Ziel, dahinterliegende Botschaften so zu vermitteln, daß der anvisierte Empfänger sie versteht. Entwurfsleitlinie ist das Briefing, Referenzsysteme können unter anderem die strategische Ausrichtung eines Unternehmens, bestehende Sortimente, bestehende Zeichensysteme sowie die Akzeptanzmöglichkeiten des Marktes sein.

Diese wohl kaum weiter zu verknappende Interpretation dessen, was Design ist oder sein kann, mag vorerst genügen. Daß Design auch facettenreich, vielschichtig, lustvoll, verweisträchtig usw. sein kann, soll hier noch undiskutiert bleiben. Für die Unternehmen wirklich relevant wird der Designbegriff aber erst durch eine weitere Begriffserklärung: Was ist Design Management?

Design Management als strategisches Instrument

Design Management ist die Steuerung aller designrelevanten Prozesse im Unternehmen, von der Produktidee bis zur Markteinführung. Designrelevante Prozesse sind sämtliche Aktivitäten, bei denen zur Erreichung der Unternehmensziele gestalterisch-kreative mit unternehmensüblichen Tätigkeiten verschmolzen werden müssen. Design Management moderiert erstere gegenüber der Unternehmensführung, integriert sie in die Bereiche Forschung & Entwicklung, Marketing und Vetrieb und nimmt dabei eine spartenübergreifende Schnittstellenfunktion wahr.

Um mit den Klärungen fortzufahren: Es geht bei der Diskussion der folgenden Inhalte nicht darum, über schöne Produkte zu philosophieren und deren Fehlen zu beklagen. „Schön" und „häßlich" sind Klassifizierungen, die durchaus ihren Stellenwert haben, Ästhetik als unternehmensadäquates Instrument hat jedoch eine völlig andere Funktion. „Schön und häßlich für wen?" könnte die Frage lauten, aber auch sie negiert die Komplexität der Situation und die Zielrichtung von Design als strategischer Option bei der Ansprache von Konsumenten und Entscheidern.

Tatsächlich ist Design ein komplexes Instrument, vor allem deshalb, weil es sich so irritierend unkalkulierbar präsentiert. Der Laie hat kaum Möglichkeiten, die konkreten, situationsgerechten Potentiale zu benennen, geschweige denn einzusetzen. Dieses Problem stellt sich letztlich in jeder Spezialdisziplin und kann demzufolge hier auch nicht gelöst werden. Aber Transparenz herzustellen, Offenheit zu erzeugen, sich darauf einzulassen und natürlich Strukturhilfen anzubieten, das kann geleistet werden. Design ist eine hochspezialisierte Disziplin wie andere auch, dementsprechend muß man mit ihr umgehen.

Design ist ein multifunktionales Instrument, das sich je nach Einsatzgebiet und Ansiedlung im Unternehmen und außerdem von Branche zu Branche unterschiedlich präsentiert. Ein wesentlicher Grund, warum Design im Unternehmen so schwer einsetzbar erscheint, ist darin zu sehen, daß Produktentwicklung in den wenigsten Unternehmen personell-organisatorisch eindeutig zugeordnet werden kann. Im krassen Gegensatz zu der eingangs beschriebenen Dringlichkeit der Aufgabe, mit erfolgreichen Produkten den Wettbewerb jetzt und in der Zukunft zu bestehen, präsentiert sich oftmals eine fast zufällige Gemeinschaft verschiedener Personen, Abteilungen und entsprechenden Einstellungen als „Produktentwicklungsteam". Dieses Team findet sich temporär zusammen, die Zuständigkeiten werden anhand der üblichen Tätigkeiten vergeben, Besonderheiten des Produktentwicklungsprozesses werden oft ignoriert.

Als fatal stellt sich auch das meist völlige Fehlen der Geschäftsleitung dar. Die Ebene, auf der in den meisten Unternehmen Produkte entwickelt und beurteilt werden, kann schon allein durch die personelle Besetzung kaum „strategisches Format" haben. Unternehmenspolitik durch Produktpolitik sollte das Ziel sein. Die Aufgabe besteht also auch darin, das Produkt und die Produktentwicklung wieder in den Fokus der Strategen zu bringen.

Design Management teilt den Produktentwicklungsprozeß in vier Phasen (siehe die Abbildung auf Seite 20), in denen es ein durchgängiges Projektmanagement verlangt. Hier integriert es die verschiedenen Sparten des Unternehmens entsprechend dem Grad ihrer Zuständigkeit und sorgt dafür, daß Partikularinteressen oder Egoismen den Projektverlauf nicht nachhaltig beeinträchtigen.

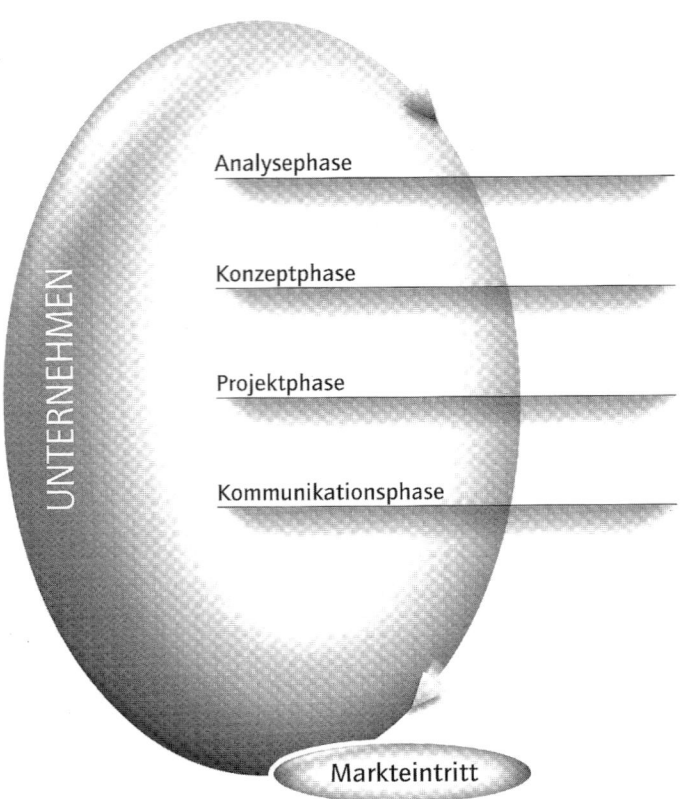

Analysephase

Konzeptphase

Projektphase

Kommunikationsphase

UNTERNEHMEN

Markteintritt

**Die vier Phasen
der Produktentwicklung**
(Quelle: d...c
Unternehmensberatung).

Durch die übliche Beteiligung einer erheblichen Anzahl interner und externer Fachleute, Abteilungen und Unternehmen stellt der Produktentwicklungsprozeß ein äußerst komplexes Gebilde innerhalb einer Unternehmung dar. Das Know-how oder auch nur die Zeit für ein so komplexes Projektmanagement ist oft nicht vorhanden. Der geforderten Interdisziplinarität ist dadurch kaum ein Unternehmen gewachsen.

Wenn solche Komplexitäten jedoch nicht gemanagt werden können, werden in absehbarer Zeit nicht mehr die Produkte entwickelt werden, die wir morgen benötigen. Der unberechenbare Konsument ist durchaus in den Griff zu bekommen, aber nicht mechanistisch, indem Projektschritte phantasielos und eifersüchtig nacheinander abgearbeitet werden, sondern nur durch flexibles, interdisziplinäres, simultanes Projektmanagement – mit Design Management.

Nicht zuletzt die Medien haben in den vergangenen Jahren den Designbegriff auf ein nicht weiter zu banalisierendes Niveau heruntergeschrieben, angesiedelt zwischen Typberatung und Mogelpackung, und damit die inhaltliche Auseinandersetzung auf unternehmensstrategischer Ebene fast unmöglich gemacht. Als Resultat dessen sind „Design" und „Designer" heute fast ein Schimpfwort. Der Leser wird ein gehöriges Maß an Chuzpe bei den Autoren vermuten, behaupten sie doch trotzdem, Design könne eines der wesentlichen Instrumente einer künftig erfolgreichen Produktpolitik sein.

Der fatale Designbegriff

Design hat aber auch eine andere Facette. Einige der herausragenden Produkt- und Unternehmenserfolge der vergangenen Jahre waren nur durch den strategischen Einsatz von Design denkbar. Stellvertretend sollen hier die Swatch-Uhr und der Sony-Walkman genannt werden. Unternehmen wie Wilkhahn und Erco sorgen mit hervorragendem Design seit Jahren für eine Sonderkonjunktur – entgegen jedem Branchentrend.

Höchstwahrscheinlich besteht das Designproblem vieler Unternehmen einfach darin, daß es für die meisten Spezialgebiete wenige anerkannte Spezialisten gibt, Designspezialist aber offensichtlich jeder ist. Unternehmen, die gegen diese Ignoranz handeln und Design als Spezialdisziplin im Konzert mit anderen einsetzen, haben große Erfolge damit. Design Management möchte für alle anderen die Zugangsvoraussetzungen verbreitern, ohne daß sie intern Know-how aufbauen müssen. Der Designbegriff, so eigenartig er sich oft präsentiert, ist Chance genug, einen (moderierten) Einsatz zu wagen. Alle Unternehmen, ob sie es wahr haben wollen oder nicht, produzieren und verkaufen Design. Die Frage lautet nicht: „Design, ja oder nein?", sondern: „Design professionell oder unprofessionell, zielgerichtet oder unreflektiert einsetzen?"

Die Nutzung des Design in der Realität steht vielfach in krassem Widerspruch zu den Potentialen, die es bietet. Immer noch wird der Zusatznutzen, der im Design liegt, im Vergleich zu rein technischen Entwicklungen unterschätzt. Der Grund dafür mag sein, daß Manager große Probleme im Umgang mit Design haben, insbesondere damit, seinen Erfolg zu prognostizieren und sicherzustellen. Es greift zu kurz, für diesen zu beklagenden Mißstand allein die mangelnde Designkompetenz der Manager verantwortlich zu machen – wo hätte sie auch erworben werden sollen? Die Fra-

Die Probleme der Manager mit Design

ge ist vielmehr, warum es nur so zögerlich gelingt, kreative Prozesse in ökonomische Zusammenhänge einzubetten.

In der Beratungspraxis hat sich eine Reihe von grundlegenden Problemkomplexen als maßgeblich für das existierende Designdefizit in den Unternehmen herauskristallisiert:

- Kompetenzdefizite des Management im Umgang mit Design,
- Geringschätzung des Produkts,
- vorherrschende Kurzfristorientierung,
- Kommunikationsprobleme in der Zusammenarbeit.

Das Kompetenzdefizit des Management

In der Zusammenarbeit mit Unternehmen hat es sich bestätigt, daß ein Kompetenzdefizit des Management im Umgang mit Design oft insbesondere in den Bereichen existiert, die potentiell Design umsetzen könnten, nämlich Poduktmanagement, Marketing sowie Forschung & Entwicklung. Die hier im mittleren Management anzutreffenden Betriebswirte, Ingenieure oder Wirtschaftsingenieure verfügen kaum über bewährte Instrumente, mit denen sie aus ihrem originären beruflichen Wissen heraus Designprozesse steuern könnten.

Mit dem im Unternehmen vorhandenen Wissen gelingt es demzufolge nur unzureichend, nicht nur technikdominierte Produkterfolge vorherzusagen. Zusätzliche gestaltungsspezifische Indikatoren sind in der Regel unbekannt. Da im Designprozeß bewußt subjektive Methoden eingesetzt werden und objektive Richtigkeit in der Gestaltung nicht zu realisieren ist, erscheinen den Managern Entscheidungen oft unbegründet und designtypisch beliebig.

Erschwerend kommt hinzu, daß in der Betriebswirtschaftslehre Design lediglich ein oberflächlich behandelter Baustein der Produktpolitik ist, angesiedelt im abstrakten Modell des Marketing-Mix. Insgesamt hat sich die Ökonomie in der Vergangenheit mit Design kaum auseinandergesetzt.

Zu dem lückenhaften Wissen über die Steuerung von kreativen Innovationsprozessen gesellt sich eine allgemeine und strukturell gefestigte Geringschätzung des Produkts. Obwohl das Produkt in der Regel die Kernleistung des Unternehmens darstellt, wird auch bei offensichtlicher Programmüberalterung oder bedrohlichen Angebotsdefiziten die Wichtigkeit der Neuproduktentwicklung unterschätzt. Daß zudem keine systematische Suche nach neuen Ideen für definierte Produktfelder unternommen wird, liegt zumeist an einer rein technisch orientierten Zuständigkeit für Produktentwicklung. Die Folge dieses generellen

Problems ist, daß weder Risiken noch Potentiale rechtzeitig wahrgenommen werden.

Die beiden beobachteten Defizite in Unternehmen in bezug auf Kompetenz und Wertschätzung der für das Design Management relevanten Faktoren werden verschärft durch eine vorherrschende Kurzfristorientierung. In der Kurzfristigkeit als Unternehmensperspektive bahnt sich der Sieg des Tagesgeschäfts über die langfristige Strategie an. Wenn das Handeln allein von Umsatzdruck und kurzzeitigen Kundengewinnen und -verlusten bestimmt wird, wird die Produktentwicklung im Produktmanagement erst recht zur ungeliebten Aufgabe. Es ist zu befürchten, daß den Unternehmen die Kompetenz, langfristige Erfolgspotentiale aufzubauen, verloren geht, die Identifikation mit dem Markt, den Wünschen der Konsumenten und dem Produkt fehlt zusehends.

Um Defizite in der eigenen Kompetenzentwicklung auszugleichen, bleibt den Unternehmen nur die immer weitergehende Externalisierung. Doch auch bei der Zusammenarbeit mit externen Designern gibt es Probleme. Bestehen ohnehin schon Schwierigkeiten in der Zusammenarbeit von Ökonomen und Ingenieuren, so treten die dafür verantwortlichen Kommunikationsprobleme in der Zusammenarbeit mit Gestaltern in wesentlich größerem Maße auf. Zusätzlich zu den terminologischen Unterschieden tritt hier das Mißtrauen gegenüber einer unternehmensfremden und schwer einschätzbaren Disziplin zutage. Weitere Probleme dabei, die Schnittstelle zwischen Unternehmen und Designer zu überbrücken, beeinflussen den Prozeß negativ: In Unkenntnis der Auswahlkriterien eines Spezialisten für definierte Designfelder werden Designer mit Aufgaben betraut, für die sie nicht geeignet sind. Mißerfolge werden der Disziplin zugeschrieben. Oder Designer werden zu einer Entwicklung erst hinzugezogen, wenn sie durch andere Disziplinen so „festbetoniert" ist, daß im Designprozeß erkannte konzeptionelle Fehler nicht mehr behoben werden können. Alternativ dazu besteht die Gefahr, Designer zu überfordern, wenn zuweilen erwartet wird, daß sie den kompletten Markterfolg liefern.

Insgesamt ist die Schnittstelle von Design und Management von Ignoranz auf beiden Seiten und vielerlei Mißverständnissen, Ressentiments und Enttäuschungen gekennzeichnet. Alle am Produktentwicklungsprozeß beteiligten Disziplinen haben noch nicht zu einem integrierten, alle Potentiale ausschöpfenden Miteinander gefunden und werden dies ohne Hilfe von außen auch in absehbarer Zeit nicht tun. Unkomplette Prozesse jedoch werden zukünftig an den Mängeln ihrer Ergebnisse scheitern. Die besondere Notwendigkeit von Design Management als der entscheidenden Funktion muß nicht weiter betont werden.

**Design, ein nach innen und
außen gerichtetes Instrument**

Was Design als nach außen gerichtetes Instrument leisten kann, erscheint klar: Erfolgreichere, weil bedürfnisadäquate Produkte, Visualisierung des Innovativen, Betonung der qualitativen Unterschiede gegenüber anderen Produkten und insgesamt das Bild eines Unternehmens, das sich zeitgemäß und intelligent mit dem Markt und seinen Bedürfnissen auseinandersetzt.

Design als Identifikationsinstrument nach innen sollte aber in dieser Sicht nicht unerwähnt bleiben. Auch wenn sich der Erfolg eines Unternehmens im Markt beweisen muß, stellt die positive Verankerung der Produkte innerhalb der gesamten Belegschaft eine nicht zu unterschätzende Motivationsgrundlage, einen „corporate spirit" dar, der insbesondere bei Belastungsspitzen jedweder Art wertvoll werden kann. Was Design Management aus Kommunikationssicht dafür strategisch und operativ tun kann, soll später aufgezeigt werden. Welche Motivation in einem von uns beratenen Unternehmen der Investitiongüterbranche mittels Design bei der gesamten Belegschaft hervorgerufen werden konnte, zeigte sich, als die ersten Muster einer intensiv betriebenen Produktentwicklung aus den Spritzgußwerkzeugen kamen und der erste Gang von 200 bis 300 noch handwarmen Exemplaren statt, wie üblich, in die Mülltonne in die Taschen der Belegschaft wanderten – um sie zu Hause zu zeigen!

Corporate Spirit pur! – Zugegebenermaßen ein fast spirituelles Vorkommnis, ein ganzes Unternehmen wartet auf das neue Produkt. Aber wer sich der Steuerung und Nutzung solcher Momente verschließt, wird irgendwann nicht mehr die Phantasie aufbringen, in neuen Märkten erfolgreich zu operieren.

Design und Innovation

Ein hoher Sättigungsgrad an bekannten Produkten und Leistungen prägt die aktuellen Märkte. Vom Ersatzbedarf und dem Ausbau produktbegleitender Services allein kann sich zumindest das produzierende Gewerbe keine Wachstumschancen erhoffen. Die dort bespielten Innovationsbereiche Technik, Preis, Qualität und Zeit beginnen aus den verschiedensten Gründen, ihre Wirksamkeit einzubüßen oder werden sogar kontraproduktiv.

Der Technikwettbewerb erscheint zumindest für den Mittelstand kaum noch gewinnbar. Zu hoch sind die Kosten, um hier Vorsprünge zu erzielen, zu teuer das Verteidigen dieser Vorsprünge über einen längeren Zeitraum. Für Großunternehmen gilt dies fast im gleichen Maße. Den Preis als Wettbewerbsinstrument einzusetzen, ist nur Marktteilnehmern mit großer Kapitalkraft möglich. Im ganzen gesehen hat dieses Instrument wohl wenige gerettet und viele ruiniert. Mit überlegener Qualität zu argumentieren, ist heute wohl nur noch in hochtechnologischen Nischenmärkten glaubwürdig, ansonsten werden Qualität und Funktionstüchtigkeit vorausgesetzt, alles andere interessiert sowieso nicht. Der Zeitwettbewerb schließlich, mit dem Ziel, der Flatterhaftigkeit der Märkte und Konsumenten schneller nachzueilen als die Konkurrenz, erscheint noch am ehesten als probates Differenzierungspotential. Jedoch mangelt es bei aller Geschwindigkeit meist an der präzisen Beschreibung dessen, was schneller gefertigt und distribuiert werden soll. Es fehlt ein Markt- und (Produkt-)Trend-Monitoring, das in der Lage wäre, ebenjene kurzlebigen Bedürfnisse zu analysieren, um ihnen dann mit ebenso schnell entwickelten Produkten zu entsprechen. Später soll ein Modell vorgestellt werden, das in der Beratungspraxis entwickelt wurde, um hier Abhilfe zu schaffen.

So ungerecht im Einzelfall diese Kurzdiagnose auch sein mag, ein Großteil der aktuellen Wachstumsstrategien hat seine durchschlagende Wirkung verloren, neue scheinen nicht in Sicht oder zumindest nicht im strategischen Fokus der Unternehmen zu sein. Die Unternehmen führen oftmals existenzverlängernde Rückzugsgefechte auf Nebenschauplätzen, anstatt neue Instrumente zu entwickeln, zu erproben oder wenigstens zu suchen.

Ohne hier schon einen präzisen Ansatz zu entwickeln, kann festgestellt werden, daß Design Management hier neue Wege aufzeigt, wie man Bedürfnispotentiale und neue Formen der Produktakzeptanz beschreibt und darüber zu neuen Produktprofilen kommt. Der Schlüssel dazu liegt in der Regel im Markt selbst, in einer intensiven Beobachtung der Konsumenten, in ihrer Einbet-

Wettbewerb in gesättigten Märkten

tung innerhalb sich verändernder Milieus, in der Antizipation zukünftiger Konsumpräferenzen auf der Basis jetziger und deren Weiterentwicklung im Spannungsfeld von Gebrauch, Nutzen und Verschleiß. Design Management integriert hier die Analyse des Marktes und der Marktteilnehmer mit dem Wissen um das Wie der Erzeugung und um die Umsetzung hierauf aufbauender erfolgversprechender Produktprofile.

Designorientierte Portfolioanalysen

Im Rahmen der Innovationsdiskussion darf neben dem Aspekt „Neuprodukt" die Sortimentspflege, oder allgemeiner: die innovationsorientierte Sortimentpolitik nicht zu kurz kommen. Oftmals ist es allerdings schwieriger, über bestehende Produktsortimente zu sprechen und kreativ mit dem vorhandenen Potential umzugehen, als eine Neuproduktdiskussion einzuleiten. Dies liegt häufig daran, daß einmal vorhandene Produkte schnell aus dem strategischen Interesse der Unternehmen verschwinden und nur noch auf der Basis von Umsatz- und bestenfalls Deckungsbeitragsanalysen betrachtet werden. Damit entgleitet dem Unternehmen eines der kostengünstigsten Innovationspotentiale, nämlich die ganzheitliche Betrachtung und die darauf basierende inhaltliche Weiterentwicklung des bestehenden Produktportfolios.

Ganzheitliche Betrachtung heißt, daß über die genannten Umsatz- und Deckungsbeitragsanalysen hinaus weitere Informationen eingeholt werden müssen. Dabei werden Informationen vor allem bezüglich der verschiedensten „soft facts" relevant, zum Beispiel Anmutungen, Präferenzen, zielgruppenspezifische Formensprache, formale Nähe zu Konkurrenzprodukten aber auch zu Kannibalisierungsgefahren im eigenen Produktprogramm. Diese Faktoren zu erheben und mit Aspekten wie sich verändernder Preisbereitschaft und ähnlichem in Zusammenhang zu bringen, erlaubt, Stärken und Schwächen des eigenen Portfolios zu erkennen und zu korrigieren. Auf der Basis unserer Beratungspraxis gehen wir davon aus, daß es teilweise möglich ist, bis zu 20 Prozent des Sortiments ohne Umsatzeinbußen zu eliminieren, allein aufgrund sorgfältiger Portfolioanalysen. Allzu große Nähe zwischen eigenen Produkten wird dabei beseitigt, Produkte stehen damit ohne Kannibalisierungsrisiko prägnanter sowohl für Kunden wie auch für den eigenen Außendienst da, überflüssige Variantenbildungen werden zurückgeschnitten und bisher unbesetzte Marktsegmente werden offensichtlich.

Der finanzielle Aufwand ist gegenüber der Neuproduktentwicklung minimal, die designorientierte Portfolioanalyse stellt sich damit als ein Instrument dar, kurzfristige sortimentspolitische Bereinigungen vorzunehmen. Darüber hinaus ist es weiterhin möglich, mittel- und langfristige Ziele der Produktprogrammpolitik zu definieren.

Woran mag es liegen, daß die Unternehmen landauf, landab den Zustand ihrer Märkte beklagen? Oftmals liegt es daran, daß viele Märkte tatsächlich in einem beklagenswerten Zustand sind. Nur die Suche nach Erfolgspotentialen kann einen Ausweg weisen. Die Richtung dieser Suche zu definieren und dann Suchfelder einzugrenzen, ist eine folgenschwere Arbeit. Der erste Schritt hierzu liegt in einer neuen Form der Informationsgewinnung, der Definition einer Landkarte, auf der man sucht, einem neuen „mapping". Oftmals präsentieren sich Innovationsdefizite nämlich als Interpretationsdefizite. Die Unternehmen wissen schlicht nicht genug über ihren Markt und gehen mit dem wenigen, das sie wissen, nicht kreativ genug um. Umfangreiche Analysen haben in der Vergangenheit gezeigt, daß ganze Branchen über eine lange Zeit hinweg Produktentwicklung über die Analyse der Wettbewerbsaktivitäten vornahmen, darüber aber den Markt vergaßen. Die Branche spielte ihr eigenes Spiel, unbeeindruckt vom Markt, der sich allerdings ebenso unbeeindruckt von deren Aktivitäten zeigte! Das Resultat ist vorstellbar, und überall anzutreffen.

Ein großer Teil der Märkte ist auch deshalb unüberschaubar geworden, weil die Unternehmen in der Vergangenheit ziellos Produktdiversifizierung betrieben haben, immer auf der Suche nach der Lücke im Markt. Die dadurch „verstopften" Absatzkanäle und die nun tatsächlich „zerfaserten" Zielgruppen bieten dann wirklich keine ausreichenden Potentiale mehr. Pessimistisch könnte man sagen, daß die Industrie die Geister, die sie rief, nun nicht mehr los wird. Dies würde heißen, sie wäre nicht intelligent genug, die neuen Bedingungen zu verstehen und entsprechend zu handeln. Positiv gewendet müßte man davon ausgehen, daß die Industrie beginnen würde, Märkte zu beobachten, die Entwicklungen von Szenen und Gruppen zu verfolgen und zu interpretieren, Überdruß frühzeitig festzustellen, sich verändernde Wertaspekte zu erkennen und vieles mehr, vereint in einem neuen Instrumentarium von Monitoring und vorausschauender Imagination.

Innovationsdefizite, Informationsdefizite, Interpretationsdefizite

Letztlich präsentieren sich die Innovationsdefizite als Interpretationsdefizite. Es fehlt der kreative Umgang mit den eigenen (Analyse-)Möglichkeiten, es fehlen Konzepte, die in der Lage sind, dem Konsumenten neue Nutzenangebote zu eröffnen. Es fehlt wohl auch der Mut, damit zu beginnen.

Design Management bietet an der Schnittstelle zwischen betriebswirtschaftlichem Alltag und kreativem Umgang mit dem Markt gangbare Wege, um zu diesen Produktinnovationen zu kommen.

Neue Wettbewerbsformen

Wie schon beschrieben verläßt der Glaube an die zukünftige Wirksamkeit bekannter Erfolgsstrategien langsam aber sicher die Unternehmen. Preis, Qualität, Technik und Zeit allein bieten wohl kaum die Potentiale, die Rettung bringen. Intelligente Kombinationen helfen da schon eher weiter. Insgesamt macht sich jedoch das Gefühl breit, eventuell zu mechanistisch, zu kartesianisch mit den Märkten umzugehen. Es wächst die Bereitschaft, sich mit sinnlich definierten Instrumenten auseinanderzusetzen.

Bisher war man der Meinung, es bei der zunehmenden ästhetischen Differenzierung der Gesellschaft mit einer zumindest für die industrielle Basis unserer Region gefährlichen Tendenz zu tun zu haben. Die zum Teil verzweifelte Suche nach neuen, valide beschreibbaren Zielgruppen spiegelt dies wider. Quantitative Zielgruppendefinitionen sind fast obsolet geworden und taugen zur Beschreibung kaum noch. Die Milieudefinition tritt an ihre Stelle, befriedigt aber auch nicht, weil sie oft nicht differenziert genug ist. Szenen und quantitativ kaum noch relevante Grüppchen komplizieren die Zielgruppendefinition extrem. Es schwinden die Möglichkeiten, für diese Szenen Produkte in ökonomisch sinnvollen Mengen industriell herzustellen und zu verteilen, besonders, wenn man dabei noch akzeptable Deckungsbeiträge erreichen will, die „break even" noch vor der ästhetischen Halbwertszeit gewährleisten.

Vor dem Hintergrund dieser Situation beginnen sich am Horizont einige Möglichkeiten für den zukünftigen Umgang mit Märkten zu entwickeln. So rücken bisher untergeordnete Produktbestandteile in den Fokus des Interesses. Im Bereich kurzlebiger Konsumgüter kann man das Entstehen eines „Oberflächenwettbewerbs" feststellen. Ganze Produktgattungen diversifizieren sich nicht mehr über ihre Form oder gar ihre Funktion, sondern nur noch über ihre Oberfläche, ihr Dekor (Uhren, Sportgeräte, Ge-schenkartikel …). Auf der einen Seite erhält damit die Industrie die Chance zur preisgünstigsten Differenzierung überhaupt, auf der anderen Seite steigt das Risiko, sich mit dem falschen Produkt komplett aus dem Markt zu katapultieren. Oberflächenwettbewerb und Zeitwettbewerb sind eine aggressive Mischung und nur für hochintelligente Unternehmen empfehlenswert. Mit dem Konsu-menten nicht nur Schritt zu halten, sondern ihn aktiv zu umspielen und ihm durch situationsangemessene Deutungen seiner Bedürf-nisse optimal, ja zwingend passende Produkte anbieten zu können, ist der Königsweg der Marktbearbeitung.

Eine etwas allgemeinere Beschreibung dessen könnte „Imagina-tionswettbewerb" genannt werden. Die Basis des Imaginations-wettbewerbs ist die situationsangemessene Deutung. Das heißt, sich auf den Markt und den Konsumenten einzulassen, quasi symbiotisch dessen Veränderungen zu begleiten und durch aktiv veränderte Produkte zu unterstützen beziehungsweise zu stimu-lieren. Die augenblickliche Ohnmacht im Bereich kurzlebiger Konsumgüter hat offensichtlich zu einem erheblichen Teil ihre Ursache in dem intellektuellen Defizit, diese Situation adäquat zu interpretieren und die daraus resultierenden Konsequenzen anzunehmen.

Die breite, branchenübergreifende Anwendbarkeit von Strategi-en verschwindet langsam. Andere Märkte brauchen andere Lö-sungen. Aber (fast) alle künftig brauchbaren Lösungen werden ähnlich strukturiert sein: sensualistisch determiniert, phantasie-voll und deutlich anders, als sie sich aktuell präsentieren. Und an dieser Stelle kommen Design und Design Management als selbstverständliche Bestandteile dieses neuen Prozesses ins Spiel! Keine andere Disziplin ist hierfür so prädestiniert und ver-fügt in diesem Maße über die passenden Instrumente, Methoden, geschweige denn Lösungen. Die Voraussetzung hierfür ist aber der bislang meist fehlende Zugang, die Bereitschaft, sich mit dem nicht immer Quantifizierbaren offen auseinanderzusetzen.

Neue Gebrauchs- und Konsumformen

Produktkonzepte heute und morgen

„Die Märkte verändern sich, sie sind in Bewegung gekommen!" Diese Aussage ist so zutreffend wie nichtssagend – genauer ge-sagt verändern sich Gebrauchs- und Konsumformen und als Folge davon auch die Märkte. Um Erkenntnisse zu erzielen, müssen also diese die Märkte determinierenden Entwicklungen analysiert und interpretiert werden. Dazu sind bisher wenige Instrumente entwickelt worden. Weder Betriebs- noch Sozialwissenschaften fühlen sich dafür direkt zuständig, das Design Management nimmt hier eine integrierende Funktion wahr und bietet Interpretations- und Produktfindungsstrategien an.

Die zentrale Veränderung der Märkte besteht wohl branchenübergreifend darin, daß die praktische „Funktion" der Produkte als Entscheidungskriterium insgesamt an Bedeutung verliert. Das praktische Funktionieren der Gegenstände ist eine banale Anforderung ohne jede Stimulanz geworden. Welchen Grad an Abstumpfung der Käufer man mit technisch dominierten „Funktionserweiterungen" erzielen kann, demonstriert der ganze Bereich der (Unterhaltungs-)Elektronik; aber auch die displaygesteuerten Haushaltsgeräte, Telefone beziehungsweise Hi-Fi-Anlagen usw. sind kaum verständlicher: Hier hat ungesteuerter technischer Ehrgeiz der Entwickler ganze Produktgattungen in eine nicht mehr reparable Ist-mir-egal-Haltung der Konsumenten getrieben.

Neue Gebrauchsformen, die hier allerdings nicht detailliert beschrieben werden sollen (collagierender Gebrauch, demonstrativer Gebrauch, ritualisierter und emblematisierter Gebrauch etc.), mischen die Karten völlig neu. Wer davon noch nie gehört hat, wird in Zukunft große Probleme haben, auf dem Markt der Konsumartikel zu bestehen.

Durch zunehmende soziale Differenzierung der Produktakzeptanz (Szenen usw.) werden die Märkte kleiner und komplexer. Selbstkonzepte und Produktkonzepte stehen in einem neuen, direkten Zusammenhang. Ein Beispiel: Luxusmarken und Luxusprodukte unterscheiden sich nicht nur durch den Preis von anderen Waren. Oft ist der Preis als Kriterium im Merkmalskonzept dieser Produkte sogar eher zu vernachlässigen. Luxusmarken erfordern Persönlichkeitskonzepte, die ihnen adäquat sind. Das intendiert einen qualitativen Begriff, Luxus ist damit als Bündel von Eigenschaften beschreibbar und viel mehr als nur „teuer".

Eine präzise Beschreibung sowohl des Status quo wie auch des strategischen Ziels der Marktbearbeitung wird zukünftig unerläßlich sein. Auf die Notwendigkeit eines erweiterten Instrumenten-Mix bei der Verfolgung dieses Ziels ist schon mehrfach hingewiesen worden. Insgesamt wird es in Zukunft auf sehr viel präzisere Ansprache der Konsumenten ankommen, man wird sich auf neuartige Entscheidungssituationen einzustellen haben, der Konsument ist erfahrener, weil schon so oft enttäuscht, durch visuelle Bombardements abgeklärter und gegenüber nutzlosen, das heißt für ihn bedeutungslosen Angeboten zunehmend resistent. Für ihn kommt nur noch das eingangs angesprochene „bessere" Produkt in Frage.

Dadurch wird die Bedeutung der Produkte selbst wieder zunehmen und kommunikatives Hintergrundrauschen wie die Werbung, die bisher viel Aufmerksamkeit für sich beanspruchte, zurücktreten. Direkte Anmutungswerte des Produktes werden über lediglich „kommunizierte" Lebensstilszenarien der Werbewelten dominieren, Wettbewerbsvorsprünge werden zukünftig über gezielte Steuerung von Produktanmutungen erreicht.

Unsere Produktumwelt, also die Summe aller uns umgebenden Produkte, wird komplexer, sie wird damit auch schwerer zugänglich. Neben den diversifizierten Angeboten in nahezu sämtlichen Gattungen werden solche technische Entwicklungen zunehmend relevant, die unseren Fundus an Bekanntem, also Identifizierbarem, verlassen.

Nur wer nicht durchs (visuelle) Raster fällt, kann auch akzeptiert werden

Der Mensch ist ein Lernwesen, Wissen baut auf vorhergehenden Erfahrungen auf, dementsprechend strukturiert sich auch die Sicht unserer Produktumwelt. Der zunehmenden Komplexität unserer visuell erfahrbaren Umwelt begegnet der Konsument auf dem Boden bestehender Erfahrungen leichter, als man dies gemeinhin glauben mag. Er sieht einfach nur noch das, wozu er aktuell eine Beziehung aufbauen kann und was für ihn eine Bedeutung hat. Visuelle Wahrnehmung sucht nicht nach Neuem, sie ist im Gegenteil nur bereit Neues aufzunehmen, wenn dies als dem eigenen Wesen verwandt erkannt wird. Das Wissen um diese Prädispositionen wird wichtig werden, um nicht durchs Raster zu fallen. Dekodierbare, präzise Produktanmutungen stellen somit den Königsweg in die Köpfe und Herzen der Konsumenten dar.

An ihre Grenzen gelangt diese Prädisposition, wo Produkte aufgrund technischer Innovationen ihre Volumina, Arbeitsweisen und den demzufolge notwendigen Gebrauch beziehungsweise ihre Anwendung völlig geändert haben. So stellt beispielsweise der zukünftige Gebrauch des Internet ein Verstehen dessen voraus, was das ist! Die Zugangsvoraussetzungen werden limitiert (ganze Altersklassen werden definitiv niemals das Internet nutzen). Das Interesse an der Auseinandersetzung damit bleibt ungeweckt, es trifft auf keine Prädisposition. Zukünftig wird es also darauf ankommen, zielgruppenadäquate, visuell dekodierbare Benutzerschnittstellen aufzubauen, die Funktionsweisen, soziale Distinktion, Werte usw. signalisieren und damit die Zugänge zum Produkt steuern.

Dies klingt eventuell komplizierter, als es wirklich ist, beschreibt es doch die maximale Komplexität der Herangehensweise, alle vorher beschriebenen Instrumente unterstützen dies allerdings. Unter Umständen ist es aber tatsächlich nicht so simpel, wie mancher in der Vergangenheit dachte, der „irgendetwas" an den Mann zu bringen versuchte. Solches Vorgehen hat sich überlebt.

Produkte mit vorbereiteten Akzeptanzschnittstellen

Neue Produktkonzepte leben und sterben mit der Akzeptanz, die sie finden. Dieses „Finden" nicht dem Zufall zu überlassen, sondern planbar, steuerbar zu machen, ist ein zentraler Aspekt von Design Management. Kalkulierbare Produktwirkungen sind eine Grundlage strategischer Produktplanung. Erst klare Absatzziele, realistische Preise und daraus ableitbare Deckungsbeiträge erlauben eine substantielle Planung des Budgets für die Produktentwicklung. Teil dieser Kalkulation der Produktwirkungen kann auch sein, den maximalen Lebenszyklus im Kontext einer sich (zwangsläufig) verändernden Zielgruppe vorherzubestimmen, also zu interpretieren, ob der „break even point" rechtzeitig erreicht werden kann. So stellte sich in der Vergangenheit manche augenscheinlich attraktive Marktnische als zu kurzlebig heraus: Bevor das Produkt auf dem Markt war, war die Zielgruppe wieder weg!

Einerseits kann man mit Hilfe der oben beschriebenen und weiterhin zu beschreibenden Instrumente die Akzeptanz eines bestimmten Produktangebots im Markt prüfen und mit Hilfe eines Produktszenarios wertvolle Erkenntnisse bezüglich der Wirtschaftlichkeit des potentiellen Produktes erheben. Umgekehrt kann man aber auch den Markt auf Akzeptanzschnittstellen hin untersuchen, nach „offensichtlichen" Bedürfnissen Ausschau halten, die aktuell mit Produkten noch nicht „ausreichend" erfüllt werden.

Beide Wege sind relativ neu und bisher nicht breit genutzt, der erste noch eher als der zweite. Der hier notwendige Aufwand zur Überprüfung oder Analyse bekannter oder vermutbarer Akzeptanzen ist gewiß nicht klein, übersteigt aber keineswegs das Maß, mit dem andere lebensnotwendige Parameter und Funktionen in Unternehmen unter die Lupe genommen werden. Unter Umständen ist es symptomatisch für die Situation, in der wir uns befinden, daß das Beschriebene als „unangemessen" oder gar „aufgeblasen" bezeichnet wird, an anderer Stelle jedoch mindestens ebenso komplexe Maßnahmen wie selbstverständlich eingesetzt werden.

Dies zeugt um so mehr von der Notwendigkeit, die mehrfach angemahnte Diskussion darüber, welchen Stellenwert Unternehmen ihren Produkten und deren Entwicklung zuerkennen möchten, umgehend zu beginnen.

Die in unserer Beratungspraxis entstandene Sicht von dem, was Design Management alles ist, kollidiert praktisch zwangsläufig mit populären Vorstellungen bezüglich dessen, was Design sein und leisten kann. Diesem Problem müssen wir uns täglich stellen, keine unserer Aussagen wirkt allerdings so exotisch und ist doch so belegbar wie diese: Design Management erzeugt eine hervorragend optimierte Wertschöpfung!

**Design optimiert
die Wertschöpfung**

Optimierung der Wertschöpfungsketten ist eine Standardforderung an jedes Unternehmen; Beratungen, Seminare und natürlich auch erhebliche Teile der Managementliteratur beziehen hieraus ihre Existenzberechtigung. Insofern könnte man dieses breit angegangene Problem als gelöst ansehen. Design Management bringt hier jedoch eine neue, aufregende Sichtweise ins Spiel – die Preisbereitschaft! Erhöhung der Wertschöpfung über Steuerung der Preisbereitschaft ist nichts anderes als die Arbeit mit visuellen Kategorien, die individuell oder gruppenstabil mit Bedeutungen von Akzeptanz/Wert hinterlegt sind (die hierzu einsetzbaren Instrumente werden im Beitrag von J. Zindler beschrieben). Ein Beispiel: Warum kann ein Montblanc-Kugelschreiber 380 DM kosten, wenn man für eine Mark eine vergleichbare Leistung erhält? – Einfach deshalb, weil die Preisbereitschaft da ist!

Wenn die Herstellung oder Repräsentation von persönlichem Selbstwert die entscheidende Bedingung für den Wert eines Produktes ist, bekommt der Warenwert eine völlig neue Dimension. In dem Augenblick, in dem die Ware in der Lage sein muß, den Selbstwert der jeweiligen Person zu repräsentieren, bemißt sich ihr Wert nach dem Grad der Erfüllung dieser Funktion. Klassische Wertaspekte wie Material, Technik, komplizierte Erzeugung, Seltenheit oder ähnliches werden disponibel.

Erste Beispiele für Produkte und Konsumweisen dieser Art gibt es bereits. Es sei an die Szenen erinnert, die sich abspielten, als die erste Swatch-Kollektion in die damals „raren" Läden kam: eine Produkthysterie bisher nicht für möglich gehaltenen Ausmaßes bei einem Warenwert von 59 DM! Swatch-Uhren repräsentieren Selbstwert jenseits klassischer Wertaspekte, haben für das Unternehmen sogar einen eigenen entwickelt und dabei ein ganzes Produktsegment aus dem klassischen Kodex von Wert und Gegenwert gebrochen.

Das ist nichts Irrationales, aber mit den aktuell bestehenden Erklärungsmustern auf der „Markenebene" nicht deutbar (und schon gar nicht operationalisierbar). Nur die Ebene der mit Wertaspekten hinterlegten emblematischen Produktsemantik hilft hier weiter: Diese Preisbereitschaft basiert auf einem System von Zeichen (produktspezifische, markenspezifische, projektiv und gelebt szenespezifische usw.) und stellt sich auf dieser Ebene als operationalisierbare Größe dar. „Die Ware ist das wert, was sie mir bietet!"

Warum analysieren die Unternehmen nicht die „Wertschöpfungsweltmeister" der jeweiligen Branchen per Bench-marking und extrahieren die offensichtlich wertschöpfungsteigernden Zeichen/Parameter? Wir jedenfalls tun dies und halten die Steigerung der Wertschöpfung durch exaktes Ermitteln der maximalen Preisbereitschaft für einen viel interessanteren Weg, als den, sich eventuell „totzusparen".

Kundenbindung durch zielgruppengenaues Design

Ein Instrument dieser Art vermuten die wenigsten im Design Management. Ähnlich kreativ kann man allerdings mit weiteren sogenannten klassischen Parametern von Unternehmenserfolg umgehen, so unter anderem im Bereich Kundenbindung. Kundenbindung ensteht durch positive Wiederholungserfahrungen und verfestigt sich ab einem bestimmten Moment zu einer stabilen und belastbaren Struktur. Da Bindungen im Kopf entstehen, agiert das Unternehmen am erfolgreichsten, das die Schnittstellen zur Zielgruppe am genauesten kennt und an diesem Punkt innerhalb eines definierten Referenzsystems ständig positive Signale plaziert. Diese Signale sind meist visuell strukturiert und werden als Produkte oder Zeichen erfahrbar.

Damit fallen sie originär in den Gestaltungsbereich des Design Management.

In einem zweiten Schritt verlangt langfristig erfolgreiche Kundenbindung die Verankerung von positiven Produkterlebnissen als wiedererkennbares Indiz auf sämtlichen Produkten des Unternehmens. Dieser Anspruch birgt die Chance, ernsthafter Partner eines treuen Kunden zu sein, beziehungsweise das Risiko, sich die Akzeptanz immer wieder neu verdienen zu müssen. Diese Art der Kundenbindung kann für Unternehmen mit riesigen oder schnell wachsenden Sortimenten, wie zum Beispiel Rubbermaid oder Herlitz, geeignet sein, in jedem neu erschlossenen Produktsegment glaubhaft und wie selbstverständlich aufzutauchen und sofort positiv rezipiert zu werden. Aber auch „Sinnkrisen" wie bei Benetton lassen sich (nur) damit abfedern. Positive Visualität ist zu einem Gradmesser der Glaubwürdigkeit geworden und stellt interessanterweise eine in hohem Maße gestaltbare Größe dar, eine Chance, die man, wenn man es ernst meint, ergreifen sollte.

Differenzierungskonzepte für Unternehmen

Kommunikationsprozesse spielen im Design Management eine bedeutende Rolle, und zwar zuallererst auf der Ebene der Definition des Neuprodukts. Ohne die kommunikativen Bedingungen im Zielmarkt zu kennen und präzise benennen zu können, ist keine Produktdefinition möglich. Jenes vorhergehend beschriebene System von Erwartungen, Haltungen, Assoziationen, Akzeptanzen usw. ist nichts als ein kommunikatives Interagieren zwischen Angeboten und deren potentiellen Nutzern, respektive Käufern.

Wenn auf der Ebene der Produktdefinition nicht Erfolgsverhinderung betrieben werden soll, müssen dort alle erhältlichen Informationen zusammenfließen. Denn auch das zu entwickelnde Produkt wird sich später in diesem kommunikativen Umfeld bewähren müssen, es wird bestenfalls mit anderen dort schon bestehenden Angeboten eine Verbindung eingehen, Akzeptanz vorfinden und wie selbstverständlich zum konsumatorischen Umfeld der Zielgruppe gehören. Falls diese Einbettung nicht zum frühestmöglichen Zeitpunkt geschieht, kann die Folge sein, daß ein an und für sich hervorragend „funktionierendes" Pro-

Das kommunikative Umfeld von Anfang an einbeziehen

dukt teuer in die Zielgruppe hinein „erklärt" werden muß. Die Kosten hierfür stehen in gar keinem Verhältnis zu der überschaubaren Aktivität einer frühen Einbeziehung designorientierter Kommunikationsstrategien im Rahmen eines Design Management-Prozesses.

Festzuhalten ist auch, daß das Produkt nur dann optimal in den Markt einfließen kann, wenn alle visualisierbaren (und anders kommunizierbaren) Parameter der Markteinführung aufeinander abgestimmt sind. Zu oft werden Produkte aufwendig entwickelt, um dann an den Vetrieb „übergeben" zu werden. Nicht übergeben wird aber das Wissen, das im Laufe der Produktdefinition und -entwicklung angesammelt wurde. Das Resultat dieses abgerissenen Fadens ist leicht vorstellbar.

Die ganzheitliche Produkt-Markt-Beziehung

Design Management sieht sich in der Pflicht einer gesamtheitliche Produkt-Markt-Beziehung, darum spielt auch dieser letzte Vorgang der Produktwerdung, der Markteintritt, eine so entscheidende Rolle. Wenn hier auch nur ein Beitrag neben andern, unter Umständen sogar entscheidenderen, geleistet werden kann, ist dies Grund allein mitzuwirken. Der Begriff der Kommunikation ist stark strapaziert, wir haben nicht vor, ihn auch noch für das Design Management zu reklamieren. Teilweise müssen wir uns allerdings dort vorhandener und durch uns weiterentwickelter Instrumente bedienen, denn natürlich ist Produktdefinition ein Arbeiten mit zeichenhaften (also kommunizierenden) Bedeutungen. Produkte stehen im Markt miteinander im Wettbewerb darum, welche Botschaften (also welche kommunizierende Signale) von ihnen ausgehen. Letztlich ist der Markteintritt nichts anderes als ein hochkomplexes System von zeichenhaften Versprechen, die üblicherweise erst im Augenblick der Ingebrauchnahme, also nach vollzogenem Konsum, auf Werthaltigkeit überprüft werden können.

Aber nicht nur auf der Ebene der singulären Produkte, sondern auch auf der Ebene des Gesamtunternehmens spielt die Kommunikation im Design Management eine erhebliche Rolle. Da Unternehmen sich in hohem Maße über die Summe ihrer Produkte definieren, geht es nicht nur darum, jedes einzelne Produkt zu kommunizieren, sondern auch das gesamte Unternehmen als Produkt zu verstehen und entsprechend zu agieren. Kommunikation verbindet hier visuell anschaulich verschiedene strategische Geschäftsfelder des Unternehmens unter dem

Dach einer Marke, grenzt gegenüber dem Wettbewerb ab, macht spezifische unternehmerische Leistungen anschaulich erfahrbar – und das nach innen und außen.

Unter Umständen mag dies fast schon banal klingen, zu oft ist es gefordert worden, allerdings viel zu selten eingelöst. Unabhängig davon wie banal es klingen mag: Es ist wichtig, ja unverzichtbar, sich dieses verhältnismäßig leicht und kostengünstig erlangbaren Wettbewerbsinstruments zu bedienen.

Ganzheitliche Unternehmenskommunikation ist in hohem Maße visuell definiert und damit ein professionell zu gestaltendes und zu managendes Element. Design Management bietet die Instrumente an, hier die richtigen Entscheidungen zu treffen.

Eine leise, aber sehr wesentliche Ebene der kommunikativen Beziehungen, die ein Unternehmen zu seinem Markt unterhalten kann, ist die der Unternehmensidentität. War im vorhergehenden Abschnitt davon die Rede, Unternehmen selbst als Produkt (ihrer Produkte) aufzufassen, erscheint dem roten Faden dieses Buches folgend die Konsequenz logisch, daß dies aktiv gestaltbar sein müßte. Neben den bekannten kommunikativen Maßnahmen, die man hierzu ergreifen kann (PR usw.), bietet Design Management im Rahmen seiner Relevanz für Produktentwicklungen eine weitere, sehr eigene Möglichkeit. Die Begriffe Brand Identity und Brand Language beschreiben das angedeutete Wirkungsfeld.

Brand Identity und Brand Language, Meta-Ebenen der Produktwirkung

Die Brand Identity ist die inhaltliche Meta-Ebene eines Unternehmens, durch Design wird sie visuell anschaulich. Sie ist die verbindende Klammer aller Produkte, die ein Unternehmen unter seinem Namen in den Markt gibt. Sie bietet dem Konsumenten Fixpunkte zur Identifizierung, bestenfalls – selbst wenn das Produkt nicht mit dem Namen des Herstellers gekennzeichnet ist – eine Möglichkeit zur Wiedererkennung und damit einen Bekanntheitsvorsprung. Brand Identity ist so verstanden keine intellektuelle Fiktion, sondern eine langfristige Strategie, um den Markenkern eines Unternehmens zu visualisieren und dauerhaft wiedererkennbar im Markt zu verankern.

Brand Indentity entsteht im Produktbereich durch die Brand Language. Sie ist die exakte Formulierung aller Produktdetails sowie der unveränderbaren Fixpunkte, die in ihrer Summe zu dem führen, was im Markt als Brand Identity wahrgenommen werden kann. Dieses Modell geht davon aus, daß Produkte auf einem „produktsemantischen" Niveau mit ihren Betrachtern interagieren, sich also zeichenhaft-bedeutungsvoll mitteilen. Gelungene Umsetzungen von Brand Language im Automobilbereich sind zum Beispiel die BMW-Niere und die Keilform von Alfa Romeo. Um in diesen „Wettbewerb der Identitäten" eintreten zu können, ist es notwendig, das Terrain zu sondieren, die potentiellen Wettbewerber in eine Art produktsemantisches Portfolio einzusortieren und auf ihre jeweiligen Identitätsprofile hin zu überprüfen. Dies ist unumgänglich zur Identifikation entsprechender Spielräume und zur Definition eigener Profilbereiche, zum Beispiel solcher, die aktuell unbesetzt oder nur schwach besetzt sind.

Abschließend bleibt festzuhalten, daß Brand Identity keineswegs den Luxus eines Unternehmens darstellt, das alle „klassischen" Wettbewerbsvorteile schon ausgeschöpft hat, sondern daß sich mit ihrer möglichst genauen Definition die Chance bietet, prägnant im Markt auftreten zu können – mit allen daraus resultierenden Vorteilen. Dazu muß aber allen an der Produktdefinition und -entwicklung Beteiligten klar sein, welche markentypischen Fixpunkte Produktentwicklung und vor allem Produktdesign im Unternehmen zwangsläufig beinhalten muß, beziehungsweise was auf jeden Fall vermieden werden sollte. Brand Language stellt somit eine weitere Facette dessen dar, was Design Management als strategische Option für Unternehmen jedweder Größe bedeuten kann.

Design Management – ein neues Instrument

Wenn es der aktuellen Wirtschaft an Erfolg mangelt, mangelt es den Unternehmen vor allem an erfolgreichen Produkten. Das eine ist die Folge des anderen. Dieses Defizit zu beheben, sind alle aufgefordert, jeder in dem Maße, wie er einen Beitrag leisten kann. Auch Design und Design Management können ihren Teil beitragen, der höchstwahrscheinlich in der Vergangenheit gering oder jedenfalls zu gering geschätzt wurde. Positiv gewendet bieten sich hier also die größten Spielräume.

Design Management möchte diese Herausforderung annehmen und bietet sich als ein Instrument neben anderen an. Nie wird es allein erfolgreich sein, aber damit ähnelt es nur allen anderen Instrumenten, die angeboten und verwendet werden. Design Management fordert allerdings eine neue Investition: die in sensualistische Intelligenz, in Produktintelligenz. Alle (oder jedenfalls die meisten) Produkte sind wundervolle Organismen, sie atmen den Geist ihres Erzeugers, kommunizieren mit einer Vielzahl potentieller Nutzer und bereichern das Leben ihrer Verwender!

Auch das bedeutet Produktgestaltung: sie mit allem auszustatten, was sie benötigen, um diese Rolle zu übernehmen. „Intelligente" Produktdefinition und nachfolgende Gestaltung weiß das und handelt entsprechend.

Design Management plädiert für dieses Intelligenz-Plus, für dieses tiefere Einlassen auf das jeweilige Produkt und seine Optionen. Design Management bietet Instrumente an, um erfolgreichere Produkte, die aus dem oben angedeuteten Erkenntniszusammenhang resultieren, entstehen zu lassen. Die Auseinandersetzung mit Produkten jedweder Art auf dieser Ebene ist nicht nur technisch-instrumentalistisch-quantitativ, sondern auch lustvoll, anregend, ja faszinierend.

Design Management integriert diese sensualistische Sicht mit den notwendigen „hard facts" der Produktentwicklung und schmiedet so ein schlagkräftiges Instrument neuer Art.

Wettbewerb der Identitäten

von Stephan Schupbach

Durch die Globalisierung der Märkte sowie durch die technologie-, einkaufs- und produktionsbedingte Bauteil-Standardisierungen bei Produktentwicklungen ist eine Zunahme des Identitäts- und damit auch Bedeutungsverlustes der Produktwelt zu beobachten. Diese sich durch alle Branchen durchziehende Problematik hat für die Unternehmen auch zur Folge, daß sich die traditionellen Wettbewerbsfaktoren verändern. Der folgende Beitrag beschäftigt sich mit den neuen Strategien und Erkenntnismethoden für den Kern des Problems – die Produktentwicklung –, die dieser sukzessiven Angleichung der Produkte entgegenwirken können.

Bedeutungsverlust durch Standardisierung

In der aktuellen Diskussion der Wirtschaftsdisziplinen wird viel über neue Marketing- und Absatzmethoden gesprochen, aber nur selten von operativ umsetzbaren Konzepten für die Produktentwicklung, die eine neue Bedeutung für die Konsumenten im modernen Markt erzeugen könnten.

Tatsache ist: Der Markt produziert Produkte und Zusatzleistungen, die ähnlich gut sind, das gleiche kosten und auch das gleiche können. Die einstigen Differenzierungsgrundlagen zum Wettbewerber sind somit kaum noch vorhanden.

Der Hintergrund dieser Entwicklung ist offensichtlich: Über die traditionellen Wettbewerbsfaktoren wie Preis oder Vertrauensvorsprung ist kaum noch Geld zu verdienen. Die Globalisierung der Märkte hat beträchtliche Auswirkungen sowohl auf die quantitative und qualitative Zusammensetzung der Konsumentenstruktur als auch auf die Produktplanung und Produktentwicklung – gesetzlich bedingte Normungen sowie einkaufs- und produktionsbedingte Standardisierungen treten immer stärker in den Vordergrund. Die hierdurch entstehende Angleichung der Produkte wäre durch entsprechende Maßnahmen am Kern des Problems – der Produktentwicklung – zu lösen.

Stephan Schupbach (1962) studierte Industriedesign (Hochschule für Gestaltung, Offenbach) und arbeitete danach schwerpunktmäßig für die Investitionsgüterindustrie. Als Mitbegründer des wissenschaftlich orientierten Beratungsunternehmens Vision & Gestalt war er für den Bereich Human Interface Design verantwortlich. Seit 1994 ist er Berater bei d...c Unternehmensberatung.

Hinzu kommt, daß zusätzliche Wettbewerbsvorteile über rein technologisch orientierte Innovationen kaum weiter ausgebaut werden können. Zum einen sind die technischen Entwicklungen bei einer Vielzahl von Produkten ausgereizt, zum anderen sind auch die Konsumenten nicht mehr bereit, den „trügerischen" Mehrwert der technischen Leistungsmerkmale, bedingt durch die damit einhergehende Komplexitätssteigerung bei der Bedienung, monetär zu honorieren. Nach Erkenntnissen des amerikanischen Psychologen Donald A. Norman vervierfacht sich die Komplexität bei einer Verdopplung der Leistungsmerkmale, bei einer Verzehnfachung der Leistungsmerkmale muß man die Komplexität mit hundert multiplizieren.

Gleichwohl läßt auch die Motivation der Manager bei der Produktentwicklung nach, wenn sie – in das Korsett des rein absatzbedingten Erfolges gepreßt – von einem Produkt zum anderen hetzen und dabei doch nur das gleiche Produkt „erfinden" wie die Konkurrenz.

„Mainstream" versus Differenzierung

Die dargestellte Entwicklung, die wir als „Mainstream" in der Produktentwicklung bezeichnen, ist gleichbedeutend mit dem Verlust der Eigenidentität der „Dinge" – „gleiche" Produkte besitzen keine eigene Identität, sondern wirken auf den Verbraucher im Endeffekt identisch. Ein Produkt aber, das keine Identität besitzt, kann auch keine „echte" Bedeutung bei den Konsumenten erzeugen, da es ihnen keine Identifikationsansätze bietet – es wird austauschbar. Somit heißt „Mainstream" auch immer: Bedeutungsverlust der Produkte.

Kompensationsversuche der Unternehmen zeigen sich in den riesigen Werbeetats, in Kampagnen, die nach wie vor den Technologie- und Leistungsvorsprung der Produkte verkünden – natürlich mehr oder weniger den gleichen wie ihre Konkurrenz. Inwieweit der beschriebene Bedeutungsverlust durch den Boom der Informationstechnologie und dem damit einhergehenden Zusammenwachsen vieler Produktbereiche noch gesteigert wird, ist gar nicht abzusehen.

Ein zukünftiges Szenario kann man sich aber durchaus schon ausmalen: Unterschiedlich große Bildschirme (normal, flach oder projeziert) sind in der Privatwohnung verteilt. Große Bildschirme

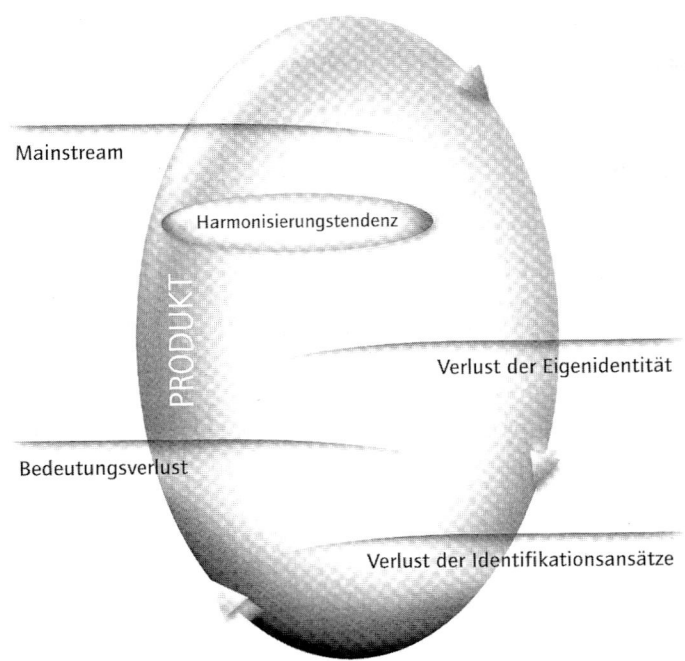

Mainstream

Harmonisierungstendenz

PRODUKT

Verlust der Eigenidentität

Bedeutungsverlust

Verlust der Identifikationsansätze

Mainstream heißt:
Bedeutungsverlust der
Dinge (Quelle: d…c
Unternehmensberatung).

hängen an der Wand, kleine neben dem Bett, im Bad oder in der Küche. Transportable Bildschirme – groß wie eine Zigarettenschachtel – liegen hier und da herum. Wenn man nun zum Beispiel ein Telefonat führen will, hat man unterschiedliche Möglichkeiten. Entweder man bekommt auf einem stationären Bildschirm die Abbildung des Telefons gezeigt, das man dann mit einem transportablen Bildschirm – in Form einer Fernbedienung – bedient, oder man nimmt gleich den transportablen Bildschirm als Telefon. Dieser dient im nächsten Moment wieder als Fernbedienung für Fernseh- und Videogerät. Deren Bilder werden auf dem Großbildschirm dargestellt. Der Bildschirm neben dem Bett wird zum Wecker oder zum Radio, der in der Küche wird zur Steuerung der Spülmaschine oder wieder als Telefon verwendet. Der transportable Bildschirm wird als Fernbedienung von Heizung, Klima- oder Hi-Fi-Anlage genutzt, bevor er sich wieder in einen Taschenrechner oder Online-Walkman verwandelt, den man zum Joggen mitnimmt …Wo hätte da ein Konsument die Chance, seiner Persönlichkeit mit einem Produkt, sei es Hi-Fi-Anlage, Fernseher oder Telefon, Ausdruck zu verleihen?

Einzelne Unternehmen sind sich der Problematik des Identitäts-
verlustes zwar bewußt, doch die Mehrheit der Firmen diskutiert
nach wie vor über Faktoren der Technologie, was insbesondere
die neu und intensiv geführte Innovationsdiskussion zeigt. Andere Faktoren – zum Beispiel ästhetische – werden selten auf der
operativen Ebene der Produktentwicklung berücksichtigt, sondern, wenn überhaupt, auf der Unternehmensebene – zum Beispiel im Rahmen der Diskussion über die Unternehmensidentität. Leider geschieht dies meist nur in sehr oberflächlicher
Form und ausschließlich auf zweidimensionale Medien beschränkt, wie zum Beispiel Firmenlogo, Typographie oder die
„Hausfarbe".

Als wirklicher Identitätsträger innerhalb eines modernen „Wettbewerbs der Identitäten" kann sich aber nur profilieren, wer alle
Faktoren um Produkt und Sortiment kennt und deren Wirkungen
– einzeln und in Summe – auf die späteren Konsumenten beachtet. Identitätsstiftung erfolgt über Produktwirkung, und Unternehmensidentitäten werden erst durch Produkt- und Sortiments-
identitäten erreicht. Es ist die Produktwirkung, die eine Bedeutung des Produkts beim Konsumenten erzeugt. Nur wenn Produkt und Sortiment versprechen, die spezifischen Bedürfnisse
des Konsumenten zu erfüllen, möchte dieser das Produkt auch
haben und wird es kaufen.

Insbesondere sozio-kulturelle Faktoren bewirken, daß über Produkte und mit ihnen kommuniziert wird. So kann man beispielsweise einer Sitzgelegenheit ansehen, für welche Art von Sitzen
sie entworfen wurde: kurzzeitiges oder langes Sitzen (Stuhl oder
Sessel), Sitzen am Arbeitsplatz (Bürodrehstuhl), im öffentlichen
Bereich (zum Beispiel abwaschbare Reihungen von Stühlen), an
einer Bar (Barhocker) oder in einem Fahrzeug (verstellbarer Sitz
mit Seitenhalt). Sitzen für Kinder (spielerische Formen), Jugendliche oder ältere Menschen (modische, zeitgeistorientierte
oder bequeme Sessel).

Darüber hinaus sind aber auch symbolische Aussagen an der
Produktform abzulesen. So bieten die Hersteller von Büro-
stühlen Ausführungen für Sekretärinnen, Sachbearbeiter, Lei-
tende Angestellte und Chefs an. Der Bürostuhl bekommt, je nach
hierarchischer Einstufung des Benutzers und unabhängig von
praktischen Eigenschaften eine Armlehne, eine höhere Rücken-
lehne, eine breitere Sitzfläche oder hochwertigere Materialien

wie zum Beispiel Leder. Daß gerade „Chefs" die „bequemsten" Stühle haben, verweist darauf, daß nicht nur die eigentliche Arbeit unterstützt wird, sondern daß ein Produkt durch seine symbolische Wirkung zum Zeichen werden kann: So wie der mittelalterliche Thron repräsentiert auch der Chefsessel die Macht seines „Besitzers".

Daran zeigt sich, daß Produkte unterschiedliche Funktionen erfüllen – nicht zuletzt transportieren sie durch ihre spezifische „Sprache" persönliche Einstellungen, Moden, Status und Image. Das Produkt muß die Vorstellung des Benutzers unterstützen und übergeordnete kulturelle Erwartungshaltungen sowie Identifikationsaspekte des Konsumenten reflektieren, indem es die abstrakten Vorstellungen des Nutzers gewissermaßen „artikuliert" und visuell umsetzt.

Der Philosoph Jürgen Habermas bezeichnete die Sprache einmal als „Schlüssel zur Theoriebildung", mit dem die Strukturen der einzelnen Lebenswelten erfaßt werden können. Diese Erkenntnis muß aktiv in die Produktentwicklungen einfließen, indem zum Beispiel theoretische Modelle wie die „Theorie der Produktsprache" (siehe das Beispiel über die Sitze) in anwendbare Instrumente übertragen werden – eine operativ einsetzbare Vorgehensweise bei Konzeption und Entwicklung, die das Produkt bewußt über formale Zeichen auf die anvisierte Zielgruppe ausrichtet.

Die höchste Relevanz hat dies sicher für alle Produkte der Konsumgüterindustrie. Aber auch für große Teile der Investitionsgüterindustrie und viele Dienstleistungsunternehmen bis hin zu Medien- und Finanzfirmen sind dies wichtige Aspekte, die bei bewußtem Einsatz zu erfolgreicher Differenzierung im Wettbewerb führen können.

Die tägliche Arbeit an diesem Thema zeigt uns, daß die gewünschte Produktwirkung nur zu erreichen ist, wenn der spätere Konsument im Vorfeld der Produktentwicklung in seiner spezifischen Wahrnehmung betrachtet und analysiert wird und alle folgenden Maßnahmen danach ausgerichtet werden. Dabei müssen verschiedenste Instrumente des Design Management zum Tragen kommen, die es – basierend auf methodischen Weiterentwicklungen angrenzender Disziplinen (Soziologie, Psychologie etc.) – ermöglichen, Produktentwicklung im Sinne der Identitätsbildung eines Produkts und der damit verbundenen Differenzierung im Wettbewerb professionell darzustellen.

Der Konsument determiniert den Markt

Im Gegensatz zur tatsächlichen Arbeit in den Entwicklungsabteilungen der Unternehmen muß der Konsument bei der Produktentwicklung nicht als abstrakte Konstruktion, sondern als Einzelperson mit spezifischen Merkmalen und Bedürfnissen der bestimmende Faktor sein. Dadurch wird eine intensive Auseinandersetzung mit einer ihm adäquaten Ästhetik notwendig. Es reicht nicht mehr aus, die objektiven „hard facts" wie Preis, Funktionalität oder ähnliches zu berücksichtigen. Es muß statt dessen eine Subjektivierung der Parameter im Hinblick auf den Konsumenten erfolgen: „soft facts" wie zum Beispiel emotionale Bedürfnisse bezüglich bestimmter Produkte müssen in die Entwicklung mit einfließen.

Mitch Kapor, Gründer der Lotus Development Corporation, verwies in diesem Zusammenhang einmal auf das „Fehlen des Gespürs für die Benutzerpsyche".

Bei der Produktentwicklung werden oftmals zuerst Produkte konzipiert und dann Überlegungen über den Konsumenten angestellt. In manchen Fällen findet eine Art „Scheinberücksichtigung" menschlicher Bedürfnisse statt – man orientiert sich an der scheinbar vorbildlichen Produktentwicklung des Bauhauses (hier unterteilte man in „falsche" und „richtige" menschliche Bedürfnisse) oder der emanzipatorischen Zielsetzung der Guten-Form-Doktrin.

Dabei ist ausschließlich die Akzeptanz des Konsumenten entscheidend für den Erfolg des Produkts. Deshalb müssen all seine Bedürfnisse zentral in den Entwicklungsprozeß integriert werden. Nur wenn die rationale und emotionale Qualität eines Produkts mit den Erwartungen des Konsumenten übereinstimmt, kann dieses auch Bedeutung für ihn erlangen.

Die Bedürfnisse und Möglichkeiten des Menschen müssen daher die treibende Kraft in der Entwicklung sein. Nur das Verständnis des Konsumenten, seines Charakters und seiner Ziele im Vorfeld der Entwicklung kann Produkte aus dem Labordenken in Markterfolge transformieren.

Die Menschen, und damit auch die späteren Käufer, unterscheiden sich massiv in ihren „Lebenswelten". Jeder einzelne nimmt die Umwelt anders wahr und beurteilt sie nach seiner speziellen ästhetischen Erfahrung. Individuen bedienen sich alltagsästhetischer Muster, um ihre eigenen Positionen zu bestimmen und zu bekräftigen, sich abzugrenzen oder Nähe zu schaffen. Daher ist die ästhetische Erfahrung zum primären Orientierungskriterium der Individuen in ihrer „Lebenswelt" geworden. Aus einer Fülle von ästhetischen Erfahrungen eindeutige Muster zu extrahieren und somit einzelne Gruppen zu beschreiben, hilft dabei, die vom Konsumenten zu erwartende Reaktion im Vorfeld zu erkennen.

Genaue Gruppenbeschreibungen sind als Instrument zur Bildung einer neuen Art von Zielgruppe und deren Untergruppen besonders wichtig. Durch milieuspezifische Sammlungen ist es möglich, Menschen mit ähnlichem Lebensumfeld und ähnlichen Lebensvorstellungen zu gruppieren. Im Zuge fortschreitender gesellschaftlicher Individualisierung – bei gleichzeitiger Standardisierung der Produktwelt – können traditionelle Segmentierungsleitfäden (zum Beispiel nach demographischen Strukturen) allein keine gesicherte Basis mehr darstellen. Sie können nicht mehr als identifikatorische Grundlage der Ansprache gelten. Vielmehr müssen qualitative Aspekte wie Lebens- und Produktwelten sowie soziokulturelle Eigenschaften wie Vorlieben, Erlebnisse, Ideale und auch die Zusammenführung verschiedener Einzelerlebnisse mit einbezogen werden.

Milieuspezifische Betrachtungen fassen Menschen aus unterschiedlichen Alters- und Einkommensklassen zusammen und beschreiben diese in ihrer spezifischen „Lebenswelt", die jeweils in sich heterogen erscheinen kann. Erst durch die Kenntnis dieser „Welten" können detaillierte Aussagen zu den später erforderlichen Wirkungen der Produkte auf die Konsumenten gemacht werden, die dann aber um so präziser formuliert werden können.

Man muß die „Welten" der Konsumenten kennen

In der eindeutigen Bestimmung dieser Gruppen und dem daraus resultierenden Erkennen der jeweils notwendigen Produktwirkung liegt einer der Kernaspekte moderner Produktentwicklung. Nur wenn der Ausgangspunkt – sprich: die wirkliche „Lebenswelt" der anvisierten Zielgruppe – im Vorfeld genau bekannt ist, kann ein Erfolg im Markt erreicht werden.

Obwohl sich Produkte und das jeweilige Auftreten im Markt von Fall zu Fall natürlich unterscheiden, gleichen sich die dargestellten Probleme und die Lösungen strukturell stärker, als man dies vermuten würde. Dies gilt für den Bereich der Konsum- und

Investitionsgüter genauso wie für Dienstleistungen, Medien- oder Finanzprodukte.

Da diese notwendige Analyse heute kaum durchgeführt wird, sollen im folgenden vier Grundmilieus exemplarisch betrachtet und beschrieben werden. Die Unterscheidung basiert auf einem kultursoziologischen Ansatz von Gerhard Schulze, mit einer von uns weiterentwickelten Unterteilung in vier Grundmilieus (Schulze geht ursprünglich von fünf Milieus aus). Die Beschreibungen können hier nur eine vereinfachte Typologie darstellen, die jedoch bei eingehender Betrachtung und in der konkreten Anwendung sehr präzise definiert werden kann. Die zur Illustration angeführten Erlebnisparadigmen sind versinnbildlichte Mythen, in denen die jeweiligen Ideale und Wertvorstellungen der Gruppen vereint sind.

Niveaumilieu

Das Niveaumilieu faßt im wesentlichen ältere, gebildete Menschen zusammen. Sie interessieren sich eher für die sogenannte „Hochkultur", dazu gehören der obligatorische Theaterbesuch, klassische Musik und Oper. Man liest Kulturmagazine, ist Mitglied in einem Golfclub und besucht teure Restaurants. Typischerweise ist alles, was dieses Milieu prägt, gepflegt und von hoher Qualität. Hier ist ein feines Gespür für gesellschaftliche Unterschiede vorhanden. Die Abstufungen von „oben" und „unten" sind im Denken verwurzelt. Man bevorzugt die kultivierte Atmosphäre mit deutlich konventionellem Einschlag. Vertreter dieses Milieus legen Wert auf Qualität, Image und Prestige – repräsentative Pflichten nehmen einen großen Raum in ihrem Leben ein. Es ist eine dementsprechend hohe Preisbereitschaft festzustellen.

Das Erlebnisparadigma, also die ultimative Erfüllung der Wunschvorstellungen dieser Gruppe wäre die Verleihung des Nobelpreises.

Harmoniemilieu

Grundsätzlich ist das Harmoniemilieu als eine Gruppe von eher Älteren mit eher niedriger Schulbildung zu umschreiben. Besonderes Merkmal ist seine relative Unauffälligkeit. Obwohl das Harmoniemilieu weit mehr Menschen umfaßt als das Niveaumilieu, tritt es deutlich weniger in der Öffentlichkeit in Erscheinung. Typischerweise hat die Wohnung und das Zuhause für dieses Milieu eine große Bedeutung. Seine Vertreter wohnen meist zur Miete und verwenden viel Zeit auf die Gestaltung ihres Heims. Auffälligstes Merkmal der Inneneinrichtung ist die Besetzung des Raums mit einer Fülle von Objekten. In der Freizeit wird das Auto gepflegt, die Wohnung verschönert, man hält die Dinge sauber. Nach getaner Arbeit kocht man sich lieber zu Hause etwas Gutes als auszugehen. Das Erlebnisparadigma der Angehörigen des Harmoniemilieus ist die Hochzeit.

Das Selbstverwirklichungsmilieu umfaßt die Gruppe der Jüngeren und Gebildeten oder zumindest Bildungsbewußten. Es dominiert ein Muster, das der Hochkultur nahesteht. Alles, was Spannung verspricht, wird positiv bewertet. Triviales wird abgelehnt. Es ist typisch, daß die Mitglieder in verschiedenen Welten gleichzeitig leben können: Mozart und Rockmusik, Kunstausstellung und Kino. Weiteres Kennzeichen dieser Gruppe ist das Ideal der Mobilität, der Drang nach außen und die Neigung zur Selbstdarstellung. Dieser Typ strebt ständig nach Originalität, was ihn auch empfänglich für neue Zeichen jedweder Art in Mode, Musik, Sport und Ansichten macht. Typischerweise sind häufig kreative und psychosoziale Berufe wie Architekt und Lehrer in diesem Milieu vertreten, doch auch klassische Anpassungsberufe wie zum Beispiel Manager sind hier häufig zu finden. Dieses Milieu ist das mobilste Milieu mit der ausgeprägtesten Tendenz, die eigenen vier Wände zu verlassen.

Nach Schulze ist das Erlebnisparadigma beziehungsweise der Idealtypus dieser Gruppe der Künstler.

Im Unterhaltungsmilieu finden sich die jüngeren Menschen mit eher niedrigem Bildungsniveau wieder. Allen Vertretern dieses Typs ist gemein, daß formale Eigenschaften der Realitätsangebote, etwa Pointierung, Ungewöhnlichkeit, Aktualität, Kürze, Prägnanz und emotionale Aufladung, bedeutend wichtiger genommen werden als inhaltliche Eigenschaften, wie Informationsgehalt, Wahrheit oder inhaltliche Tiefe.

Man greift gerne auf die Serviceleistungen der Erlebnisanbieter zurück: Kino, Spielhalle, Videothek, aber auch Autorennen, Fitneßstudio oder der Fußballplatz sowie Diskotheken und die Kneipenszene. Bei der Mediennutzung dominieren Fernsehen und Video, dabei vor allem amerikanische Krimiserien oder Actionfilme. An Printmedien werden vor allem Boulevardzeitungen konsumiert. Das Erlebnisparadigma des Unterhaltungsmilieus ist Miami Beach.

Jedes der beschriebenen Milieus besteht wieder aus spezifischen, einzelnen Lebensstilen und jeder Lebensstil wiederum

Selbstverwirklichungsmilieu

Unterhaltungsmilieu

aus einzelnen Untergruppen. So unterteilt eine Studie, die die Zeitschrift *Stern* in Auftrag gegeben hat, zum Beispiel das jugendliche Unterhaltungsmilieu weiter in „Rockabillys", „Trendsportler", „Girlies", „Punks", „Schickis", „Skinheads", „Technos", „Grufties", „Computer-Kids", „Beauties", „Heavy Metals" und noch viele andere mehr.

Jede einzelne Gruppe hat ihre eigenen Codes, ihre eigene Formenwelt, ihr eigenes Verständnis von Farben, Grafik und Materialien sowie jeweils auch ihre eigene Anspracheebene im Rahmen der Produktwirkungen. Jede Gruppe hat ebenso ein ausgeprägtes Bedürfnis, ihre Identität mit Konsumgütern zu manifestieren. Wie weit man dies präzisiert, hängt davon ab, wie genau ein Unternehmen sein Produkt plazieren will – egal ob Hi-Fi-Anlage, Telekommunikation, Kaffeetasse oder ein Computer mit entsprechender Software. Je besser man seine spezifische Zielgruppe kennt, um so besser kann man die entprechende Wirkung des Produkts ausrichten.

Wenn also – wie dargestellt – alltagsästhetische Erfahrungen und Muster das primäre Ordnungskriterium der Konsumenten sind und diese auf den einzelnen Lebenswelten und Vorlieben zusammengehörender Gruppen basieren, müssen im Rahmen unternehmensspezifischer Betrachtungen Instrumente eingesetzt werden, die diese Erkenntnisse bewußt als „Produkt-Wirkungs-Parameter" definieren und die nachfolgende Entwicklung auch entsprechend ausrichten. Nur wenn man diese emotionale Qualität berücksichtigt, werden Produkte entstehen, mit denen sich der Konsument auch identifizieren kann.

Es ist für den Design Management-Prozeß daher elementar, diese emotionale Qualität zu identifizieren und zu visualisieren, um so eine für den jeweiligen Konsumenten klar definierbare Differenzierungsebene zu schaffen.

Ästhetik determiniert das Unternehmen

Die stark werbeorientierte Nahrungs- und Genußmittelindustrie, deren Fokus auf dem schnellen Verbrauch der Produkte liegt, analysiert schon lange die Wirkung einer an Lebenswelten orientierten Präsentation ihrer Produkte. Globale Marken wie „Marlboro" oder „Coca Cola" hatten nie die Möglichkeit, über das eigentliche Produkt Differenzierung zu erreichen, sondern mußten dies fast ausschließlich über ihre spezifisch auf die einzelnen Lebenswelten ausgerichteten Kommunikationsstrategien tun.

In jüngerer Zeit ist darüber hinaus zu beobachten, daß sie sich nicht nur nach der jeweiligen Lebenswelt der Zielgruppe ausrichten, sondern zudem auch auf nationale Unterschiede eingehen und Kampagnen entsprechend differenziert einsetzen (die „Ministerkampagne" von Phillip Morris in Deutschland wurde zum Beispiel in Frankreich nicht umgesetzt). Das Ergebnis ist bekannt: nicht nur Differenzierung im Markt, sondern global Markenaufbau und -bindung – bei nationaler Unterscheidbarkeit – in seiner vorbildlichsten Form.

Um milieuspezifische Erkenntnisse für die Entwicklung von Produkten zu erlangen, muß insbesondere das Produktszenario innerhalb der Milieus betrachtet werden. Nur so können Informationen über die ästhetische Manifestierung emotionaler Bedürfnisse empirisch ermittelt werden. Als methodisches Instrument setzen wir dafür den sogenannten „typologischen Warenkorb" ein, eine interne methodische Entwicklung, die uns hilft, aus Formen, Farben, Grafik und anderem mehr die ästhetische Lebenswelt der Milieus in formalen Elementen zusammenzufassen. Hierdurch erhält man konkrete Aussagen über die jeweilige Produktwelt, in der sich der spezielle Konsument bewegt. Aus dieser Produktwelt lassen sich ästhetische Einzelelemente für die Produktentwicklung deduzieren.

Das Produktszenario innerhalb der Milieus

Einfach ausgedrückt sind „typologische Warenkörbe" eine Sammlung von Formen und Elementen, die etwas mit mir als Individuum zu tun haben, die mit mir kommunizieren, mit denen ich mich identifiziere und die ich in letzter Konsequenz auch haben möchte oder schon besitze.

Design macht es möglich, die einzelnen Anspracheebenen der jeweils unterschiedlichen Zielgruppen zu erreichen, vorausgesetzt, daß es vom Unternehmen als strategisches Instrument professionell eingesetzt und der gesamte Produktentwicklungsprozeß von entsprechende Fachleuten – Design Managern – begleitet wird.

Design beschreibt den Unterschied

Im Rahmen der Entwicklung der jeweiligen Anspracheebenen ist es notwendig, die formalen Grundrichtungen im Design festzulegen, die eine Kommunikation zwischen Zielgruppe und Produkten zulassen. Zusätzlich zu der Frage nach der Produktwahl des Konsumenten kann die Frage nach den Vorlieben der Verbraucher auf der stilistischen Ebene noch weiter präzisiert werden.

Hierfür setzen wir das bei uns methodisch entwickelte Instrument der Stilprinzipien ein, eine Strukturhilfe für Gespräche mit Unternehmen über Design (nicht mit Designern). Sie visualisiert die formalen Grund-Designrichtungen, die sich bewußt auf die spezifische – vorher durch „typologische Warenkörbe" dargestellte – Lebenswelt der anvisierten Zielgruppe einstellen können, also in der Lage sind, durch formale Elemente mit ihnen zu kommunizieren.

Stilprinzipien beschreiben somit formale Grund-Designrichtungen, an denen sich das spezifische Produktdesign orientieren sollte, um in die Produkt- und Lebenswelt des Milieus „aufgenommen" werden zu können. So muß zum Beispiel ein Sportschuh für einen „Trendsportler" nach bestimmten formalen Kriterien gestaltet werden, um mit seiner spezifischen Welt korrespondieren zu können. Tut er dies nicht, sondern folgt statt dessen formalen Elementen einer anderen Lebenswelt – zum Beispiel eines Joggers aus dem „Harmoniemilieu" –, wird er als Produkt scheitern. Der „Trendsportler" wird sich nicht mit diesem Sportschuh identifizieren.

Das konstruktive Stilprinzip

Um dies anschaulicher zu machen, sollen im folgenden Beispiele dieser Stilprinzipien näher betrachtet werden: Eines dieser Prinzipien nennt sich „konstruktiv", eine Designrichtung, deren formale Merkmale die Auflösung des Volumens durch konstruktiv bestimmte Elemente und eine sehr technische Anmutung sind. Die nach Gesetzen der Statik gestalteten Details vermitteln eine sehr filigrane formale Ausprägung. In dieser Designwelt werden bevorzugt Materialien eingesetzt, die ihre technische Anmutung noch unterstreichen. Dazu gehören alle Metalle oder neue Materialien wie Faserverbundwerkstoffe, deren Volumen aufgrund ihrer Eigenschaften auf ein Minimum reduziert werden kann.

Diese Designwelt bezieht ihre Tradition aus den Anfängen des Konstruktivismus sowie den Möglichkeiten, die durch die Industrialisierung Anfang dieses Jahrhunderts hervorgebracht wurden. Erinnert sei hier an Bauwerke wie den Eiffelturm oder große

Brückenkonstruktionen. Ihre Wurzeln hat diese Richtung auch im architektonischen Bereich, wobei die oben genannte Volumenauflösung und die Beschränkung auf das Notwendigste immer im Vordergrund stand.

In jüngster Zeit erlebt diese Designrichtung eine starke Verbreitung, da sie Professionalität suggeriert und so eine hohe Wertigkeit vermittelt. Mittlerweile sind selbst kleine Zeichengeräte und Alltagsutensilien nach ihren formalen Prinzipien gestaltet. Präzision und minimale Baugrößen durch High-Tech-Implementierung unterstützt diese Anmutung. Dies beschränkt sich nicht nur auf den Bereich der Möbel und Leuchten, sondern gilt genauso für Gebrauchsgüter – ob dies eine Halterung für Toilettenpapier ist, ein Schuhlöffel oder eben ein Zeichengerät.

Die bewußte Freilegung der technischen Merkmale (zum Beispiel Gelenke, Kabelführung, Platinen bei elektronischen Bauteilen) und konsequente Reduzierung auf die notwendigsten Teile lassen so eine sehr charakteristische, eigenständige Stilrichtung entstehen, die dem Betrachter ein Gefühl der Möglichkeit zur Kontrolle vermittelt. Nicht handwerkliche Qualität, sondern industrielle Präzision charakterisieren sie, und kaum eine andere Designrichtung zeigt deutlicher, was der Mensch im Laufe seiner Geschichte dazugelernt hat.

Ihre Entsprechung findet die konstruktive Designwelt in der Raumfahrt. Erinnert sei hier an Skylab, die erste Mondfähre „Eagle" und Satelliten, die ihre formalen Prinzipien aus rein technischen und statikorientierten Momenten erhalten.

Eine an Bauwerke und gemauerte Wände erinnernde Designrichtung ist dagegen das „kubische" Stilprinzip, dessen Spannung in der Monumentalität und graphischen Reduzierung liegt. War diese Reduzierung bei der konstruktiven Designwelt auf das technisch Notwendige beschränkt, so bilden hier reduzierte geometrische Grundformen und graphische Elemente die formale Basis.

Das kubische Stilprinzip

Dieses an Klötzchen von Kindern erinnernde Stilprinzip wird oft eingesetzt, um Gehäuse von Geräten zu strukturieren. Gleich einer Hochhaussilhouette erscheinen Computer, Fernseher oder Werkzeugmaschinen, und die Monotonie wird durch ihre Strenge zum Dogma erhoben. Bei dieser Designrichtung wird ausschließlich additiv gearbeitet, was bedeutet, daß es keine fließenden Übergänge zwischen den Formen gibt.

Dies ist die formale Antwort des Design auf eine Welt, in der die großen Metropolen durch ihre gigantischen Hochhäuser zu erkennen sind. Wir bewegen uns wie ein Riese in einer Hochhauskulisse, die aus Computergehäusen, Stereoanlagen, Fernsehern und sonstigen Produkten des alltäglichen Gebrauchs besteht. Der Monolith, die Pyramide, der Obelisk zeigen, daß die Menschen schon immer von den kubischen, mächtigen und geradlinigen Formen angezogen wurden. Die Magie in der Einfachheit, die Spannung in der Fläche und die Ordnung im Raster lassen jeden amorphen oder organischen Körper wie einen Fremdkörper erscheinen und lösen hierdurch den spezifischen Reiz dieser Designrichtung aus.

Das brachiale Stilprinzip

Die charakteristischsten Merkmale des dritten Stilprinzips – nämlich „brachial" – sind eine aufgebrochene, expressive Form und unbehandelte, rauhe Materialien, zum Beispiel Beton, Stahl und Glas.

Hauptsächlich englische Designer haben diese Richtung stark geprägt, indem sie Gegenstände wie Stereoanlagen oder Interieurs in dieser eigenen, spannungsreichen Formensprache entwarfen. Die Sichtbarmachung des Materials oder der Fertigungsform (zum Beispiel Schweißnähte bei Metall) und das Aufbrechen des Produktkorpus sind Basiselemente in diesem Wechselspiel.

Meistens ist dieses Stilprinzip im Bereich „Möbel und Interieur" anzutreffen, da serielle Fertigung für Produkte dieser Art kaum möglich ist. Doch zeigen Studien, daß auch Produkte des täglichen Gebrauchs oder High-Tech-Gegenstände in dieser Formsprache großen Reiz ausüben, wobei ihnen ein hohes Maß an Objektcharakter anhaftet. Teilweise beängstigende Installationen entstehen durch eine bewußte Gestaltung innerhalb dieses Stilprinzips – Assoziationen wie „Zerstörung" und „Abbruch" liegen nahe. Als weiteres Element wird der Verfall bestimmter Materialien eingesetzt. So erwecken zum Beispiel der Grünspan einer Kupferplatte oder die Risse im Beton den Eindruck des Nonkonformistischen, Rebellischen.

Diese Designwelt reagiert kontrastreich auf die glatte und kühle Ästhetik der vorher beschriebenen Welten. Die Morbidität wird hier auf intelligente Weise zur Anklage einer Konsumgesellschaft, deren formale Grundprinzipien auf eben jener Ästhetik aufbauen. Ob diese Produkte mehr sind als eine Provokation, steht zur Diskussion, doch die Faszination des Verfallenen läßt uns ja auch in Burgruinen und Altertümern herumspazieren.

Die Vielfalt dieser Stilprinzipien – hier wurde mit drei Richtungen nur ein Bruchteil der tatsächlich vorhandenen Stile benannt (weitere sind zum Beispiel „graphisch", „Gute Form", „amorph", „kindlich", „robust") – kann die genannten formalen Grund-Designrichtungen beschreiben, die notwendig sind, um die entsprechende Zielgruppe durch das Produkt zu erreichen. Sie bilden die essentielle Grundlage, auf die die Kommunikation zwischen Zielgruppe und Produkt aufgebaut wird. Nur über visuell erfahrbare Produktelemente kann eine funktionstüchtige Produktsprache geschaffen werden. Das Mittel dafür ist Design.

Durch die Veränderung der Bedürfnisse und die Fluktuation der Zielgruppe innerhalb der einzelnen Lebenswelten stehen Produkt, Unternehmen und Kunde in einem ständigen Wechsel unterschiedlichster Abhängigkeiten, die es zu analysieren gilt und auf die reagiert werden muß. Diesen permanenten Wechsel erfolgreich zu gestalten und die Identifikation der Zielgruppe mit dem Produkt sicherzustellen, sichert Unternehmen die Zukunft.

Die Bedeutung des Design und des Design Management

Der Vizepräsident des Bundesverbandes der Deutschen Industrie (BDI), Arend Oetker, wies in einem Artikel des *Handelsblatts* darauf hin, daß Produkte aus dem „Wareneinerlei einer undifferenzierten Produktmasse" durch Design befreit werden können, und auch der Philosoph Peter Sloterdijk sprach 1994 anläßlich eines Designkongresses in Dresden von Design als „Vermittler im Kompetenzuniversum". Mit diesen Statements wird nichts anderes ausgedrückt, als daß Design und Design Management in der Lage sind, die dargestellte Problematik anzugehen, und darüber hinaus die nötige Integrationsfähigkeit besitzen, interdisziplinäre Konzepte zu koordinieren.

Das Design als operatives Instrument hat hierbei die Aufgabe, die sogenannten „hard facts" Funktionalität, Produzierbarkeit, Stückzahl und Preis, mit den „soft facts" emotionale Aufladung, spannende Funktionalität, Eigenständigkeit und technische Faszination mit der jeweiligen Lebenswelt der anvisierten Zielgruppe zu verbinden. Design Management gestaltet diesen Prozeß.

Erst durch eine wirklich zielgruppenspezifische Produkt- und Designorientierung ist es möglich, den Produkten Identität zu verleihen, so daß sich der Konsument mit den Produkten identifizieren kann. Identifikation und Bedeutung sind in einem modernen Wettbewerb der Identitäten Grundvoraussetzung, um dem „Mainstream" innerhalb des Marktes begegnen und sich im Wettbewerb differenzieren zu können.

Die größtmögliche Sorgfalt bei der Koordination und Entwicklung der genannten Grundlagen – Kreativität in der Produktentwicklung durch Neukombination festgefügter Parameter sowie Differenzierungsstrategien in den Markt hinein – muß im Rahmen professioneller Produktentwicklung durch unkonventionelle und innovative Denkweisen umgesetzt werden. Das bedeutet, daß man die Produktentwicklung und letztlich auch das Unternehmen selbst als gestaltbar betrachten und die formale Ausrichtung der Produkte als Kommunikationsweg zwischen allen Beteiligten erkennen sollte.

Nur wenn das Ziel einer Produktentwicklung so präzise beschrieben wird, kann Identifikation erzeugt werden – nur so können Produktentwicklungen in Markterfolge transformiert werden.

Design braucht Marketing – Marketing braucht Design

von Guenter Moeller

Die Entwicklung und Einführung neuer Produkte gestaltet sich – das ist absehbar – sehr viel schwieriger als noch in den achtziger Jahren. Der globale technologische Fortschritt hat eine zunehmende Gleichstellung zahlreicher Leistungsprofile im Wettbewerb hervorgebracht. Gleichzeitig zerstört ein ruinöser Preiswettbewerb Marktanteile und Gewinne in fast allen Branchen. Das originäre Ziel des Marketing – die Entwicklung von Erfolgspotentialen zur langfristigen Existenzsicherung im Unternehmen – wird vor diesem Hintergrund immer seltener eingelöst.

Zukünftig wird aber nur derjenige Anbieter im Markt erfolgreich agieren, dessen Leistungsangebote sich deutlich im Wettbewerb unterscheiden und in den Köpfen der Nachfrager als überlegen bewertet werden: Leistungsprofile, die in der Lage sind, eine Haltung zu verkörpern und auf zunehmend individuelle Kundenbedürfnisse einzugehen.

Damit diesen Herausforderungen erfolgreich begegnet werden kann, sollte das Marketing sich deutlicher als bisher mit der Entwicklung von Produkt- und Markenführerschaften im Wettbewerb beschäftigen. Marketing braucht Design: Denn die anspruchsvolle Aufgabe des Marketing – eine überlegene Leistung gegenüber dem Wettbewerb zu schaffen – ist nur durch vom Kunden wahrnehmbare Differenzierungspotentiale wirkungsvoll zu lösen. Nur wenn man seine herausragenden Qualitäten sichtbar macht – wie zum Beispiel technologische Kompetenz – kann man den bestehenden und potentiellen Kunden diese Qualität glaubhaft vermitteln und eine Identifikation mit dem Produkt und dem Unternehmen aufbauen.

Design braucht aber auch Marketing: Denn Design darf nicht willkürlich und isoliert betrachtet, sondern muß auf der Basis umfassender Markt- und Positionierungsanalysen systematisch geplant und entwickelt werden. Darüber hinaus ist eine inte-

Guenter Moeller (1959) studierte Produkt- und Systemdesign (Gesamthochschule Kassel) mit den Schwerpunkten Industriedesign, Systemdesign, Arbeitswissenschaft, Designtheorie und arbeitete danach als freier Berater. Seit 1992 ist er Dozent an der Akademie für Marketing-Kommunikation, Kassel. 1993 begann er mit dem Aufbau und der Leitung der Abteilung Produkt- und Marktentwicklung für ein Technologie-Unternehmen. Seit 1995 ist er bei d...c Unternehmensberatung als Berater tätig.

grative Abstimmung mit den Anforderungen der Preis-, Distri-
butions- und Kommunikationspolitik im Marketing-Mix unerläßlich.

In der folgenden Auseinandersetzung wird aus praxisnaher Sicht
dargelegt, wie Design als ein interdisziplinäres Schnittstellenin-
strument grundsätzlich zum Aufbau von Wettbewerbsvorteilen
eingesetzt werden kann. Darüber hinaus werden im besonderen
die unabdingbaren Gemeinsamkeiten, Abhängigkeiten und synergetischen Potentiale zwischen Marketing und Design aufgezeigt. Denn nur durch das Verstehen dieser Zusammenhänge läßt
sich die Forderung nach signalstarken und unverwechselbaren
Produkten einlösen. Kurz gesagt: Design braucht strategische
Zielführung – Marketing braucht visuelle Kompetenz.

Die Ursachen des Problems ...

Bevor man Konzepte entwickelt, mit denen man auch heute neue
Produkte erfolgreich entwickeln und einführen kann, ist es ratsam, die Ursachen für die heutige Situation zu betrachten. Die
wesentlichen können wie folgt identifiziert werden:

- Zunehmende Mißerfolgsrate in der Entwicklung und Positionierung neuer Produkte: Nicht einmal 25 Prozent der in west-
  lichen Industriestaaten in den letzten fünf Jahren eingeführten
  Produktneuentwicklungen konnten erfolgreich im Markt po-
  sitioniert werden. Dem amerikanischen Handelsblatt *New
  Product News* vom Frühjahr 1991 zufolge betrug die Miß-
  folgsquote von Produktneueinführungen nahezu 80 Prozent.
  Auch in der deutschen Wirtschaft sind je nach Branche „Flop-
  raten" zwischen 65 und 80 Prozent festzustellen. Der mit diesen Produkten erzielte Marktanteil rechtfertigt häufig nicht
  einmal ihre Existenz.
- Fehlende Kundenorientierung in der Produkt- und Marktentwicklung: Nur ca. 20 Prozent der Unternehmen entwickeln
  Innovationsideen auf der Basis differenzierter Bedarfsanaly-
  sen. Nachweislich erzielen aber gerade Unternehmen, die
  Kundenpräferenzen frühzeitig in den Innovationsprozeß integrieren, einen deutlich höheren Deckungsbeitrag. Ein Großteil der für Innovationen bereitgestellten Ressourcen wird für
  die Pflege von Produktlinien gebunden, die längst hätten be-
  reinigt werden müssen (Diebold 1994/95).

- Reduzierung von Produktlebenszyklen bei gleichzeitiger Abnahme von Neuproduktentwicklungen: Den Ergebnissen unterschiedlicher Studien zur Innovationsstärke der deutschen Industrie zufolge bieten deutsche Unternehmen ihren Kunden weit mehr veraltete Produkte an als Neuentwicklungen. Der Saldo aus Produkten, die sich in der Markteinführungs- und denen, die sich in der Schrumpfungsphase befinden, ist deutlich negativ (Diebold 1994/95).

- Vernachlässigung der „Durchschnittsmarke": Das Problem beschränkt sich nicht nur auf die Entwicklung neuer Produkte. In der sogenannten „Durchschnittskategorie" – dem Markt im unteren und vor allem mittleren Preissegment – verliert die sogenannte „Durchschnittsmarke" zunehmend an Substanz beziehungsweise Marktanteil. Die Konkurrenzdichte, der Preiswettbewerb, die zunehmende Austauschbarkeit sind in diesen Märkten überproportional hoch.

- Technologische Gleichstellung und Wettbewerbskonzentration: Die starke Wettbewerbskonzentration in zahlreichen Märkten wird durch eine zunehmende technologische Gleichstellung auf einem sehr hohen Niveau forciert. Produkte, die im wesentlichen auf technologische Qualitäten setzen, geraten durch Me-too-Strategien zahlreicher Konkurrenten zunehmend in Bedrängnis.

- Zunahme preisaggressiver Wettbewerber: Unternehmen – vor allem aus den sogenannten ASEAN-Staaten – werden in den nächsten Jahren den Preiswettbewerb auf angestammten Märkten dramatisch verschärfen. Die Produktivität regionaler beziehungsweise nationaler Anbieter wird nicht durch Kostensenkungen, sondern nur durch die Schaffung qualitativer Wertschöpfungspotentiale gesteigert werden können.

Es wird deutlich, daß es nicht so sehr die häufig beklagten hohen Standort- und/oder Lohnstückkosten in der deutschen Industrie sind, die die Wettbewerbsfähigkeit behindern. Die Ursachen liegen vielmehr und eindeutig in der fehlenden Entwicklung wirklich überlegener Leistungsangebote.

Einschlägige Studien ergeben, daß gerade einmal sieben bis zehn Prozent der deutschen Investitionsgüterhersteller Design für ein wichtiges Wettbewerbsinstrument halten. Und in anderen Branchen, einschließlich der Dienstleistungsindustrie, sieht es nicht besser aus. Nach aktuellen Untersuchungen muß davon ausgegangen werden, daß sich heute nicht einmal fünf Prozent der deutschen Unternehmen professionell mit dem Faktor Design in der Produktentwicklung beziehungsweise im Innovationsmanagement auseinandersetzen.

Dabei liegen im Design weitreichende und noch lange nicht ausgeschöpfte Qualitäten – vorausgesetzt, es wird richtig, nämlich zur konsequenten Visualisierung eines kundenorientierten Leistungsprofils, eingesetzt.

... und unser Lösungsansatz

Im Rahmen unserer Beratertätigkeit konnten in den letzten Jahren erfolgversprechende Methoden entwickelt werden, um Leistungsprofile von Unternehmen auf unterschiedlichen Ebenen im Wettbewerb zu differenzieren.

Im Aufbau und der Bewertung von Wettbewerbspotentialen kristallisieren sich Kriterien heraus, die in einen umfassenden Differenzierungsansatz münden. Es hat sich vielfach gezeigt, daß Unternehmen nur durch einen kontinuierlichen Prozeß eine gewünschte Alleinstellung und Positionierung auf- und ausbauen können. Dementsprechend sind Differenzierungsansätze auf folgenden drei Ebenen aufzubauen und miteinander zu koordinieren:

- Differenzierung auf der Ebene der Leistungserstellung (Produkt- und Sortimentspolitik),
- Differenzierung auf der Ebene zielgruppen- und wettbewerbsstrategischer Ausrichtungen,
- Differenzierung auf der Ebene ganzheitlicher Unternehmensidentitäten.

Die Strategie der Produktführerschaft

Ziel der Differenzierung auf der Ebene der Leistungserstellung ist der Aufbau von Produktführerschaften im jeweiligen Marktsegment. Dabei sollten jedoch nicht nur absolute Produkt- beziehungsweise Marktführerschaften angestrebt werden – im Sinne eines objektiven Innovationsführers –, sondern vielmehr leistungsstarke und unverwechselbare Marktpositionierungen, die spezifizierte Märkte sichern.

Die Basis einer Strategie der Produktführerschaft ist die Entwicklung einer dem Wettbewerb überlegenen Produkt- und/oder Dienstleistung. In diesem Zusammenhang kommen den Variablen im Leistungserstellungsprozeß – Technologie, Funktion, Qualität,

Design, Service – weitreichende Aufgaben zu. Es gilt darüber hinaus, die Tendenz zu isolierten Einzelleistungen aufzugeben.

Grundsätzlich sollte eine Differenzierungsstrategie dann angestrebt werden, wenn das Differenzierungspotential folgenden Kriterien in einer ausreichenden und bewertbaren Größe genügt (Kotler/Biemel 1995):

■ *Potential:* Das angestrebte Differenzierungspotential bringt einem ausreichend großen Marktpotential (bestehenden und potentiellen Nachfragern) einen gewünschten Zusatznutzen beziehungsweise Mehrwert.

■ *Einzigartigkeit:* Der gesuchte Unterschied sollte von den wichtigen Wettbewerbern nicht angeboten werden oder aber für das eigene Unternehmen identitätsstiftend und damit unverwechselbar sein.

■ *Überlegenheit:* Das zu wählende Differenzierungskriterium muß im Vergleich zu Konkurrenzangeboten von bestehenden und potentiellen Nachfragern als subjektiv überlegen bewertet werden.

■ *Kommunizierbarkeit:* Das Differenzierungspotential muß kommunizierbar und für die potentiellen Kunden erkennbar und nachvollziehbar sein.

■ *Vorsprungssicherung:* Manifeste Differenzierung im Bereich der Produktentwicklung kann vom Wettbewerber nicht ohne größeren Aufwand kopiert werden und somit einen interessanten zeitlichen Vorsprung sichern.

■ *Rentabilität:* Das Unternehmen sieht in der Einführung der Differenzierungsstrategie wettbewerbsrelevante Chancen, Marktanteile auf- und auszubauen, um somit zusätzliche Gewinne zu erwirtschaften.

Mit diesen Kriterien kann man Differenzierungspotentiale im Aufbau von Wettbewerbsvorteilen bewerten. Sie verdeutlichen darüber hinaus, daß sorgfältige Kunden- und Konkurrenzanalysen zur erfolgreichen Positionierung notwendig sind. Zu oft haben in den letzten Jahren Marketingmanager Produktdifferenzierungen angestrengt, die vom Käufer nicht im gewünschten Ausmaß wahrgenommen und honoriert wurden. Bei einer designorientierten Differenzierung werden quantitative und qualitative Methoden der markt- und produktorientierten Trendanalyse systematisch eingesetzt und dadurch wichtige Aussagen zu Funktion, Produktgestalt, formalen Details, Materialien und markenrelevanten Imagepräferenzen im relevanten Marktsegment eruiert. Design Management kann somit in dieser frühen Phase einen wesentlichen Beitrag zur Risikominimierung in der Produkt- und Sortimentspolitik leisten.

Neben den vorgestellten grundsätzlichen Kriterien zur Produktdifferenzierung ist es notwendig zu untersuchen, wie beziehungsweise mit welchen Instrumenten ein spezifisches Leistungsprofil gegenüber dem Wettbewerb aufgebaut oder abgegrenzt werden kann.

Leistungsangebote oder Problemlösungen stehen im Mittelpunkt der Abnehmerinteressen. Sind es auf Konsumgütermärkten primär die Gebrauchs- und Imagefunktionen materieller Produkte, so nimmt seit einiger Zeit auf den Investitionsgüter- und vor allem Dienstleistungsmärkten die Nachfrage nach immateriellen Leistungen, nach Service- und reinen Dienstleistungen, kontinuierlich zu.

Diese Entwicklung ist konsequent und daher leicht nachvollziehbar. Durch die zunehmende Homogenität und Gleichartigkeit der von der Industrie angebotenen Produkte wird mit dem steigenden Angebot produktnaher Serviceleistungen – den sogenannten „value-added-services" – versucht, eine Differenzierung zum Wettbewerb aufzubauen. Hersteller – vor allem in der Investitionsgüterindustrie – sahen in den letzten Jahren gerade in produktbegleitenden Serviceleistungen eine große Chance, sich langfristig im Wettbewerb zu differenzieren (Meffert/Bruhn 1995).

Die Gefahren zusätzlicher Serviceleistungen

Grundsätzlich muß der Dienstleistungsanteil als ein wichtiger und lohnender Ansatz zum Produktangebot angesehen werden. Voraussetzung für ein erfolgreiches Angebot gerade für Investitionsgüteranbieter ist jedoch – neben der produktnahen Serviceleistung – noch immer die Grundleistung beziehungsweise das physische Produkt.

Bei einer genaueren Betrachtung von Produktprogrammen in der deutschen Industrie wird sehr deutlich, daß Versäumnisse und Schwächen in der Grundleistung oftmals mit Serviceleistungen kurzfristig kompensiert werden sollen. Technologisch gleichgestellte Produkte werden mit Serviceleistungen aufgewertet, um Kunden kurzfristig zu gewinnen. Da eine solche Akkumulation jedoch kein unverwechselbares Profil ergibt, verpufft jeder Zusatznutzen, bevor eine langfristig wirksame Kundenbindung aufgebaut werden konnte (Backhaus 1995).

Die Forderung nach einem unverwechselbaren Leistungsprofil hat also beide Dimensionen zu berücksichtigen: den materiellen und den immateriellen Produktnutzen. Sie gilt somit uneingeschränkt auch für reine Dienstleistungsanbieter.

Aber auch in der Investitionsgüterbranche ermöglicht dieser Blickwinkel effektive und effiziente Differenzierungsansätze. Technologische Kompetenz auf unterschiedlichem Niveau tritt nur mit dem Qualitätsaspekt Design unverwechselbar und signalstark auf und überwindet so die Anonymität des Wettbewerbs.

Für produktnahe Serviceleistungen und reine Dienstleistungen bekommt diese Forderung eine noch größere Dominanz. Service- und Dienstleistungen sind per se immateriell. Immaterialität braucht Gestalt, um überhaupt sichtbar, kommunizierbar und bewertbar zu werden. Eine zunehmende Beliebigkeit und Gleichartigkeit verspielt jedoch effektive Möglichkeiten, die Design – und hier im besonderen das Kommunikationsdesign – hervorbringen kann.

Setzt man sich mit den Wettbewerbsvorteilen auseinander, ist es wichtig, die grundsätzlichen Potentiale im Unternehmen aufzudecken und im Hinblick auf einen anzustrebenden Mehrwert zu beurteilen. Um Optimierungs- und Differenzierungsquellen zu ermitteln, haben sich in der Praxis unterschiedliche Analysen – wie zum Beispiel die Wertkettenanalyse – als effizient erwiesen. Diese vom Wettbewerbstheoretiker Michael Porter entwickelte Methodik geht von der Annahme aus, daß in jedem Unternehmen Aktivitäten aneinandergeknüpft sind, mit deren Hilfe Märkte analysiert, Produkte gestaltet, produziert und vermarktet werden. Analysen statt Schätzungen, Fakten statt Vermutungen sind die Basis, um die Erwartungen der Kunden kontinuierlich zu erfüllen und zu übertreffen.

Es sind jedoch nicht nur die quantifizierbaren Produkt- und Unternehmenleistungen zu bewerten, sondern uneingeschränkt die qualitativen Aspekte wie Produktgestaltung, Stilprinzipien, Produktsprache, Markierung und Imagefunktionen. Wettbewerbsanalysen tragen wesentlich zur erfolgreichen Positionierung bei und müssen somit in das Aufgabenfeld des Design Management integriert werden.

Welche Differenzierungspotentiale im individuellen Projekt konkret herausgestellt werden müssen, kann nur auf Basis umfassender Konkurrenz- und Kundenanalysen ermittelt werden. Es gibt jedoch einige grundlegende Bewertungsparameter:

Design als Differenzierungspotential

Wenn man nach komparativen oder relativen Wettbewerbsvorteilen sucht, reduziert sich das Interesse häufig auf quantifizierbare beziehungsweise technisch meßbare Produkteigenschaften. In vielen herkömmlichen Marketingstrategien werden die wahrnehmungs- beziehungsweise kommunikationsorientierten und somit qualitativen Potentiale im Aufbau kundenorientierter Wettbewerbsvorteile nicht oder nur unzureichend berücksichtigt. In dieser Vernachlässigung liegt eine wesentliche Ursache für die mangelnde Effizienz zahlreicher Marketingstrategien – und ein originärer Unterschied zum Design Management. Denn im Design Management stehen die qualitativen Ansprüche in der Kundenorientierung gleichberechtigt neben den quantifizierbaren Aufgaben.

Design Management hat die anspruchsvolle Aufgabe, durch die bewußte Zusammenführung inhaltlich naheliegender Tätigkeitsfelder wie Produkt-, Kommunikations- und Corporate Design, den generierten Wettbewerbsvorteil zu visualisieren und somit erst wahrnehmbar zu machen. Darüber hinaus liegen im Aufbau einer visualisierten Unternehmensidentität imageprägende Potentiale, die Hersteller- und Produktimages charakterisieren und sich mittelfristig auf alle Unternehmensaktivitäten auswirken.

Produkte machen Marken, designorientierte Produkte machen Marken unterscheidbar! Ein positives Markenimage hilft, Kunden zu binden und Märkte zu sichern. Es kann aber Produktvorteile allein auf Dauer nicht ersetzen. Die Marke braucht Unterschiede, doch diese lassen sich nur auf der Basis herausragender Produkt- und Serviceleistungen glaubwürdig vermitteln.

Aus der Sicht des Kunden ergibt sich die Produktleistung aus dem Erfüllungsgrad der in Aussicht gestellten Problemlösung.

Was bedeutet für den Kunden Produktleistung?

Die Kundenorientierung ist bei der Suche nach Alleinstellung auf der Ebene der Leistungserstellung wettbewerbsentscheidend. Denn nur ein aus Kundensicht subjektiv wahrgenommener Mehrwert kann zum Aufbau einer Überlegenheit gegenüber den Konkurrenten herangezogen werden.

Im Kaufentscheidungsprozeß werden Produkteigenschaften unterschiedlicher Hersteller verglichen. Design bekommt in der Visualisierung von Produktleistungen einen ebenso hohen Stellenwert wie Technikvertrauen und Unternehmensimage.

Produktqualität ist immer Qualität aus Sicht des Kunden! Deshalb müssen diejenigen Faktoren herausgearbeitet werden, aus denen sich ein subjektiv empfundener Mehrwert aufbaut. Diese Zusammenhänge machen deutlich, daß vor allem imagebezogene und somit auch designorientierte Aspekte zur Bestimmung von Produktqualität herangezogen werden müssen. Das bedeutet nicht, daß Qualität – wie oft vermutet – allein durch objektivierbare Leistungsparameter definiert wird, sie entsteht vielmehr erst durch die subjektive Bewertung.

Die subjektive Bewertung ist wiederum nur auf der Ebene einer eindeutig wahrnehmbaren und kommunizierbaren Gestaltung möglich. Somit ist Designorientierung in der Qualitätsbeurteilung unverzichtbar. Design Management macht es sich zur Aufgabe, diese Zusammenhänge zu analysieren und integrativ umzusetzen.

Wenn wir in diesem Beitrag von unternehmensspezifischen Leistungen und deren Differenzierungsmöglichkeiten auf der wettbewerbsstrategischen Ebene sprechen, umfaßt der Begriff Leistung mehr als das reine Produkt. Für die Leistungserstellung ist es notwendig, die Voraussetzungen und Abhängigkeiten in der Produkt- und Marktentwicklung zu analysieren.

Märkte werden heterogener, Käufer unterscheiden sich zunehmend in ihren Wünschen, Produktpräferenzen, Kaufeinstellungen, Preisbereitschaften, Lebenswelten und Milieuzugehörigkeiten. Im Rahmen der Marktsegmentierung ist es deshalb wichtig, den relevanten Markt in abgrenzbare Käufergruppen mit möglichst homogenen, das heißt identischen Anspruchshaltungen, Lebenseinstellungen und Informationsverhalten zu unterteilen. Hier hat Design Management als Differenzierungs- und Steuerungsinstrument im gesamten Instrumentarbereich des Marketing höchste Priorität. Denn eine erfolgreiche Marktnischenstrategie setzt ein exakt auf Kundenbedürfnisse abgestimmtes Leistungsprofil voraus – vom Produkt über die Kommunikation bis hin zur Markenbildung. Nur so kann ein Unternehmen den Idealfall erreichen, als einziger Anbieter eine Nische erfolgreich zu besetzen.

**Ein auf den Kunden abgestimmtes Leistungsprofil –
Bedingung erfolgreicher
Marktnischenstrategie**

Die Rahmenbedingungen sind gerade in hochentwickelten Märkten einem permanenten und dynamischen Veränderungsprozeß ausgesetzt. Marktsegmente dürfen diesem Wandel folgend auch nicht als starre Bezugsgrößen gesehen werden. Sie müssen vor allem bei Produktneuentwicklungen immer wieder überprüft werden. Kontinuität in der Marktbeobachtung wird zu einem wichtigen Wettbewerbsfaktor und verlangt ein umfassendes Informationsmanagement.

Neben der Positionierung über differenzierte und starke Produktprofile können und sollten Unternehmen auch durch unterschiedliche Segmentierung versuchen, sich dem Wettbewerb zu entziehen. Dafür sollten die vielfach genutzten Segmentierungsvariablen der im Markt etablierten Anbieter und Wettbewerber verlassen und durch eigenständige Segmentdefinitionen ersetzt werden.

Eine in der Praxis bewährte Möglichkeit, neue Segmente herauszuarbeiten, liegt in der Untersuchung und Neubewertung von Produktmerkmalen, die im subjektiven Kaufentscheidungsprozeß nach einer bestimmten Hierachie genutzt werden. Marketing- und Designmanager sind aufgefordert, fortwährend zu beobachten, ob sich die Hierachie der Entscheidungskriterien auf der Abnehmerseite verändert und welche Faktoren schließlich über einen Kauf entscheiden. Diese Beobachtung, kontinuierlich durchgeführt, führt zu einer schnelleren Reaktionsfähigkeit.

Eine ausgefeilte Zielmarktfestlegung hat dementsprechend unmittelbar Einfluß auf die Ebene der Leistungserstellung und berührt die wesentlichsten Aufgaben eines erfolgreichen Design Management im Kontext strategischer Marketingplanungen.

Zielmarktfestlegung und Positionierung

Die Marktsegmentierung zeigt dem Unternehmen homogene Käufersegmente, Absatz- und Wachstumspotentiale und somit Chancen im Wettbewerb auf. Aufgrund begrenzter finanzieller und personeller Ressourcen ist es in der Regel nicht möglich, alle erfolgversprechenden Segmente parallel zu bearbeiten. Im nun folgenden Schritt sind nach unternehmensspezifischen und marktseitigen Kriterien Bewertungen der herausgestellten Segmente vorzunehmen, um realisierbare und erfolgversprechende Zielmärkte festzulegen. Die Bewertungskriterien sind vielfältig und gehen über die drei grundlegenden Faktoren Größe und Wachstum des Segments, Attraktivität des Segments, Zielsetzungen und Ressourcen des Unternehmens hinaus.

Im Zuge knapper finanzieller Ressourcen und zunehmend aggressiver Preis- und Verdrängungswettbewerbe ist eine vollständige Marktabdeckung nur noch für Großunternehmen möglich. Haben in den letzten Jahren zahlreiche Großunternehmen ihren relevanten Gesamtmarkt mehr oder weniger undifferenziert bearbeitet, indem sie die Unterschiede zwischen den Marktsegmenten ignorierten und dem gesamten Zielmarkt Standardangebote vorlegten, so muß diese Marketingausrichtung heute vielfach kritisch hinterfragt werden.

Als Argument für undifferenziertes Marketing werden immer wieder Kosteneinsparungen durch Produkt- und Produktionsstandardisierungen angegeben. Mit der häufig eingesetzten Strategie der Kostenführerschaft soll eine Positionierung über den Preis (Preisführerschaft) erreicht und besonders die preissensiblen Segmente des Marktes für sich gewonnen werden. Diese Strategie mag für einige Low-Interest-Produkte (unter anderem Hausrat, Lebensmittel, Reinigungsmittel) zutreffen. Für die meisten Produkt- und Dienstleistungsmärkte ist diese Marktausrichtung gerade durch die Zunahme der Importquote aus Billiglohnländern und dem damit einhergehenden Preiswettbewerb jedoch existenzbedrohend.

Ein vielversprechender Ausweg aus dieser Preisspirale liegt in der hier diskutierten Differenzierungsstrategie mit dem Ziel einer relativen Produktführerschaft in dem jeweiligen Markt. In diesem Marketingverständnis bearbeitet das Unternehmen mehrere Segmente eines Marktes, entwickelt jedoch für jeden definierten Zielmarkt spezifische Produktprofile und -programme, um eine höhere Kundenzufriedenheit und Kundenbindung zu erreichen. Kundenorientierung bedeutet hier, daß alle Leistungsmerkmale eines Produktes am subjektiv wahrgenommenen Wettbewerbsvorteil des Kunden ausgerichtet werden. Subjektive Wahrnehmung, das wurde vorab deutlich, wird maßgeblich durch das Zusammenspiel der Produktmerkmale, einschließlich des Wettbewerbsfaktors Design und seiner kommunikativen Umgebung markiert.

Die Abgrenzung des Marktes und der relative Marktanteil sind entscheidend für die Beurteilung des Wettbewerbs und gleichzeitig Basis strategischer Planungen. Zielmärkte werden nicht allein durch externe Faktoren (Kunden, Wettbewerb, politische Rahmenbedingungen etc.) bestimmt, sondern zu einem großen Teil vom Verhalten des Unternehmens. Im Rahmen einer gerade durchgeführten Studie der Unternehmensberatung Simon, Kucher & Partner (Simon 1996) zu den Erfolgsstrategien mehr oder weniger unbekannter, aber marktführender mittelständischer Unternehmen wurde deutlich, daß diese Unternehmen ihre Zielmärkte sehr eng definieren, das heißt, sich auf Marktnischen, ja sogar Mikronischen konzentrieren.

Ohne an dieser Stelle alle relevanten Erfolgsfaktoren in angemessener Weise honorieren zu können, kann festgehalten werden, daß die Ausrichtung auf ein zielgruppenfokussiertes Leistungsprofil ein wesentlicher Erfolgsfaktor zur Marktführerschaft ist. In der Konzentration auf Schwerpunkte in exakt definierten Zielmärkten liegen wegweisende Wettbewerbsvorteile gerade für mittelständische Unternehmen. Versuchen wir, diese Schwerpunkte zu bestimmen, so kann nachgewiesen werden, daß Firmen, die ein ganzheitliches Designengagement (Produktdesign, Kommunikationsdesign, Corporate Design) durch ein professionelles Design Management in ihrem Produkt- und Unternehmensprofil umgesetzt haben, zum Teil verlorene Marktanteile zurückgewinnen und ausbauen konnten.

Im Zusammenhang mit Wettbewerbspotentialen wurde wiederholt auf die Austauschbarkeit von Produkt- und Markenprofilen hingewiesen. Nicht nur die Produktmarke braucht Identität und Akzeptanz, auch das Unternehmen muß Profil gewinnen und eine Markenpersönlichkeit aufbauen.

Die Kommunikationsbemühungen im Unternehmenskontext bleiben in ihren Wirkungsmöglichkeiten noch vielfach unausgeschöpft. Der Zwang zu immer weniger Risiko schneidet Ecken und Kanten, und damit Profil und Charakter der Produkte und Unternehmen ab. Der Stellenwert ganzheitlicher Artikulationsmechanismen wird in fast allen Branchen noch relativ gering eingeschätzt.

Doch Kunden und Öffentlichkeit nehmen Unternehmen nicht mehr nur über ihr Leistungsbündel wahr. Auf dem Weg in eine Kommunikationsgesellschaft sind Produkte nicht mehr losgelöst vom Unternehmensimage zu sehen. Es werden zunehmend das ganzheitliche Konzept und die ganzheitliche Verantwortung gefordert. Unternehmerisches Handeln braucht Vertrauen und Akzeptanz. Akzeptanz jedoch setzt Transparenz und eine glaubwürdige Identität voraus.

Ein Weg zu einer glaubwürdigen Produkt- und Unternehmensidentität kann konsequent und erlebbar über unverwechselbare Produkt- und Kommunikationsstrategien aufgebaut werden. Ganzheitliches Denken – vom Produkt über die Kommunikation bis hin zur Unternehmensidentität – kann einen einheitlichen Auftritt mit dem Produkt, der Marke und dem Unternehmen schaffen. Im Aufbau einer positiv erfahrbaren Unternehmensidentität (Corporate Identity) ist die Wechselwirkung zwischen Produkt- und Unternehmensimage sorgfältig zu synchronisieren. Auch dann, wenn man sich mit Imagestrategien und Imagetransfer bisher kaum konsequent auseinandersetzte. Sie sind schon lange Vorbedingung für erfolgreiches Wirtschaften und müssen auf allen Ebenen des Marketing berücksichtigt werden (Grey Gruppe 1993). Design Management wird somit zum Garanten des hier geforderten integrativen Marketingdenkens.

Die wesentlichen Aktionsfelder

Design ist die kreative Kombination und Ausgestaltung subjektiv wahrnehmbarer Produkteigenschaften – im einzelnen: Funktionalität und Benutzerfreundlichkeit, Formensprache beziehungsweise Gestaltprinzip, Materialität und Oberflächenstruktur – unter Berücksichtigung marktspezifischer Rahmenbedingungen und gesellschaftlich geprägter kultureller Werte. Design Management stimmt das gesamte Leistungsprofil von materiellen und immateriellen Produkten mit dem Anforderungsprofil des Konsumenten ab.

Was leistet Produktdesign?

Ein auf den Erkenntnissen der Gestalt- und Wahrnehmungspsychologie aufgebautes Produktdesign ist in der Lage, Produkteigenschaften wie Funktionalität, Langlebigkeit, Sicherheit, Benutzerfreundlichkeit und Prestige nonverbal, das heißt selbsterklärend, dem Verwender zu vermitteln. Dieser Zusammenhang verdeutlicht einmal mehr die unterschiedlichen Leistungsebenen von Produkten: Materielle und immaterielle Produkte sind nicht allein Funktions- oder Technologieträger zur Befriedigung der Kundenbedürfnisse, sondern in einer Warenwelt vielfältigster Angebote vor allem Informations- und Sympathieträger.

Produkte vermitteln Informationen über den Zweck und die Leistung eines Produktes, über die Gebrauchs- und Geltungsfunktionen und auch über den Hersteller. Darüber hinaus transportieren sie Erlebnisqualitäten sowie Images und beeinflussen entscheidend ihre Positionierung im Wettbewerb. Ihr Erfolg hängt somit im wesentlichen davon ab, ob und wie es einem Unternehmen gelingt, über den Einsatz von Produktdesign die unterschiedlichen Ebenen der Produktgestaltung zu einem überlegenen Leistungsprofil zu vereinen.

Den Schritt von einer Industrie- zu einer Informationsgesellschaft haben wir längst vollzogen. Das Medium zur Übermittlung von Informationen ist Kommunikation – verbale und nonverbale Kommunikation. In der gegenwärtigen Diskussion zur zukünftigen Kommunikationstechnologie – Schlagwort Multimedia – bekommt die Kommunikation eine neue Dimension. Sie bezieht sich sowohl auf die sich rasant entwickelnden Möglichkeiten der Online-Kommunikation als auch auf die Weiterentwicklung klassischer Medien.

Unsere tägliche Orientierung – im Kaufentscheidungsprozeß, am Arbeitsplatz, im privaten Umfeld – erfolgt primär über das visuelle Informationsangebot. Daraus resultiert, daß den visuell vermittelten Informationen eine herausragende Bedeutung zukommt. Das Produktdesign kann demnach nicht isoliert betrachtet werden, sondern steht selbst kognitiv wahrnehmbar in einem komplexen visuellen Umfeld.

Mit der Entwicklung neuer Kommunikationsmedien tritt die Forderung nach einem neuen Qualitätsbewußtsein, nach Kontinuität und Transparenz in den Vordergrund. Denn das wesentliche Merkmal der Kommunikationsgestaltung muß Qualität sein, visuelle und funktionale Qualität.

Corporate Design sorgt für die Ausrichtung aller visuell wahrnehmbaren Äußerungen des Unternehmens an einem definierten formalen Gestaltungsrahmen und umfaßt die aufgeführten Gestaltungsinstrumente. Es ist jedoch nicht nur das Resultat einer gut gesteuerten Anwendung firmenspezifischer Designkategorien, sondern vielmehr die Folge des Zusammenwirkens aller Unternehmensaktivitäten und -eigenschaften. Es materialisiert und konzentriert die eigenen Absichten und Willensäußerungen. Die symbolische Aussagekraft einer so verstandenen Unternehmensidentität kann die markt- und gesellschaftspolitische Orientierung sowohl des Herstellers als auch des Anwenders repräsentieren; fortschrittliches Denken und Innovationskraft lassen sich so kommunizieren.

Kommunikationsdesign

Corporate Design und Unternehmensidentität

Die Steuerung der Designprozesse

Um eine ganzheitliche Marketingauffassung zu entwickeln, muß sich das Verständnis von der Produktentwicklung verändern. Das häufig sehr einseitig ausgerichtete Management muß die strategische und operative Bedeutung des Design erkennen und in einem Design Management-Konzept mit ausreichender Entscheidungskompetenz verankern. Jenes steht nicht in Konkurrenz zum Marketingmanagement, sondern verwirklicht – gleichberechtigt und in enger Vernetzung mit diesem – das anspruchsvolle Ziel der Entwicklung und Steuerung langfristig wirksamer Wettbewerbsvorteile.

Es ist zuerst einmal unerheblich, ob Designziele primär auf der Ebene der Produkt- und Sortimentspolitik oder unter einem ganzheitlichen Designengagement mit dem Ziel einer starken Unternehmensidentität festgelegt werden. Wettbewerbswirksame Designstrategien brauchen systematische Planung, ständige Förderung im Unternehmen und umsichtige Steuerung durch ein vernetzt denkendes Führungsgremium. Sie müssen fest in der Unternehmensphilosophie verankert sein.

Die Aufgaben der Produktpolitik sind vielfältig. Grundsätzlich umfaßt sie alle Aufgaben zur marktgerechten Gestaltung des Leistungspogramms von Unternehmen, wobei bestehende und potentielle Kundenbedürfnisse eine besondere Berücksichtigung finden müssen. Die wesentlichen und für das Design relevanten Aufgaben werden vor allem in den Aufgabenfeldern der Produktinnovation beziehungsweise der Entwicklung und Einführung neuer Produkte sowie in der Produktmodifikation, das heißt der Variation bereits im Sortiment enthaltener Produkte, deutlich. Mit der konsequenten Kundenorientierung kommt der Produktpolitik im Marketing eine Basisfunktion zu. Dem liegt die profane Erkenntnis zugrunde, daß nur über den positiven Kaufentscheid aktueller und potentieller Nutzer der notwendige Deckungsbeitrag zur Unternehmenssicherung erzielt werden kann.

Wie in den bisher behandelten Abschnitten immer wieder deutlich wurde, berührt Design alle Instrumentarbereiche des Marketing – von der Produkt- und Sortimentspolitik über die Preis- und Distributionspolitik bis hin zur Gestaltung produkt- und unternehmensbegleitender kommunikativer Maßnahmen. Dies

Design Management und Leistungserstellung

sind Fragen der Produkt- und Verpackungsgestaltung, der Markierung und auch der werblichen und öffentlichkeitswirksamen Kommunikation.

Wenn auch das Leistungspotential von Design im wesentlichen in der Produktpolitik zum Tragen kommt, so dürfen die Berührungspunkte zur Preis- und Distributionspolitik nicht vernachlässigt werden. Wie vorab deutlich wurde, beeinflußt Design in einem erheblichen Ausmaß das Markenimage von Produkten und kann eine dauerhafte Kundenbindung herbeiführen. Des weiteren haben nur überlegene und profilstarke Produkte eine Chance, sich einer zunehmenden Austauschbarkeit von Produkteigenschaften und einem aggressiven Preiswettbewerb zu entziehen. Eine Positionierung auf einer höheren Preisebene, mit dem Ziel höherer Renditen, ist im Markt nur durchsetzbar, wenn ein wahrnehmbarer und dauerhafter Mehrwert geschaffen wird. Einem auf das Unternehmen und seine spezifischen Kompetenzen abgestimmtes Designprofil gelingt dies.

So wie überlegene Produkte eine höhere Rendite für den Hersteller erzielen, so liegen in gleicher Ausprägung auch für unterschiedliche Absatzmittler (Groß- und Einzelhandel, Versandhäuser etc.) höhere Margen im Abverkauf markenstarker Produkte. Eine langfristige Listung im Handel und eine signalstarke Präsentation am Point of Sale muß als ein wettbewerbsrelevanter Vorteil für die Distributionsbemühungen gesehen werden. Darüber hinaus ermöglichen erst profilierte Produkte die Bearbeitung neuer Märkte und Absatzkanäle.

Design Management im Marketing: die Aufgaben

Diese hier nur skizzierten synergetischen Potentiale von Design verdeutlichen seine Integrations- und Schnittstellenfunktion im Marketing-Mix. Um sie voll auszuschöpfen, ist eine Steuerung dieser Schnittstellen durch ein professionelles Design Management unerläßlich.

Design Management beschäftigt sich demnach mit der Planung, Umsetzung, Koordination und Steuerung aller Aufgabenfelder, mit denen Design im strategischen und operativen Marketing in Berührung kommt.

Die strategischen Aufgaben umfassen dabei:

■ Formulierung einer konzeptionellen und langfristigen Design- und Produktpolitik mit dem Ziel, den Konsumenten überlegene Leistungsprofile bewußt zu machen und sich dauerhaft im Wettbewerb zu behaupten.

- Entwicklung von Gestaltungsrichtlinien für alle Designaktivitäten im Unternehmen, um Kontinuität in der Gestaltung aller Produkte zu ermöglichen.
- Berücksichtigung der Bedürfnisstrukturen potentieller Nutzer bei der Zielplanung durch eine qualitative Markt- und Trendforschung.
- Etatplanung und Budgetverantwortung für die Verwirklichung verabschiedeter Designkonzeptionen.
- Bereitstellung und Bewertung von Design-Know-how im strategischen und operativen Designprozeß.
- Positionierung von Design innerhalb des Unternehmens: Design muß inhaltlich und organisatorisch im interdisziplinären Innovationsprozeß und in den Unternehmensleitlinien verankert werden.
- Aufstellung und Kontrolle von Richtwerten für das Corporate Design beziehungsweise für die langfristig zu entwickelnde Unternehmensidentität.
- Langfristige Koordinierung aller Designaktivitäten im Unternehmen sowie die permanente Überprüfung ihrer Ergebnisse.

Die operativen Aufgaben umfassen:

- Aufbau von Designkonzeptionen und Wahrnehmung der Verantwortung für sie.
- Sicherung der strategischen Ziele durch Aufbau eines ganzheitlichen Pflichtenheftes für alle am Entwicklungsprozeß beteiligten Partner.
- Integration qualitativer und quantitativer Marketingziele in die Projektarbeit.
- Sicherstellung der Designziele im operativen Marketing-Mix.
- Suche und Koordination externer Partner für spezifische Aufgaben – Produktdesigner, Kommunikationsdesigner, Konstrukteure, Ergonomen –, um definierte Marketingziele umzusetzen.

Je nach Branche und Unternehmensgröße variiert der Bedarf an Produkt- beziehungsweise Designinnovationen und somit auch die Organisation, Steuerung und Umsetzung definierter Designaktivitäten.

Die organisatorische Eingliederung des Design Management ist variantenreich. Eine Patentlösung ist nicht möglich. Da gerade in kleineren und mittelständischen Unternehmen aufgrund häufig fehlender kontinuierlicher Auslastungen kaum eigene Produkt-

und Design Management-Stellen vorzufinden sind, liegen in der Zusammenarbeit mit qualifizierten externen Partnern weitreichende Innovationspotentiale und Synergieeffekte.

Die Betrachtung und Beurteilung von Innovations- und Designfragen durch außenstehende Partner führt häufig zu konsequenteren und somit auch zu erfolgreicheren Lösungen. Darüber hinaus kann Design Management helfen, die notwendigen Ansatzpunkte für designorientierte Produktinnovationen und imageprägende Kommunikationsansätze zu finden, und nicht zuletzt auch die Entscheidungsprozesse transparent und somit nachvollziehbar machen.

In der Weiterentwicklung des Total Quality Management (TQM) sollte auch eine Designpotentialanalyse aufgenommen und von Fachberatern zu Beginn eines Designengagements durchgeführt werden, um zu erfassen, ob ein Unternehmen im Design seiner Produkte marktsensibel und effektiv ist, beziehungsweise ob Potentiale im Produktsortiment vorhanden sind, auf die aufgebaut werden kann. Eine solche Prüfung, wie wir sie täglich in einer frühen Phase unserer Projekttätigkeit durchführen, zeigt, ob das spezifische Unternehmen den Produktwert durch eine Designdifferenzierungsstrategie in ausreichendem Maße verbessern kann. Design und Management, als ganzheitliches Differenzierungsinstrument verstanden und umgesetzt, verbessert die Leistung, verringert die Kosten und vermittelt den Kunden den notwendigen Mehrwert.

Design Management ermöglicht Produktführerschaft

Zahlreiche Firmen versuchen, sich in nahezu gesättigten Märkten zu behaupten. Viele dieser Unternehmen konnten sich Marktanteile verschaffen, indem sie Abwandlungen gängiger Produkte hergestellt und häufig zu Kampfpreisen auf den Markt gebracht haben. Dieses im Alltag der Wirtschaft dominierende Verhalten ist ein wesentlicher Faktor für die gegenwärtige künstliche Verkürzung der Produktlebenszyklen. Innovatoren müssen in dieser Situation ständig verbesserte Produkte in ihren Zielmärkten plazieren, sonst laufen sie Gefahr, Umsatz- und Marktanteile zu verlieren. Die Me-too-Strategie im Wettbewerb geht häufig einher mit einer einseitigen Strategie der Kosten- und Preisführerschaft.

Die Marktnischenstrategie, eine Strategie, die bislang relativ frei von Konkurrenzdruck und von Preiswettbewerb war, verliert durch diese Wettbewerbstendenzen zunehmend an Attraktivität.

Mikronischen werden ausfindig gemacht, mit dem Ergebnis, daß viele Firmen nun noch mehr Produkte in noch geringeren Stückzahlen herstellen müssen als zuvor.

Eine vor dem hier aufgezeigten Hintergrund geforderte Wettbewerbsstrategie hat die Aufgabe, die Wettbewerbsgrößen Innovation, Differenzierung und Alleinstellung zu vereinen. Es ergibt sich eine Strategie der relativen Produktführerschaft unter besonderer Einbeziehung einer leistungsspezifischen Designkompetenz. Im Gegensatz zu den üblichen Differenzierungsstrategien und Leistungsführerschaften, die ihren Fokus häufig auf technologische und quantifizierbare Kompetenzen ausrichten, verfolgt die Strategie der Produktführerschaft einen ganzheitlichen Ansatz und bezieht den Wettbewerbsfaktor Design ausdrücklich in die strategische Marketingausrichtung ein.

Mit der Entscheidung, Design als Wettbewerbsinstrument konsequent einzusetzen, wird Design Management neben dem Marketingmanagement zu einem strategischen Faktor in der Unternehmenspolitik. Diese Betrachtung verlangt für das Design Management auch konstitutive Festlegungen, die durch die Unternehmensleitung erkannt und umgesetzt werden müssen. Die geforderte organisatorische Verankerung verweist darauf, wie wichtig die interdisziplinäre Zusammenarbeit zwischen dem Marketing und dem Design Management ist. Sie muß weit über die Betrachtung der reinen Produktleistungen hinausgehen.

Konkret: Ein ganzheitlich ausgerichtetes und dem Marketing gleichberechtigtes Design Management kann nur mit einer dialogfähigen Organisationsstruktur bestehen. Sie bildet den Rahmen, in dem die Mitarbeiter aller Ebenen agieren, und gleicht im Idealfall zwischen Spezialisierung und Integration aus.

Die dialogfähige Organisationsstruktur

Die formale Organisationsstruktur ist jedoch immer von einer informellen Struktur – der Struktur der tatsächlich praktizierten Interaktionen und Beziehungen – überlagert. Die Organisationsentwicklung wird um so wichtiger, je weniger die formale Struktur den Anforderungen der Unternehmensumwelt, der Kommunikation und Zusammenarbeit beziehungsweise den realen Verhaltens- und Beziehungsmustern der Mitarbeiter entspricht. Denn die Organisationsstruktur sucht sich dann ihren eigenen Weg und entzieht sich somit einer effektiven Steuerung.

Die langfristige Leistungsfähigkeit eines Unternehmens wird maßgeblich durch seine Fähigkeit bestimmt, Schnittstellenprozesse zu erkennen und in zukunftsweisende offene Teamstrukturen zu transferieren. Die Umsetzung teamorientierter Funktionsebenen durch den Abbau bürokratischer und ineffizienter Hierarchien schafft die Basis für ein interdisziplinäres und synergetisches Handeln. Institutionelle Rahmenbedingungen sollten überprüft und dort aufgegeben werden, wo infolge von Abgrenzung das Leistungspotential und die notwendigen Synergien gegenüber teamorientierten Projektarbeiten verringert werden.

Vor der hier beschriebenen notwendigen Veränderung inhaltlicher und organisatorischer Rahmenbedingungen des klassischen Marketingdenkens bedeutet Interdisziplinarität mehr als die bloß methodische Zusammenarbeit verschiedener Disziplinen beim Lösen eines Problems. Das Ziel dieser Umorientierung vom klassischen Marketing zum Design Management und somit zum Integrationsmarketing liegt in der Überwindung von Erkenntnisgrenzen. Es können bestimmte Fragen überhaupt erst aufgeworfen werden, wenn die restriktiven Wahrnehmungsgrenzen einseitiger Marketingansätze und isolierter Designaktivitäten zugunsten einer ganzheitlichen Marktpositionierung überwunden werden.

Die Strategie der Produktführerschaft unter Einbeziehung des Qualitätsfaktors Design bedarf dieser geforderten offenen Organisationsentwicklung. Ziel dieses Prozesses muß es sein, die Leistungs- und Reaktionsfähigkeit aller Funktionsbereiche des Unternehmens kontinuierlich zu steigern, um dauerhafte und einzigartige Wettbewerbsvorteile aufbauen zu können.

Die Inhalte und Ziele des Design Management auf der Ebene wettbewerbsstrategischer Ausrichtungen können abschließend wie folgt zusammengefaßt werden:

- Aufbau der Produktführerschaft als Wettbewerbsstrategie unter Berücksichtigung einer leistungsspezifischen Designkompetenz.
- Eine kontinuierliche und systematische Differenzierung durch einen ganzheitlichen Design Management-Ansatz profiliert das Produktsortiment und schafft Markenidentität in den Köpfen bestehender und neuer Kunden.
- Profilierte Produkt- und Marktstrategien entziehen sich dem Preiswettbewerb und binden Kunden langfristig.
- Designorientierte Produkt- und Marktstrategien schaffen neue Marktsegmente. Massenmärkte können verlassen, renditestärkere Märkte bearbeitet werden.

- Im bestehenden Markt werden dauerhafte Wettbewerbsvorteile geschaffen.
- Die Strategie einer designorientierten Produktführerschaft ermöglicht eine Alleinstellung im Markt. Eine schnelle Nachahmung ganzheitlicher Leistungs- und Positionierungsprofile ist nur mit großem Aufwand möglich.

In einer Zeit, in der es für Unternehmen immer wichtiger wird, unverwechselbare Wettbewerbspotentiale zu realisieren und zu nutzen, gewinnt die aktive und geplante Gestaltung einer ganzheitlichen und signalstarken Unternehmensidentität zunehmend an Bedeutung.

Jedes Unternehmen, auch wenn es sich nicht mit dem bewußten Auftritt im Markt und in der Öffentlichkeit auseinandersetzt, besitzt eine Identität und ein wahrgenommenes Image.

Wie wichtig ein glaubwürdiges und positives Produkt- und Unternehmensimage gerade in gesättigten Märkten für die Positionierung und Kundenbindung ist, wurde oben deutlich. Um so mehr steht die Frage im Vordergrund, ob das Unternehmen seine Identität so vermittelt, daß sie auf aktuellen und potentiellen Märkten ein positives Image erzeugt und die Stellung im Wettbewerb unterstützt.

Durch die bewußte Planung, Gestaltung und Positionierung eines gewünschten Unternehmensimages sollen sowohl Glaubwürdigkeit und Vertrauen für das Unternehmen gewonnen als auch die vorab entwickelte Kompetenz auf der Leistungsebene unterstrichen werden. Dies gilt im besonderen für Investitionsgüterunternehmen, deren Produkte im Markt und vor allem in der Öffentlichkeit verstärkt erklärungsbedürftig sind.

Für Dienstleistungsunternehmen, deren Leistungsfähigkeit sich nicht primär über eine wahrnehmbare Materialität dokumentiert, ist die Auseinandersetzung mit einer glaubwürdigen Unternehmenskommunikation und -identität wettbewerbsentscheidend. In diesem Kontext muß die Meinungsbildung durch eine kontinuierliche, transparente und glaubwürdige Vermittlung der zu positionierenden Dienstleistungen, Wertvorstellungen und Haltungen unterstützt werden. Immaterialität braucht Gestalt, um überhaupt wahrnehmbar und bewertbar zu sein.

Über die Planung und Ausgestaltung des Corporate Design – das visuelle Erscheinungsbild eines Unternehmens – kommt dem Design Management eine Schlüsselposition im Aufbau eines po-

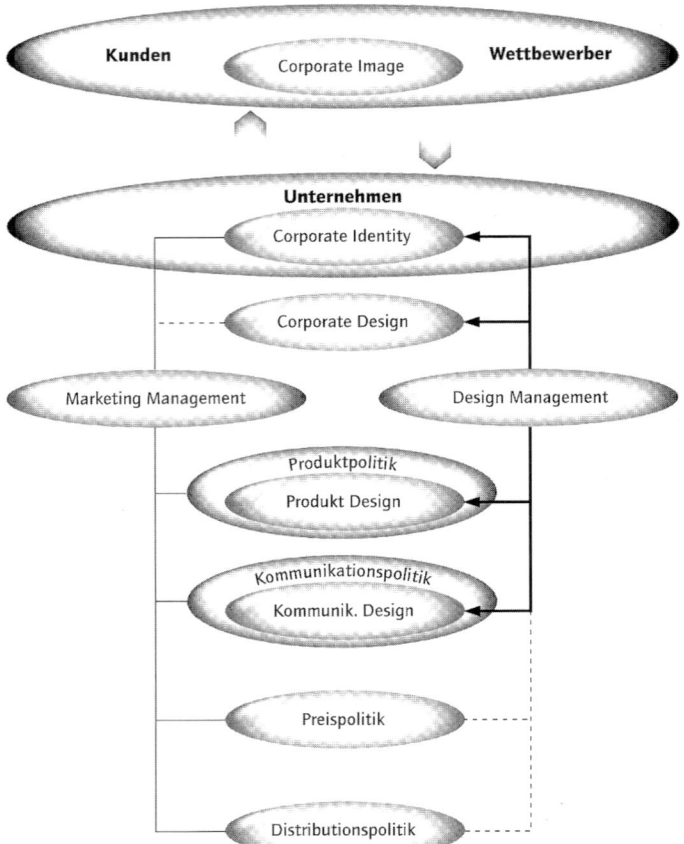

sitiven und unverwechselbaren Unternehmensimages zu. Voraussetzung und Rahmenbedingung für die Zielformulierung einer zukunftsweisenden Unternehmensidentität ist jedoch eine offene, auf Motivation und Deregulierung aufbauende Organisationsstruktur. Solch eine gelebte und von allen Mitarbeitern getragene Unternehmenskultur kann eine Reihe wichtiger Funktionen betrieblicher Abläufe und somit auch die Aufgaben des Design Management selbst unterstützen. So kann sie Kreativität, Motivation und Identifikation hervorrufen, die mit hierarchischen Organisationskonzepten häufig nicht zu erreichen sind (Birkigt/Stadler/Fuck 1993).

Der Weg zu einem glaubwürdigen Unternehmensimage führt nur über die Entwicklung eines herausragenden Leistungsprofils, das wiederum die Unternehmensleitlinien spiegeln kann. Das Wesensspezifische des zu entwickelnden Erscheinungsbildes kann demnach keine Frage einer beliebigen Gestaltungsidee von Mitarbeitern des Unternehmens oder externer Berater sein, sondern muß vielmehr als Ausdruck der eigenen spezifischen Tradition im Kontext gesellschaftspolitischer Veränderungsprozesse verstanden werden.

Diese Forderung mag auf den ersten Blick selbstverständlich und daher redundant erscheinen. Doch in vielfältigen Beratungsprojekten konnte immer wieder festgestellt werden, daß in zahlreichen Unternehmen keine gewachsenen und glaubwürdigen Konzepte vorliegen. Im Gegenteil, die zum Teil kritiklosen und unbedachten Identitätsbemühungen bewirken häufig das Gegenteil der angestrebten Profilierung: Beliebigkeit und Austauschbarkeit anstatt Identifikation und Alleinstellung.

Ziel ist der Aufbau eines langfristigen Vertrauensverhältnisses zwischen dem Unternehmen und den Nachfragern. Das Unternehmensimage – das wurde vorab aufgezeigt – wird maßgeblich durch die Produktmarke, das Produktimage charakterisiert. Vor allem in mittelständisch strukturierten Branchen steht das Unternehmen häufig auch mit der Produktmarke in einer sehr engen Verbindung. Produktimage und Unternehmensimage werden in der Betrachtung und Bewertung kleiner und mittelständischer Unternehmen häufig gleichgesetzt. In diesem Fall ist die Produktidentität gleichzusetzen mit der Unternehmensidentität. Dem Produktimage kommt somit eine umfassende und vertrauensbildende Funktion beim Aufbau eines Unternehmensimages zu.

Das Ziel: ein langfristiges Vertrauensverhältnis

Die Messung des Erfolges aktiv gestalteter Produkt-, Marken- und Unternehmensidentitäten ist objektiv kaum durchführbar, da zu viele verschiedene, nicht isolierbare Faktoren diese Rückkopplungsprozesse beeinflussen. Je stärker aggressive Me-too-Strategien auf der Produktebene zunehmen, desto bedeutsamer wird die Auseinandersetzung mit der aktiven Gestaltung einer Unternehmensidentität.

Design Management hat die grundlegende Aufgabe, eine Konvergenz zwischen Produkt-, Marken- und Unternehmensimage auf- und auszubauen. Es gilt, dieses Spannungsfeld näher zu analysieren und aus den Ergebnissen Handlungsmöglichkeiten für eine ganzheitliche Produkt- und Unternehmenskommunikation abzuleiten. Design Management visualisiert somit die eigentliche und innerste Leistungskraft eines Unternehmens. Zusammenfassend können folgende Aufgaben des hier vorgestellten ganzheitlichen Design Management-Ansatzes herausgestellt werden:

- Design Management ermöglicht die Entwicklung einer profilierten Unternehmensidentität, da alle kommunizierbaren Bausteine des Unternehmens integriert werden.
- Visualisierung und Verankerung einer glaubhaften Unternehmensphilosophie im Bewußtsein aktueller und potentieller Kunden und Öffentlichkeiten.
- Aufbau und kontinuierliche Ausgestaltung eines ganzheitlichen Corporate Design.
- Aufbau einer Konvergenz zwischen Produkt-, Marken- und Unternehmensimage mit dem Ziel eines unverwechselbaren und wettbewerbsstarken Gesamtauftritts.
- Förderung der Identifizierung mit dem Unternehmen und der Motivation der Mitarbeiter.

Es wird deutlich, daß die hier vorgestellten drei Leistungsebenen eines umfassenden Design Management-Ansatzes in ihrer vernetzten und aufeinander abgestimmten Wirkung dauerhafte Wettbewerbsvorteile schaffen können. Das Design Management erhält zur Einlösung dieser anspruchsvollen Aufgabe eine entscheidende Funktion. Vorausgesetzt, Design Management bekommt einen gleichberechtigten Handlungsraum im Zusammenspiel zwischen Unternehmensziel- und strategischer Marketingplanung.

Design Management und Effizienz

Die bisher für gültig gehaltenen, einseitig ausgerichteten Marketing- und Wettbewerbsstrategien geraten zunehmend unter Legitimationszwang: Nach den Jahren intensiver Beschäftigung mit vielversprechenden Process Reengineering- und/oder Lean Management-Strategien sind Unternehmen zwar in der Lage, ihre Kosten unter Kontrolle zu halten. Marktstabilisierungen, Umsatzsteigerungen und Kundenbindungen konnten jedoch nicht erzielt werden. Was fehlt, sind noch immer Produkte, die in der Lage sind, eine Haltung zu verkörpern, eine bestimmte Auffassung zu signalisieren, statt nur – wie bisher – technische Höchstleistungen halbwegs glaubhaft zu vertreten.

Eine in der Praxis bewährte Möglichkeit, mehr Effizienz im Wettbewerb zurückzugewinnen, liegt eindeutig in einer ganzheitlichen Produktführerschaft unter Einbeziehung des hier vorgeschlagenen Design Management-Ansatzes.

Wie vorab ausgeführt, wird Design in zahlreichen Unternehmen no h immer als „Produktkosmetik", „Facelifting" oder „Styling" verstanden. Zudem wird angenommen, Designer kümmerten sich wenig um die Belange und Kosten der Unternehmen und entwürfen Produkte, die für ihren Markt zu neuartig sind. Betrachten wir die Realität, so dienen diese Vorurteile nachweislich der Ablenkung von der eigenen Unzulänglichkeit.

Das Gegenteil bestimmt die Praxis. Dort, wo Unternehmen erfolgreich Design Management praktizierten, konnten durch eine frühe Integration des Qualitätsbündels „Design" neben qualitativen Wettbewerbsvorteilen vor allem auch Kostenvorteile realisiert werden.

Design erhöht die Qualität und generiert Kostenvorteile

Die wirtschaftliche Plausibilität beschränkt sich nicht allein auf kurzfristige, marktseitige Erfolge mittels Umsatz- und Margenverbesserungen. Nur schwer meßbar, aber in der Perspektive eines Unternehmens unabdingbar, sind die qualitativen Erfolgspotentiale durch ein ganzheitliches Designverständnis. So liegen im Aufbau einer Unternehmensidentität imageprägende Potentiale, die Produkt- und Markenimages charakterisieren und sich mittelfristig auf alle Unternehmensaktivitäten auswirken.

Auf der Produktebene wird mit dem Präfix „Design-" ein zunehmend inflationärer Trend beschrieben, der auf der Herstellerseite mehr Verunsicherung als Zustimmung hervorgerufen hat. So wird immer wieder versucht, mit sogenannten „Designprodukten" wie Designerjeans, Designerbrillen, Hairdesign, Naildesign und anderen zahllosen Präfix-Kombinationen, dem Abverkauf eine verkaufsunterstützende Hilfe zu geben. Außer durch schlechte funktionale Eigenschaften und einer häufig miserablen Verarbeitung zeichnen sich diese Produkte jedoch vor allem durch überhöhte Preise aus.

Die Akzeptanz für eine professionelle Auseinandersetzung mit Design wurde damit nicht verbessert. Bis heute hat dieses einseitige Verständnis das wirkliche Verhältnis von Design und Kosten in einem völlig falschen Licht erscheinen lassen.

Gerade die Designentwicklung in Deutschland hat spätestens mit der in den sechziger Jahren entstandenen Produktphilosophie der

„Guten Form" neben einer zunehmenden und notwendigen Ästhetisierung der Warenwelt auch Kostenbewußtsein gezeigt. In bewußter Abgrenzung zum „Styling" sollten gestalterische Standards entwickelt werden, die der Situation des wirtschaftlichen Wiederaufbaus entsprachen – materialsparend, produktionsorientiert und wartungsfreundlich. Auch wenn das Stilprinzip der „Guten Form" den Ansprüchen im gegenwärtigen Wettbewerb kaum noch Genüge leistet, so sind doch die Kostensenkungspotentiale geblieben.

Bis zum heutigen Tag existieren in der deutschen Wirtschaft keine aufgeschlüsselten Untersuchungen über eine Gesamtkostenrechnung von Design im Rahmen einer ganzheitlichen Produkt- und Marktentwicklung, was den Vergleich mit bekannten Investitionsalternativen wie Forschung & Entwicklung, Technik und Konstruktion erschwert.

Die Kostenstruktur verändert sich

Die Kostenstruktur unterscheidet sich im gesamten Entwicklungsprozeß wesentlich von anderen Investitionen. Die Möglichkeiten, durch Design Kosten zu senken, erscheinen im Kontext der gesamten Wertschöpfungskette besonders interessant. Die einzige hierzu vorliegende Untersuchung, „The Benefits and Costs of Investment in Design", wurde von 1987 bis 1991 von der englischen Design Innovation Group durchgeführt. Diese Analyse eines Design-Förderprogramms hat vielfältige Kostensenkungen und Margenverbesserungen durch Produktdesign nachgewiesen.

Grundsätzlich läßt sich feststellen, daß Designkosten bei jeder Produktentwicklung anfallen, weil jedes Produkt gestaltet werden muß. Dabei verursacht das Design – im Verhältnis zu den Gesamtentwicklungskosten – einen so geringen Kostenfaktor, daß er oftmals nicht ins Gewicht fällt.

Die direkten und indirekten Kosten-Nutzen-Relationen lassen sich nur schwer bewerten, ohne die Kosten-Nutzen-Struktur konkreter Handlungsalternativen vergleichend heranzuziehen. Die Kostenanalyse, die Guido Brune (1994) für technologie- und designorientierte Innovationsstrategien durchführte, veranschaulicht sehr deutlich, daß nicht nur ein Unterschied in der Höhe der Investitionen besteht. Produktentwicklungen im allgemeinen sowie technische und konstruktive Leistungen müssen vom Unternehmen vorfinanziert werden. Die Amortisation von Investitionen in Technologien erscheinen zunehmend ungewiß, und die Entwicklungskosten steigen weiter an.

Der sinkende Anteil echter Innovationen am Gesamtumsatz der deutschen Industrie belegt, daß es zunehmend unattraktiv ist, klassische Forschung & Entwicklung zu betreiben. Designorientierte Innovationen sind im Vergleich dazu nicht nur sehr viel kostengünstiger. Designer lassen sich ihre Leistungen ganz oder teilweise umsatzabhängig in Form von Lizenzen honorieren. Mit einem erfolgsabhängigen Honorar beteiligen sie sich am Investitionsrisiko. Damit leisten sie einen Beitrag zur Kostenflexibilisierung und senken das Return-on-Investment-Risiko. Darüber hinaus beweisen durchgeführte Projekte, daß Design Management – durch die Zusammenführung und Moderation aller wesentlichen Partner von der ersten Phase eines Innovationsprozesses an – Entwicklungszeiten wesentlich verkürzen und den Erfolg sicherstellen kann.

Wie wir in den vorangegangenen Ausführungen festgestellt haben, sind mit identitätsprägenden und dem Wettbewerb überlegenen Produkten dauerhafte Kundenbindungen und erfolgreiche Wettbewerbspositionierungen zu erzielen. Darüber hinaus haben starke Marken beziehungsweise Produkt- und Unternehmensimages am Kapitalmarkt einen häufig höheren Mehrwert als vergleichsweise umsatzstarke „No-Name-Unternehmen".

Der Aufbau eines positiven Produkt- und Unternehmensimages ist in der Regel das Ergebnis eines langfristigen – mehr oder weniger bewußten – Kommunikationsprozesses. Entsprechend bieten sich nur wenige Ansatzpunkte einer kurzfristig wirksamen Beeinflussung.

Kein Platz für kurzfristige Maßnahmen

Die bewußte Imagebildung über eine designorientierte Differenzierungsstrategie liefert nicht nur einen umfassenden Ansatz, sondern entspricht auch in besonderer Weise den veränderten Bedingungen der Angebotsbeurteilung auf der Nachfragerseite. In der Ganzheitlichkeit – vom Produktdesign bis hin zum Corporate Design – liegt die Basis für hohe Akzeptanzwerte. Sie gewährleistet die Glaubwürdigkeit des Imagetransfers vom Produkt auf das Unternehmen und schafft den geforderten Mehrwert auf der Seite der Nachfrager.

Aus dem Blickwinkel der Kostensituation enthält eine designorientierte Imagestrategie für die Marketingkommunikation einen nicht unerheblichen Nebeneffekt. So stellten führende Marktforschungsinstitute in aktuellen Studien eine zunehmende Resistenz der Konsumenten gegen Werbung fest. Dadurch bildet sich die individuelle Präferenz und das Image zunehmend über die Beurteilung der Produkte und Dienstleistungen selbst. Diesen Erkenntnissen zufolge werden Wettbewerbsvorsprünge in zahlreichen Branchen maßgeblich über die Steuerung von Produktanmutungen erzielt. Die Zukunft der Herstellermarke liegt maßgeblich in ihrer Innovations- und Anmutungskraft. Design Management kommt in der Generierung derartig positiver Images – die im nationalen und internationalen Wettbewerb unbezahlbar sind – eine der wesentlichen Aufgaben zu.

Literatur

Backhaus, K.: Investitionsgütermarketing, 4. Auflage, München 1995.

Birkigt, M./Stadler, M./Fuck, H. J.: Corporate-Identity, 6. Auflage, Landsberg/Lech 1993.

Brune, G.: Ökonomische Aspekte des Designmanagements, in: Hammer, N.: Die stillen Designer. Manager des Designs, Design Zentrum Nordrhein Westfalen 1994.

Diebold Deutschland GmbH: Ergebnisse einer großangelegten empirischen Untersuchung von 1994/95 bei vorwiegend mittelständisch strukturierten Unternehmen in der Investitionsgüterbranche (Maschinenbau und Elektrotechnik).

Grey Düsseldorf GmbH: Wie man Marken Charakter gibt, Grey Gruppe Deutschland 1993.

Kotler, P./Biemel, F.: Marketing-Management, 8. Auflage, Stuttgart 1995.

Meffert, H./Bruhn, M.: Dienstleistungsmarketing, Wiesbaden 1995.

Simon, H.: Die heimlichen Gewinner (Hidden Champions), 2. Auflage, Frankfurt/Main und New York 1996.

Den neuen Produkterfolg realisieren

von Johann Zindler

„Was hat Design mit dem Erfolg meiner Produkte zu tun?" Mit dieser Frage werden wir vor allem bei Unternehmen konfrontiert, die bislang Design nicht als Wettbewerbsfaktor eingesetzt haben. Mit Design Management läßt sich nicht nur diese zentrale Frage beantworten, sondern es lassen sich auch Lösungen für eine Reihe von unterschiedlichen Problemkonstellationen finden.

Design ist weder modische Attitüde noch reine Dekoration, sondern zunächst einmal jede Form von anwendungsbezogener Gestaltung. Das Produktdesign als die Gestaltung der unmittelbaren unternehmerischen Kernleistung – nämlich des Produkts – steht im Mittelpunkt unserer Vorgehensweise. Wenn es gelingt, den Designprozeß so vorzubereiten und zu steuern, daß damit im Markt ein angestrebtes Ziel erreicht wird, kann man von einem strukturierten Design Management-Prozeß sprechen. Design Management umfaßt dabei jede Form der konzeptionellen und organisatorischen Tätigkeit, nicht jedoch die gestaltende Tätigkeit des Entwerfens selbst.

Die traditionellen Wettbewerbsvorteile wie technologische Vorsprünge oder Leistungsvorteile verlieren bei Produkten, die sich technisch immer weiter angleichen, an Bedeutung, und Preisvorteile sind bei sich verkürzenden Produktlebenszyklen nur noch für momentane Vorsprünge gut. Design bietet im Gegensatz dazu das Potential zur dauerhaften Differenzierung im Wettbewerb. Dies geschieht dadurch, daß jedwede Unternehmenskompetenz im konkreten Marktangebot visualisiert wird. Hierin liegt die Voraussetzung dafür, daß technische Entwicklungen überhaupt in wahrnehmbare und dauerhaft wirksame Produktvorteile überführt werden. Im Design Management bietet sich die einmalige Möglichkeit, den Wettbewerbsfaktor Design zu entwickeln, indem technisches Wissen, Marktkenntnis, Designkompetenz und Unternehmensstrategie zusammengeführt und produktpolitisch umgesetzt werden.

Johann Zindler (1963) studierte Produktdesign (Gesamthochschule Kassel) und Betriebswirtschaftslehre mit den Schwerpunkten Marketing, Organisation, ökologische Betriebswirtschaft, Kulturmanagement (Freie Universität Berlin). Seit 1993 arbeitet er bei d...c Unternehmensberatung als Junior Berater und seit 1996 als Berater im Bereich Design Management.

Wir haben festgestellt, daß selbst in Unternehmen, die als „designorientiert" bezeichnet werden, im Umgang mit dem Erfolgsfaktor Design viele Potentiale ungenutzt bleiben, einfach weil das Wissen darum fehlt, auf welchen komplexen Voraussetzungen Design basiert und wie es zu handhaben ist.

Die Defizite und Chancen, die im Einsatz von Design liegen, sind dabei vielfältig: Unternehmen setzen oberflächliche Produktüberarbeitung zur kurzfristigen Absatzverbesserung ein, ohne daß die Wirksamkeit der veränderten Gestaltung vorher abgeschätzt wird; Produktneuentwicklungen werden zur entscheidenden Messe nicht fertig, weil die Zeit davongelaufen ist; Vertriebsleiter stellen fest, daß unverkäufliche Produkte entwickelt wurden, weil sie nicht befragt worden sind; Geschäftsführer entdecken nach jahrelanger erfolgreicher Zusammenarbeit mit einem Designer, daß das eigene Unternehmen von dieser Entwerferpersönlichkeit abhängig ist. Auf der anderen Seite ist die Freude groß, wenn überraschend Medieninteresse an innovativem Design festgestellt wird. Vertriebsleiter wissen Design dann zu schätzen, wenn sie erlebt haben, welche Motivationskraft ein zielgruppengerechtes Produkt beim Außendienst hat oder wie die Nachfrage der Endabnehmer nach einem neuen Produkt neue Vertriebskanäle öffnet.

Die Darstellung der konkreten Rahmenbedingungen und der darin bestehenden Möglichkeiten der Prozeßsteuerung verdeutlicht, daß der Designprozeß einer potentiell erfolgreichen Produktentwicklung nicht mit der Skizze eines Designers beginnt und auch nicht mit dem Prototypenbau endet. Die entscheidenden Handlungen finden vor dem Entwurfsprozeß statt, und die Grundlage des Erfolgs wird gelegt, bevor überhaupt das Wort „Design" fällt. Zur Realisierung des einzigartigen Potentials, das Design bietet, bedarf es eines spezifischen Know-hows bei der Produktentwicklung, das dabei hilft, Kreativität vorzubereiten, zu steuern, zu bewahren und in einen Markterfolg zu überführen.

Die branchenspezifischen Voraussetzungen

Design und dessen Einsatzmöglichkeiten unterscheiden sich deutlich nach Unternehmen und Märkten. Analog zum Marketing läßt sich auch hier eine Branchendifferenzierung erkennen, in der sich Design jeweils spezifisch ausprägt. Dabei unterscheiden sich in erster Linie die Faktoren, die in den Gestaltungspro-zeß einbezogen werden müssen und dann zu einer Basisdiffe-renzierung führen. Die Beratungspraxis hat gezeigt, daß die pro-duktspezifischen Ausprägungen des Design oftmals ebensowe-nig genutzt werden wie die verbindenden Aspekte des Produkt-kontextes. Zu unterscheiden sind hier drei Bereiche: Für den er-sten, den Konsumgüterbereich, ist das Design von größter Rele-vanz. Für den zweiten, den Investitionsgüterbereich, sind nur ei-nige der im folgenden aufgezeigten Ansätze anwendbar. Für den dritten, den Dienstleistungsbereich, gewinnt das Design stark an Bedeutung.

Bei Konsumgütern, insbesondere bei solchen, die modischen Veränderungen unterliegen, ist deutlich geworden, daß es nicht mehr ausreicht, wenn Design funktionalen und ergonomischen Erfordernissen gerecht wird. Branchenübergreifend ist es not-wendig, die Vorlieben der künftigen Benutzer, ihre Art, das Pro-dukt zu gebrauchen, und die Produktwelt, die sie um sich ver-sammeln, in den Designprozeß einzubeziehen, um einen Markt-erfolg zu realisieren. Umgesetzt wird diese Erkenntnis, die für den gesamten privaten Konsum gilt, allerdings erst in einigen be-sonders designorientierten Branchen wie zum Beispiel dem Au-tomobil- oder Möbelmarkt.

Konsumgüterdesign als lebensstilorientierte Gestaltung

Aufbauend auf den Erkenntnissen der Milieuforschung, die ge-sellschaftliche Gruppen innerhalb ihrer Lebensumstände identi-fiziert, kann hier der persönliche Lebensstil der Käufer Orientie-rung bieten. Durch ihn werden die Produkte jeweils einem spe-zifischen Produktumfeld zugeordnet. Wir sprechen vom Pro-duktkontext als Nutzungszusammenhang eines definierten Pro-duktfelds, das die Gestaltungsfreiheit einschränkt oder auch Freiräume schafft. Entsprechend stehen heute neben der Funk-tion emotionale Aspekte wie „Gefallen", „Spaß damit haben" oder „zu mir passen" im Vordergrund der Kaufentscheidung.

Die Begründung dafür ist in sozialen und gesellschaftlichen Ver-änderungen zu suchen. Wenn Konsumenten ihre Persönlichkeit in immer stärkerem Maße über die Produkte definieren, mit de-nen sie sich umgeben, gewinnt die identitätsstiftende und kom-munikative Funktion dieser Produkte an Bedeutung. Neue For-men des Konsums wie zum Beispiel das Teleshopping stellen ebenso wie diese neuen Konsummotive neue Anforderungen an die Produkte.

Das hat für das Produktdesign unmittelbare Konsequenzen: Es kann nur ebenso schnellebig oder auch dauerhaft sein, wie die Modezyklen im entsprechenden Produktbereich. Konsumgüterdesign, als lebensstilorientierte Gestaltung verstanden, setzt sich in jedem Fall mit den neuesten Trends auseinander, ob als Bekenntnis zu ihnen oder als kalkulierte gestalterische Abgrenzung. So läßt sich Dauerhaftigkeit auch durch bewußt antimodisches Design betonen. Wichtig ist dabei, daß es kaum mehr möglich ist, sich einer zeitaktuellen Position zu entziehen. Ein Produkt besetzt sie entweder selbst (aus seinem Design heraus) oder es bekommt sie vom Markt zugewiesen.

Unbekannt ist in der aktuellen Praxis der Produktentwicklung zumeist, wie die kaufentscheidenden „soft facts" in das neue Produkt einfließen können und was unter trendgerechtem Design zu verstehen ist. So kommt es, daß wesentliche Faktoren unbeachtet bleiben. Aus der Unkenntnis heraus entsteht „funktionales Design", ein begreifbares und bewährtes Gestaltungsprinzip, das allein die bekannten Bedürfnisse einbezieht. Design Management, so wie es von uns verstanden wird, hat hier die Aufgabe, Bedürfnisse definierter Zielgruppen und Symbole von Lebensstilen in das Design zu integrieren und damit das Defizit zu reduzieren, das durch ignorierte und unbekannte Bedürfnisse entsteht.

Investitionsgüterdesign im Zeichen eines erweiterten Funktionsbegriffs

Bei Investitionsgütern wird das Design – so die Theorie – dadurch geprägt, daß das Produkt keine persönliche Bindung mit dem Produktnutzer eingeht. Es wird davon ausgegangen, daß Benutzer und Beschaffer in vielen Einkaufsentscheidungen nicht identisch sind. Weil Einkaufsentscheidungen in der Regel von abstrakten Gremien getroffen werden und Produktnutzer mitunter im Minutentakt wechseln, entscheiden sich viele Hersteller von Investitionsgütern für puren Funktionalismus, bei dem die Zweckmäßigkeit, die Sicherheit und die Ergonomie des Produkts im Vordergrund stehen. Das Volumen der im Produkt enthaltenen Technik bestimmt das Erscheinungsbild, und die Aktualität der technologischen Entwicklung ist von größerer Relevanz als die Aktualität des Design. Entsprechend spielt als Produktkontext das reibungslose Funktionieren mit anderen Produkten eine große Rolle. Hierin liegt der Grund für die vielfache Anwendung des Systemdesign, einem Gestaltungsprinzip des Funktionalismus, das eingesetzt wird, um Produktkombinatio-

..en zu ordnen und zusammenzufügen. Systemdesign wirkt damit standardisierend und verbindend.

Das funktionale Design ist in diesem Produktbereich über den Systemansatz hinaus das noch immer vorherrschende Gestaltungsprinzip. Investitionsgüterdesign steht damit in der unmittelbaren Tradition des deutschen Nachkriegsdesign, das die im Produkt enthaltene Mechanik, seine Herstellung und seinen geplanten Einsatzbereich in den Mittelpunkt der Gestaltung rückte. In der Praxis wird das funktionale Design heute aber oft mit ingenieurtechnischer Perfektion verwechselt. So ensteht „Maschinenoptik".

Besonders deutlich wird die technische Determinanz als „no design" bei sogenannten Komponenten, die in Produkte eingebaut werden und später als Einzelprodukte kaum noch in Erscheinung treten. Auch diese Komponenten müssen sich aber zunächst als singuläres Produkt im Entscheidungsprozeß durchsetzen. Gelingt es nicht, das umgebende Produkt durch einen Systemstandard zu prägen, wird die Integrationsfähigkeit und damit „das Passen zum umgebenden Produkt" alleiniger Gestaltungsfaktor. Dabei wird vernachlässigt, daß Investitionsgüter immer von Menschen bedient und auch nach „subjektiven" Kriterien wie zum Beispiel dem persönlichen Gefallen und Interesse ausgewählt werden.

Ansatzpunkte für ein verändertes Investitionsgüterdesign liegen in der Steigerung der Bedienerfreundlichkeit von sogenannten Benutzerschnittstellen, der Repräsentativität von Investitionsgütern und vor allem in der Markenentwicklung und dem Corporate Design. Die immer kompliziertere Bedienung von Produkten mit komplexen Funktionen hat didaktische Aspekte des Design in den Mittelpunkt gerückt: Das Design der Benutzerführung – zum Beispiel per Display – bietet neben der Option einer funktionalen Verbesserung auch die Möglichkeit, über eine bessere Produktakzeptanz einen effektiveren Einsatz zu gewährleisten. Auf eine größere Akzeptanz und Identifikation mit dem Produkt zielen ebenfalls Ansätze einer emotionalisierenden Gestaltung. Design Management kann hier über einen erweiterten Funktionsbegriff emotionale Aspekte einbeziehen. Im Bereich der Investitionsgüter gewinnt die Markenbildung an Bedeutung, weil Produktunterschiede in der Funktion nicht mehr ausreichen, um Vertrauen in einen Hersteller zu erzeugen. Das Bedürfnis, Kompetenz zu visualisieren, führt dann zu einem anderen und weniger normativen Verständnis von Corporate Design.

Das Design von Dienstleistungen und Medien unterliegt wiederum anderen Anforderungen, da das eigentliche Produkt nicht materiell fixiert ist oder sich sogar ständig aktualisiert und damit verändert. Corporate Design und das Design der Produkte, die eine Dienstleistung repräsentieren und ermöglichen, treten daher an deren Stelle. Vorrangig geht es darum, Benutzerschnittstellen in Verbindung mit unterstützenden kommunikativen Produkten zu gestalten. Viel mehr als bei den anderen Produktkategorien ist in der Praxis erkannt worden, daß die Lebensstilorientierung des Konsumguts für die Dienstleistung wichtig ist, weil die Dienstleistung in den Lebenskontext und den Zusammenhang von Haltungen, Anmutungen und der von der Zielgruppe ansonsten nachgefragten Produkte passen muß.

Das Design von Dienstleistungen ist vergleichsweise abstrakt: Es gestaltet den Zusammenhang vieler beteiligter Faktoren, die miteinander interagieren. Um das sogenannte Servicedesign auf der gegenständlichen Ebene zu fixieren, besteht noch stärker als in anderen Bereichen die Notwendigkeit, eine Gestaltungskonzeption zugrunde zu legen. Das Corporate Design wirkt hier oft dominierend, weil es dem Kunden die Möglichkeit bietet, sich ein Bild von der Dienstleistung zu machen, das widerspruchsfrei ist. Dienstleistungsdesign entsteht daher in der Vorstellung und baut sich oft allein auf zweidimensionalen Designelementen auf. Design Management bietet hier die Möglichkeit, das Design der Dienstleistungsausprägungen aus dieser selbst abzuleiten und zu einer Designstrategie zu verarbeiten. Dabei entstehen spezifische Gestaltungskonzepte für die jeweiligen Ausprägungen des Medien- oder Servicedesign. Gemeinsam ist diesen Konzepten, daß das Produkt an sich immateriell ist und sein Design nur über unterstützende Produkte sichtbar und begreifbar werden kann.

Dienstleistungsdesign: gestaltete Vorstellung eines immateriellen Produkts

Wie organisiert man Design Management?

Abgesehen von allen Branchenspezifika prägen vor allem die organisatorischen Voraussetzungen, in die die Entwicklung eingebettet ist, den Verlauf eines Design Management-Prozesses. So jung die Disziplin des Design Management ist, so alt ist die theoretische Auseinandersetzung darüber, wie die Aufgabenverteilung bei der Produktentwicklung erfolgen sollte. Unklar ist dabei bislang, ob sich die Arbeitsteilung eher an den Markterfordernissen oder an den technischen Möglichkeiten ausrichten sollte. Die Diskussion gewinnt dadurch an Komplexität, daß weitere Fragen aufgeworfen werden: Ist Design Management besser intern oder extern durchzuführen? Ist es, zumindest teilweise, den bestehenden Disziplinen zuzuschreiben? Bedarf die Abwicklung von gestalterischen Prozessen eines neuen organisatorischen Rahmens?

Zunächst ist festzustellen, daß Produktpolitik Unternehmenspolitik ist, und damit ureigenste Aufgabe der Geschäftsführung. Hat diese die Ausrichtung des Produktprogramms und den Aufbau von Erfolgspotentialen festgelegt, sind sie operativ umzusetzen. Gegenwärtig wird vielfach davon ausgegangen, daß dies in Abstimmung zwischen Produktmanagement und Forschung & Entwicklung realisiert wird. Diese Arbeitsbereiche könnten daher den Ausgangspunkt dafür bilden, den operativen Teil des Design Management organisatorisch zu verankern.

Kennt man den Produktentwicklungsprozeß aus der Praxis, erscheint es allerdings sehr fraglich, ob damit der Realität Rechnung getragen wird. Denn hier wird die Bedeutung der Produktentwicklung für den Markterfolg keineswegs immer erkannt. Außerdem: Entweder funktioniert die Zusammenarbeit von verschiedenen Unternehmensabteilungen nicht reibungslos, oder sie liefert keine befriedigenden Ergebnisse. Die Realität sieht oftmals so aus, daß neue Produkte von der Geschäftsführung „verordnet" werden (Top-Down-Prinzip) oder aus einem spezifischen Kundenbedürfnis im Vertrieb entstehen und sich so in das Produktprogramm „einschleichen" (Bottom-Up-Prinzip). Bei der organisatorischen Verankerung des Design Management muß berücksichtigt werden, daß viele Ergebnisse solcher nur in eine Richtung verlaufender Prozesse nicht beabsichtigt sind: „Kannibalisierende" Produkte, Variantenwildwuchs und fehlende Sortimentsstruktur haben hier ihre Ursache. Es ist offensichtlich, daß bezüglich der Herangehensweise und der organisatorischen Verankerung unterschieden werden muß.

Produktmanagement und Forschung & Entwicklung: Möglichkeiten und Grenzen

Das Produktmanagement, soweit es in den Unternehmen vorhanden ist und nicht als reine Vertriebsunterstützung mißverstanden wird, repräsentiert im Unternehmen das Wissen über eine Produktgruppe oder ein Marktsegment. Der Produktmanager führt und betreut seine Produkte von der Entwicklung bis zur Auslistung. Hier sollte das Wissen über die Marktentwicklungen und eine tiefe Produktkenntnis vorhanden sein. Aus diesem Wissenspool entstammen idealerweise die vom Markt ausgehenden Impulse für notwendige neue Produkte. Diese können sowohl für bestehende wie auch für neue Marktfelder gedacht sein. In diesem Unternehmensbereich werden die Aktivitäten von Marketing, Vertrieb und Werbung koordiniert, was dazu führt, daß Wissen über marktrelevante Ereignisse (zum Beispiel Messen) und die Vertriebsorganisation vorliegt.

In der Praxis fehlt dem Produktmanagement bei aller quantitativen Marktkenntnis vielfach das wirkliche Produktverständnis und die relevanten Informationen über Trends in der Zielgruppe des betreuten Marktsegments. Allein mit den Instrumenten des Marketing kann der Produktmanager dieser Aufgabe nicht gerecht werden. Auch die Vorstellung, daß ein verlustfreier Know-how-Transfer vom Vertrieb zum Produktmanagement existiert, erfüllt sich in der Praxis nur selten. Oft beschränken sich die Marktkenntnisse im Unternehmen allein auf die eigenen Absatz- und Umsatzzahlen, mitunter gar nur auf Informationen zur Preisentwicklung.

In der Forschung & Entwicklung weiß man hingegen theoretisch über die technischen Möglichkeiten des Unternehmens, die Grenzen, die die eigene Fertigung setzt, die konstruktiven Gemeinsamkeiten der einzelnen Produkte und die Potentiale, die bei zuliefernden Unternehmen bestehen, Bescheid. In der Praxis liefert die Forschung & Entwicklung technologische Impulse für neue Produkte, ohne daß es sich dabei allerdings bereits um markttaugliche und an den Problemen der Abnehmer orientierte Lösungen handelt. Aus der unzureichenden Kanalisierung solcher Entwicklungen entsteht eine Vielzahl von technisch dominierten Produkten, die insbesondere im Konsumgüterbereich über zweifelhafte Marktchancen verfügen. In der Praxis ist immer wieder zu beobachten, daß die Integration solcher Neuentwicklungen in eine Marketingkonzeption nicht gelingt und so die Eigendynamik der Forschung & Entwicklung überflüssige Flops hervorruft.

Das Design ist als im Entwicklungsteam beteiligte Disziplin nicht nur in der Lage, einen kreativen Beitrag zur Produktentwicklung zu leisten, es kann darüber hinaus sicherstellen, daß die vom neuen Produkt definierten Produktanforderungen erfüllt werden. Hier können systematisch Ideen gefunden und Produkte und Produktbestandteile in unterschiedlichen Kontexten gestaltet werden. Das Design ist damit in der Lage, branchen- und produktübergreifende Lösungen für alle Aspekte eines Produkts zu erarbeiten, die nicht allein von technischem Belang sind. Der gestalterische Background des Entwerfers bestimmt dabei, inwieweit Innovationen aus anderen Produktfeldern einfließen.

Design erarbeitet umfassende Lösungen

Im Design liegen entsprechende Informationen darüber vor, wie bestimmte Problemstellungen gelöst werden können, welche gestalterischen Elemente aktuell verwendet werden und welche Designlösungen das Corporate Design eines Unternehmens zuläßt. In der Praxis ist aber vielfach ungeklärt, wie das Design organisatorisch einzubinden ist, und vor allem, zu welchem Zeitpunkt ein Designer idealerweise hinzugezogen werden sollte. Das führt oft zu Aufgabenstellungen, die nur noch die Umhüllung eines bereits entwickelten Produkts umfassen. Design wird so als „Sahnehäubchen" der verschiedensten Entwicklungen mißverstanden und dabei in seinen Möglichkeiten unterschätzt und letztlich nicht genutzt.

Grundsätzlich erscheint es notwendig, die Aspekte der Gestaltung strukturell zu integrieren. Diese Notwendigkeit ist allerdings vor dem Hintergrund zu sehen, daß die Synchronisation des Marketing – in Person des Produktmanagers – mit der technischen Entwicklung – in Person des Entwicklungsingenieurs – in der Praxis oft unzureichend funktioniert. Selbst modernste Rotationskonzepte haben hier nicht die erwünschte ganzheitliche Sicht bewirkt. Es scheint aus den beteiligten Disziplinen heraus nicht möglich zu sein, hier ein Designbewußtsein zu verankern, das beide Bereiche verknüpft. Nur wenn alle relevanten Bereiche mit einbezogen werden, kann den heute vielfach zu späten und zu oberflächlichen Auseinandersetzungen mit Design vorgebeugt werden.

Hier liegt der Ansatz des Design Management begründet, wie er von uns verstanden wird. Nur wenn in dem an der Produktentwicklung beteiligten Team das Design Management und das Design vertreten sind, kann gewährleistet werden, daß die organisatorische Durchführung von Produktentwicklungen im Sinne einer funktionsübergreifenden Koordination und einem Schnittstellenmanagement gelingt. Dabei übernimmt das Design Management auch die Funktion, die Geschäftsführung in den Veränderungsprozeß einzubinden. Neben der organisatorischen ist die inhaltliche Einbindung der beteiligten Disziplinen in einen konzeptionellen Rahmen von ebenso großer Bedeutung. Sie ist die Voraussetzung dafür, daß die relevanten Produktaspekte durch das Design visualisiert werden können.

Bei der Koordination des Entwicklungsteams müssen sowohl die technischen Möglichkeiten wie auch die Markterfordernisse berücksichtigt werden. Dazu gehören die Marketinginstrumente und Designkompetenz sowie vor allem Know-how über die üblicherweise im Entwicklungsprozeß auftretenden Abstimmungsprobleme. Die Design Management-Kompetenz konkretisiert sich entsprechend in der Nutzung der spezifischen Instrumente dieser Disziplin, die im folgenden noch darzustellen sind.

Mit der Einbeziehung des Design Management in das Entwicklungsteam entsteht eine Kerngruppe der operativen Entwicklung, die aus vier Disziplinen besteht: Produktmanagement, Forschung & Entwicklung, Design und Design Management.

Die Kerngruppe der operativen Entwicklung

Diese Kerngruppe des Teams sollte – je nachdem, welche Aufgaben zu bewältigen sind, erweitert werden: Wird über die Anzahl und Ausprägung von Varianten entschieden, ist es zum Beispiel ratsam, den Vertrieb zu beteiligen. Die Geschäftsführung sollte hingegen nicht nur bei der Neuausrichtung des Produktprogramms hinzugezogen werden. Design Management ist immer wieder auch „Chefsache"; eine enge Anbindung der obersten Führungsebene an den operativen Prozeß ist daher zu empfehlen.

In der Praxis bestehen oft Vorbehalte dagegen, das Entwicklungsteam zu vergrößern. In der Tat steigt der Koordinationsaufwand eines Projekts mit der Zahl der daran Beteiligten. Nur so kann aber der Komplexität der Produktentwicklung Rechnung getragen werden – und insbesondere das Design Management kann Komplexität handhabbar machen. Aus der Erfahrung der von uns betreuten Produktentwicklungen empfiehlt es sich, die Koordinationsfunktion entsprechend zu verlagern.

Die besten Voraussetzungen, um sowohl eine Orientierung an den Markterfordernissen als auch eine Ausnutzung technologischer Potentiale zu gewährleisten, bietet das Design Management. Nur mit ihm gelingt es, den richtigen Zeitpunkt dafür zu fixieren, wann weitere Teammitglieder hinzuzuziehen sind.

Denn nur durch rechtzeitige, das heißt frühzeitige Einbindung der Gestaltung gelingt es, eine Verkürzung der Produktentwicklungszeiten zu erzielen.

Die Frage danach, welche Funktionsbereiche der Produktentwicklung im Unternehmen zu konzentrieren sind, stellt sich für alle vier Bereiche gleichermaßen und muß im Einzelfall branchenspezifisch betrachtet werden: Das Produktmanagement wird zumeist im Unternehmen angesiedelt, weil es eine unternehmensspezifische Kernleistung darstellt, eine langfristige und gleichmäßige Betreuung der Produkte angestrebt wird und das Marketing vielfach zur Grundorientierung der Unternehmensführung geworden ist.

Die Produktentwicklung auslagern?

Allerdings ist vor dem Hintergrund einer oftmals nur kurzen Verweildauer der Produktmanager in Unternehmen eine Externalisierung dieser Leistung grundsätzlich ebenso denkbar wie die der Forschung & Entwicklung. Da sich die ingenieurtechnische Forschung immer stärker auf die Produktionsoptimierung konzentriert hat, findet produktorientierte Initiativentwicklung immer seltener statt. Viele Unternehmen sind daher bereits dazu übergegangen, mit freien Entwicklungsbüros zusammenzuarbeiten, um innovative Lösungen zu realisieren.

In ähnlicher Form gestaltet sich die Zusammenarbeit von Unternehmen mit Designbüros. Oft spricht schon das zu geringe Auftragsvolumen gegen die Anstellung eines Designers. Unternehmen bestimmter Branchen nennen aber explizit die Unterschiede im Designergebnis als Grund für eine Zusammenarbeit mit externen Kreativen. Statt einen Designer bei der Gleichartigkeit der täglichen Arbeit der Designabteilung des eigenen Unternehmens seine Kreativität einbüßen zu lassen, möchte man den Know-how-Transfer aus anderen Branchen nutzen.

Diese Vorgehensweise ist gerade in designorientierten Bereichen wie der Sanitär- und Möbelindustrie verbreitet. Im Gegensatz dazu ist zum Beispiel in der Automobilbranche das Spezialistentum der Designer inzwischen so ausgeprägt, daß die Produkt- und Unternehmenskenntnisse überwiegend höher eingeschätzt werden als das innovative Potential externer Designer. Aber auch hier werden externe Designer gerne als „troubleshooter" hinzugezogen, wobei die inhaltliche Leitung des Designprozesses immer im Unternehmen liegt. Aus unserer Sicht ist es zumindest ratsam, von Zeit zu Zeit die Potentiale externer

Gestaltung in Ergänzung zum unternehmensinternen Design zu nutzen. Insbesondere dann, wenn durch ein neues Design mit den alten Designtraditionen gebrochen werden soll, um neue Zielgruppen anzusprechen, steht einem freien Designer keine „Betriebsblindheit" im Weg.

Grundsätzlich besteht auch die Möglichkeit, einen dritten Weg zwischen der internen Designabteilung und dem externen Designbüro zu beschreiten, wie es zum Beispiel der Möbelhersteller Wilkhahn getan hat. Das erfolgreiche eigene Designteam „Wiege" wurde zur rechtlich selbständigen Gesellschaft verändert, was diesem die Möglichkeit eröffnete, auch Aufträge anderer Unternehmen und Branchen anzunehmen und dabei den Möbelhersteller als Mutterunternehmen von Synergieeffekten profitieren zu lassen.

Design Management-Defizite in der Praxis

Aus der Beratungspraxis haben wir die Erkenntnis gewonnen, daß zusätzlich zum bestehenden Kompetenzdefizit in der Produktentwicklung dieser oftmals nicht die Bedeutung zugemessen wird, die sie für ein Unternehmen hat. Außerdem liegt zumeist keine Kompetenz für den Umgang mit Design vor. Insbesondere bei der Auswahl geeigneter Designer für definierte Gestaltungsaufgaben fehlt die Kenntnis darüber, was einen Designer für eine spezielle Aufgabe qualifiziert.

Diese Fehleinschätzung des Design führt mitunter dazu, daß die Designer zusätzlich zum Entwurf mit der marktorientierten Projektvorbereitung und -steuerung betraut werden. Das kann aber nur in Ausnahmefällen zu befriedigenden Ergebnissen führen. Bei der Mehrzahl der Designbüros fehlt nicht nur das Marketingwissen. Sie sind vor allem die falschen, um den eigenen Entwurf aus einer gewissen Distanz zu beurteilen und mit den anderen Beteiligten abzustimmen. Nur das Design Management als vermittelnde Disziplin kann diese Integration gewährleisten. Es ist daher notwendig, das Design Management mit einer Handlungsbefugnis auszustatten, die dieser ausgleichenden Rolle entspricht.

Grundsätzlich ist es möglich, Design Management auch im Marketing oder in der Entwicklungsabteilung anzusiedeln. Es gibt eine Vielzahl von Möglichkeiten, die Steuerung kreativer Prozesse im Unternehmen zu verankern. Es hat sich gezeigt, daß in designorientierten Unternehmen die inhaltliche Nähe zum Produktmanagement am größten und die organisatorische Nähe zur

Geschäftsführung am notwendigsten ist. Vor allem muß die definierte Position im Hierarchiesystem die Möglichkeit haben, initiativ, integrativ und interdisziplinär zu wirken. In der Praxis können mitunter Gräben zwischen Abteilungen oder formalisierte Kommunikationsprozesse die Durchsetzungskraft gefährden, der es bedarf, um marktorientierte Innovation in Unternehmen durchzusetzen.

Alternativ bietet es sich an, statt die Produktentwicklung intern zu organisieren, auf externe Design Management-Berater zurückzugreifen, die projektweise oder dauerhaft hinzugezogen werden können. In der Zusammenarbeit mit Beratern bietet sich eine gute Möglichkeit, Design Management-Kompetenz im Unternehmen zu entwickeln, ohne die gewachsenen Zuständigkeiten in Frage zu stellen. Hierzu ist es allerdings notwendig, an entscheidender Stelle im Unternehmen Designbewußtsein von Beginn an zu verankern, damit frühzeitig erkannt wird, wie der Faktor „Design" im Rahmen eines Design Management-Prozesses genutzt werden kann.

Der ideale Design Management-Prozeß

Bei der situativen Unterschiedlichkeit verschiedener Branchen und der Vielzahl der am Entwicklungsprozeß beteiligten Disziplinen ist es notwendig, Konstanten in der Produktentwicklung zu identifizieren. Als solche hat sich der strukturierte Prozeßverlauf herauskristallisiert, der es ermöglicht, Unterschiede in der Vorgehensweise je nach Stand des Projekts zu erkennen. Hierfür müssen die verschiedenen durchzuführenden Tätigkeiten in eine zeitliche Reihenfolge gebracht werden. In der Theorie existiert eine Reihe von sequentiellen Modellen, die einen idealtypischen Projektverlauf beschreiben. Innovationsprozesse werden hier vielfach in vier Phasen unterteilt. Diese Unterscheidung bietet sich für Designprozesse ebenfalls an, weil in der Vierteilung die grundsätzliche Prozeßstruktur deutlicher wird als in den komplexeren Modellen.

Am Ende eines Design Management-Prozesses steht zumeist ein dreidimensionales Produkt. Doch läßt sich Design Management nicht allein an der Dreidimensionalität des Projektergebnisses festmachen: Auch ein grafisches Produkt, eine Video-Animation oder ein Corporate Design können das Ergebnis von Design

Management sein und erfordern dann eine entsprechende Anpassung der im Prozeß üblichen Instrumente. Für die Entwicklung eines Produktdesign lassen sich die folgenden Phasen eines idealtypischen Design Management-Prozesses mit einem jeweils unterschiedlichen Instrumenten-Mix unterscheiden:

1. Analysephase :   Vorbereitung
2. Konzeptphase :   Definition
3. Projektphase :   Durchführung und Koordination
4. Kommunikationsphase: Übergabe und Nachbereitung

Am Beginn einer Entwicklung steht idealerweise die Analysephase. Ihr Ziel ist eine umfassende Informationsbasis für die weiteren Projektabschnitte, denn in ihr werden zunächst alle Fakten zusammengeführt, die für die geplante Entwicklung von Relevanz sein könnten. Mit den Instrumenten der klassischen Marktforschung werden zum Beispiel Erkenntnisse über das Wettbewerbsumfeld, die Kunden- und Vertriebsstruktur sowie die Bedürfnisse potentieller Abnehmer ermittelt. Eine Schlüsselrolle liegt darin, die Position des neuen, des zu überarbeitenden oder des zu eliminierenden Produkts im bestehenden Angebot zu ermitteln. Für diese Positionierung ist die Absatz-/Umsatz- und Deckungsbeitragsanalyse, die Beobachtung des Produktlebenszyklus und die Feststellung von Wachstumspotentialen im Produktportfolio von besonderer Bedeutung.

Zur Vorbereitung eines kreativen Prozesses kann es aber nicht bei der reinen Zahlenauswertung bleiben. Notwendig ist es, den Markt in seinen konkreten Ausprägungen genau zu kennen. Dazu ist das eigene Produktprogramm zu überprüfen, das der relevanten Konkurrenten und die Bedürfnisse potentieller Abnehmer. Es müssen neben den quantitativen auch alle qualitativen Aspekte und auch periphere, designorientierte Informationen einbezogen werden. Dies können Materialpräferenzen, Aspekte des Markenimages oder auch Beschreibungen von Ritualen der Produktnutzung sein. So ist es für die Entwicklung einer Badezimmerarmatur wichtig zu wissen, welche Bedienstandards existieren und ob eine neue Produktfunktion möglicherweise gegen bestehende Waschrituale verstößt.

Zusätzlich gewinnen neben den vergangenheits- und gegenwartsbezogenen Informationen solche an Bedeutung, die sich an schwachen Signalen oder – wie Markttrends – an zukünftigen Entwicklungen ausrichten.

In der Analysephase kommt die Mehrzahl derjenigen für das Design Management spezifischen Instrumente zum Einsatz, durch die Informationen jenseits der klassischen Betriebswirtschaft ermittelt werden können. Die Designorientierung macht sich dabei in der Modifikation der Erhebungsmethode bemerkbar: Neben designspezifischen Instrumenten ist es auch möglich, die Marktforschung mit deskriptiven Designanalysen zu verknüpfen. So läßt sich zum Beispiel die Beschreibung der Produktsprache eines bestehenden Design und eine daraus abgeleitete Zielgruppenfokussierung mit einer entsprechenden Fragestellung empirisch überprüfen. Auch gelingt es, über die Darstellung von Abnehmermilieus aus dieser qualitativen Untersuchung Volumenrückschlüsse abzuleiten und so Brücken zu den quantitativen Ansätzen zu schlagen.

Die zweite Phase des Entwicklungsprozesses, die Konzeptphase, liefert darauf aufbauend eine schlüssige Produktkonzeption. Sie ist aus unserer Sicht die wichtigste Phase im Entwicklungsprozeß, denn hier werden vielfach die Fehler gemacht, die sich später, wenn ihre Wirkung erkannt wird, nur mit großem Aufwand korrigieren lassen.

Die Konzeptphase: Das Entwicklungsteam definiert das Ziel

So droht zum Beispiel ein neues Jugendprodukt unnötigerweise zum Mißerfolg zu werden, wenn es nur auf die Wünsche der jugendlichen Produktnutzer ausgerichtet ist, obwohl das Produkt ausschließlich von Eltern und Großeltern gekauft wird. Die haben vollkommen andere Vorstellungen davon, was für ihr Kind gut und richtig ist, als das Kind selbst. Wenn dies erst in einem fortgeschrittenen Stadium des Entwicklungsprozesses festgestellt wird, läßt sich der konzeptionelle Fehler nur mit viel Aufwand und einem zumeist unbefriedigenden Ergebnis nachträglich heilen: durch Veränderungen am Design oder verstärkte Kommunikation, die die Produktmängel verdecken soll.

Bevor die eigentliche, inhaltliche Definition des Projekts begonnen werden kann, muß es gelingen, ein Projektteam zusammenzustellen, in dem alle für das Projekt relevanten Disziplinen – innerhalb und außerhalb des Unternehmens – in einer dem Projektstand angemessenen Weise beteiligt sind. Die Zusammenstellung des Teams ist in vielerlei Hinsicht für einen erfolgreichen Projektverlauf von Bedeutung. Jede einbezogene Disziplin kann einen Beitrag zur Umsetzung einer Innovation leisten. Je größer das Projektteam ist, desto umfangreicher ist aber der administrative Aufwand, der mit der Vor- und Nachbereitung von Koordinationstreffen verbunden ist.

Das Design Management hat daher die Aufgabe, zunächst ein Kernteam zusammenzustellen, um später nur phasenweise zusätzlich nötige Kompetenzen hinzuzuziehen. Wichtig ist dabei, daß die inhaltliche Arbeit nicht einseitig ausgerichtet ist und daß der Bedarf an zusätzlichem Know-how frühzeitig erkannt wird. In der Vergangenheit waren Entwicklungsteams vielfach zu „techniklastig" besetzt, was dann Marktferne zur Folge hatte. Design wurde zu spät hinzugezogen, weil der konzeptionelle Beitrag, den das Design leisten kann, unterschätzt wurde und das Wissen über die Steuerbarkeit von Designprozessen fehlte. Mit dem von uns entwickelten Design Management-Instrumentarium liegen heute die entsprechenden Tools vor, um diese Defizite aufzufüllen.

Es gilt in dieser Phase, alle notwendigen Informationen zu dem geplanten Vorhaben zusammenzutragen und so aufzubereiten, daß sich daraus Hypothesen der Neuentwicklung bilden lassen. Diese rein fiktiven Produktkonzeptionen lassen sich mit Ideengewinnungsmethoden bilden. Mit entsprechenden Instrumenten lassen sich noch nicht existierende Produkte oder Entwicklungspfade beschreiben und in der individuellen Vorstellung konkretisieren.

In der Praxis haben sich besonders Collagen bewährt, denn sie bieten eine gute Möglichkeit, Aspekte darzustellen, die nicht in Worte zu fassen sind. Beispielhaft sind hier Stimmungen, Materialkombinationen oder stilistische Prinzipien zu nennen, denn es ist unklar, was gemeint ist, wenn in einem Briefing ein „romantisches Muster", eine „harte Kante" oder eine „durchscheinende Konturlinie" fixiert ist. Denkbar ist es auch, Workshops zu veranstalten, um in offenen kreativen Prozessen neue Impulse zu erzeugen. Workshops bieten oftmals die einzige Möglichkeit, den Entwicklungsprozeß aus einer über Jahrzehnte gewachsenen Verfestigung zu befreien, Produktnutzer zu beteiligen und auf diesem Weg zu visionären Produktauffassungen zu kommen, die später die Funktion einer Leitidee übernehmen können.

Auf der Basis der in der Projektanalyse gewonnenen Informationen lassen sich die gebildeten Produktszenarien auf ihre Machbarkeit hin überprüfen und bewerten. Dabei werden sie mit den Unternehmenspotentialen in den verschiedenen Bereichen und den strategischen Ausrichtungen abgeglichen. Nicht zu vernachlässigen sind Wirtschaftlichkeitsanalysen, zum Beispiel die Umsatzvorausschau, um Handlungsalternativen auf der Basis des prognostizierten Zielerreichungsgrades zu bewerten. So lassen sich begründete Entscheidungen für oder gegen verschiedene Handlungsalternativen treffen. Durch die Marktforschung verifizierte Szenarien können mitunter auch dazu führen, daß die Entwicklung nicht fortgeführt wird, weil sie keinen Erfolg verspricht. Fehlinvestitionen können so rechtzeitig verhindert werden.

Die Analyseinstrumente des Design Management werden vorrangig zur Produktentwicklung eingesetzt; sie bieten daneben aber auch sehr gute Möglichkeiten, Sortimentspolitik qualitativ zu untermauern. So lassen sich auf dem gleichen Weg Informationen über den Zustand des bestehenden Produktprogramms gewinnen. Diese Informationen können zur Vorbereitung einer Produktentwicklung ebenso dienlich sein wie zur Variantenbildung oder zur Produktauslistung.

Ergebnis des Analyseprozesses von der Ideengenese über die -ausformulierung bis zur -bewertung ist im Idealfall aber eine konkrete und gestützte Vorstellung der geplanten Produktneuentwicklung in der Form eines „Briefing". In diese Produktkonzeption ist das Know-how aller am Entwicklungsprozeß Beteiligten eingeflossen. Die Zielabstimmung stellt sicher, daß die Konzeption von allen Beteiligten getragen wird. Für die weiteren Arbeitsschritte wird das beschlossene Produktkonzept mit einem Zeitplan des Projekts und dem definierten Kostenrahmen zusammengefaßt und das Ausmaß (zum Beispiel der Umfang der Produktfamilie) sowie der definierte Grad an Innovation festgelegt. Am Briefing orientiert sich der gesamte weitere Prozeß. Bei seiner Verabschiedung müssen sich alle Beteiligten darüber im klaren sein, daß damit der rote Faden für alle weiteren Schritte vorgegeben wird. Auf dem Weg zu diesem Zwischenergebnis wird vom Design Manager vor allem das disziplinübergreifende Wissen verlangt, das im zentralen Instrument der Produktentwicklung, dem Briefing, zusammenfließt.

Im Zentrum des dritten Projektabschnitts steht die unmittelbare Umsetzung der nun vorliegenden Konzeption. In dieser Phase wird das geleistet, was den Kern des Design Management aus-

Die Projektphase:
Der strukturierte Entwicklungs-
prozeß wird umgesetzt

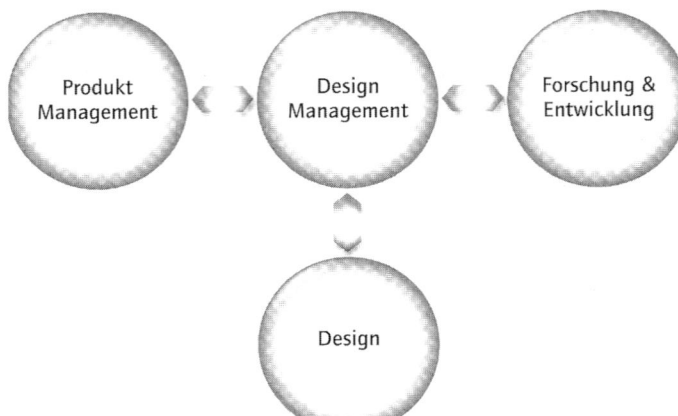

Design Management verbindet
die Teile zu einem sinnvollen
Ganzen (Quelle: d...c
Unternehmensberatung).

macht: Die Steuerung des kreativen Prozesses. An dessen Ende steht idealerweise ein detailliert ausgearbeiteter Prototyp des neuen Produkts – als dreidimensionale Umsetzung des Briefings, das am Anfang der Entwicklung stand – und eine auf dieses Produkt zugeschnittene Marketingkonzeption. Vom ersten Entwurf bis hierhin entsteht das Produktdesign in mehreren Schritten, die jeweils mit Zwischenpräsentationen abgeschlossen werden.

Das Design Management hat unseres Erachtens die vorrangige Aufgabe, die Struktur der einzelnen Projektschritte zu entwickeln und sie auf die Besonderheiten des jeweiligen Projekts abzustimmen. Die Diskussion über jeweils mögliche Handlungsalternativen kann im Entwicklungsteam durch das Design Management moderiert werden. Von der ersten Skizze bis zur ausgearbeiteten Detailentwicklung liegt eine der Hauptaufgaben des Design Management in eben dieser Prozeßmoderation.

Dabei gilt es auch, absehbare Konflikte in konstruktive Bahnen zu lenken, indem die argumentative Auseinandersetzung mit ein und demselben Problem aus unterschiedlicher Sicht gefördert wird. Kreative Schritte müssen vorbereitet und unterstützt werden. Dabei müssen Designprozesse aufgabenspezifisch organisiert werden, um für einzelne Teilaufgaben immer den richtigen Partner zu finden und mit diesem das bestmögliche Ergebnis zu erzielen.

Insgesamt gilt es, den Entwicklungsprozeß an sich transparent zu machen. Alle Projektschritte, wie auch die ausgearbeiteten Entwürfe, werden in dieser Projektphase im Team vorgestellt, diskutiert und anschließend auf ihre Machbarkeit hin überprüft. Alle nur zeitweise beteiligten Personen werden eingeladen, wenn sie benötigt werden, und aus dem Kreis entlassen, wenn die entsprechenden Fragen geklärt sind. Dabei ist auch zu entscheiden, welche honorar- beziehungsweise lizenzrechtlichen Vereinbarungen mit externen Kreativen getroffen werden sollen. Hier kann das Design Management wiederum Vorgehensweisen empfehlen, die sich in der Praxis bewährt haben.

Insbesondere in der Diskussion über die Realisierbarkeit ist es Aufgabe des Design Management, vermittelnd und ausgleichend zu wirken. Die Entwürfe von Designern sind oft auch dann, wenn eine Innovation explizit gewünscht wird, überraschend und ungewöhnlich. Neuartige Lösungen stellen Etabliertes in Frage und provozieren damit Widerstände bei den Beteiligten, die in der Vergangenheit die sogenannten „bewährten Konzeptionen" entwickelt haben. Das Design Management muß hier einerseits „Killerphrasen" abwehren, andererseits überschießendes Innovationsbedürfnis bremsen und auf dem anfänglich definierten Niveau halten. Wichtig ist dabei, daß jedes Teammitglied vorrangig innerhalb seines Kompetenzbereichs Einfluß ausübt. Parallel zur Designentwicklung sollte immer auch die Entwicklung in den Bereichen der Technik, der Marke und des Vertriebskanals betreut werden, wenn die Produktneuentwicklung – was oft der Fall ist – innovativ auf diese Bereiche ausstrahlt.

Neben der Moderation des Prozesses stellt das Design Management in der Praxis auch die Projektleitung sicher, steuert damit die operative Umsetzung und wirkt auf den Prozeß an sich strukturierend: Entsprechend dem Projektfortschritt muß simultan die Planung aktualisiert werden. Das Design Management muß den jeweiligen Stand des Projekts aus den vorgenommenen Aktualisierungen zusammentragen, die von den einzelnen Disziplinen erstellt werden. Auf kritische Punkte im Projektverlauf kann dann hingewiesen werden. Strukturierend wirken dabei zum Beispiel ein Projektplan mit kontrollierbaren Arbeitsstufen und die Formulierung von Zwischenzielen für die jeweiligen Arbeitsschritte.

Derartige Dokumentationen des Projektfortschritts informieren nicht nur die am Prozeß Beteiligten über den Stand des Projekts.

Design Management strukturiert die Produktentwicklung

Sie geben auch der Geschäftsführung einen Einblick. Zusätzlich ist die inhaltliche Progression der Produktentwicklung nicht zu vernachlässigen, denn nur sie gewährleistet, daß die Ziele, Hoffnungen und Wünsche erfüllt werden. Die Übernahme der inhaltlichen Leitung macht sich entsprechend darin bemerkbar, daß der „Geist des Projekts" am Leben erhalten wird.

Insbesondere bei sehr langfristigen Projekten haben wir immer wieder beobachtet, daß die Zeit die Vision bricht. Besonders in Abschnitten des Projekts, in denen der unmittelbare Fortschritt nicht zu erkennen ist, entstehen Zweifel an der Richtigkeit der gesteckten Ziele. Hier muß ein am kurzfristigen Erfolg orientierter Pragmatismus ebenso abgewehrt werden wie das Abheben eines Entwurfs von der Grundlage des vereinbarten Briefings. Dazu muß die Leitidee immer wieder verdeutlicht werden, um die Begeisterung für das gemeinsame Ziel am Leben zu erhalten und die Produktkonzeption vor schleichenden Zersetzungsprozessen zu bewahren. Es bleibt nicht aus, daß regelmäßig und motivierend an das ursprüngliche Ziel erinnert werden muß.

Es gilt, Entwicklungssackgassen zu verhindern, außerdem müssen in den einzelnen Projektschritten angemessene Tools ausgewählt und eingesetzt werden. So ist es wichtig, bei der Modellbaubetreuung nicht nur die korrekte Umsetzung sicherzustellen. Es muß auch eine jeweils ergebnisorientierte Methode gewählt werden. Oft ist es beispielsweise sinnvoll, ein vergleichsweise einfaches, aber dafür diskursives Vorgehen im Modellbau zu wählen, statt zu früh aufwendige, realitätsnahe Modelle auszuarbeiten.

Im Projektablauf muß im voraus erkannt und festgelegt werden, wann für einzelne Abschnitte weitere Experten hinzuzuziehen sind. Die ständige Reflexion des Entwicklungsprozesses macht es aber auch nötig, die ursprüngliche Idee an modifizierte Wissensgrundlagen anzupassen. Das kann zum Beispiel eine neuartige Technologie oder die überraschende Produktpräsentation eines identischen Konkurrenzproduktes sein. Die Unterscheidung von Projektzersetzung und -veränderung gelingt im Zweifelsfall nur mit dem Fingerspitzengefühl eines in der Produktentwicklung Erfahrenen.

Der Projektfortschritt erfordert es, daß der gesamte Prozeß dokumentiert wird. Diese Aufgabe ist in ihrer Bedeutung nicht zu unterschätzen. Oft sind es allein die fixierten Beschlüsse und Ergebnisse, die verhindern, daß sich Entwicklungsprozesse im Kreis drehen und dieselben Probleme immer wieder diskutiert werden. Hierzu bieten sich die bewährten Instrumente des Projektmanagement an. Von vorrangiger Bedeutung ist hier das Protokoll, das oft mit einer unmißverständlichen „To-Do-Liste" verbunden ist. Pläne, in denen die für die einzelnen Aktivitäten erforderlichen Zeiträume zusammengestellt werden, liefern Informationen über kritische Punkte, bieten die Möglichkeit, an diesen Punkten Pufferzeiten zu planen, schaffen Klarheit über den Projektstand und dokumentieren den bereits geleisteten Projekterfolg. Zwingend notwendig ist es, in ähnlicher Form Kostenlisten zu führen, die das vorhandene Budget ebenso transparent erscheinen lassen wie den geplanten Mitteleinsatz und den jeweils getätigten Mittelverbrauch. Nur so läßt sich verhindern, daß Zeitverzögerungen eine rechtzeitige Markteinführung gefährden oder daß die Kosten explodieren.

Die Beschreibung des Arbeitsfelds in der Projektphase zeigt, daß alle beschriebenen Aufgaben nur erfüllt werden können, wenn der Designer und der Design Manager keine Personalunion bilden und die Kompetenzen eindeutig verteilt sind. Ansonsten sind Interessenkonflikte vorprogrammiert.

Im vierten Projektabschnitt, der Kommunikationsphase, wird das Produkt in den Markt eingeführt. Obwohl in dieser Phase über Erfolg oder Mißerfolg entschieden wird, tritt jetzt die Produktentwicklung hinter die Kommunikations-, Produktions- und Vertriebsaktivitäten zurück. Innerhalb der Design Management-Aktivitäten setzt die Kommunikation die inhaltliche Arbeit fort, wobei sie sich weiterhin am Briefing orientiert. Das Projektergebnis wird an die einzelnen Unternehmensbereiche übergeben, die nun das umsetzen, was zuvor im Team erarbeitet wurde. Soweit notwendig, erfolgen letzte Veränderungen und Feinabstimmungen. Im Zentrum stehen hier Tests zur Vorbereitung von Markteinführung und Fertigung. Diese letzte Phase des Entwicklungsprozesses wird idealerweise nur noch vom Kern des Entwicklungsteams durchgeführt, das schließlich nur noch sporadisch und zu besonderen Anlässen zusammentritt.

In Ergänzung zur in der Analysephase durchgeführten Marktforschung werden nun Produkt- und Markttests mit dem Entwicklungsergebnis durchgeführt. Dabei soll überprüft werden,

Die Kommunikationsphase: Das Entwicklungsergebnis wird am Markt eingeführt

ob das im Briefing gesteckte Ziel erreicht wurde. Verbesserungsvorschläge, die sich aus den Untersuchungen ergeben, können in letzten Modifikationen umgesetzt werden. Abschließende Erhebungen liefern oft auch wertvolle Hinweise, um Produkt- und Ausstattungsvarianten festzulegen. Bei einer definierten Zielgruppe werden die grundlegenden Vermarktungsargumente daraufhin überprüft, ob sie als wichtig, wirksam und mit dem Produkt assoziierbar wahrgenommen werden. Im Idealfall wird so aus der Nachbereitung bereits die Vorbereitung der nächsten Produktgeneration.

Ist die Entwicklung abgeschlossen, beginnt die Umsetzung der bereits im Vorfeld definierten Kommunikationsmaßnahmen für das neue Produkt. Schrittweise lösen die vermarktenden Aktivitäten die der Produktentwicklung ab. Das Produkt wird an den Vertrieb übergeben. Entgegen der üblichen Praxis in den meisten Unternehmen endet die Entwicklung allerdings nicht an diesem Punkt. Das Design Management wird zum Beispiel zur Festlegung von Fotomustern und zur Schulung des Vertriebs hinzugezogen. Die Produktionsvorbereitung wird betreut, und es bietet sich die Gelegenheit, letzte Impulse aus dem Vertrieb und der Produktion in Designoptimierungen umzusetzen.

An diesem Punkt enden die regelmäßigen Treffen des Entwicklungsteams. Das Projekt wird dokumentiert und das Produkt dem Produktmanager übergeben, der es über den Marktlebenszyklus bis zur Auslistung betreut und ein permanentes Monitoring der Marktgeschehnisse durchführt. Das Design Management wird erst dann wieder hinzugezogen, wenn der Markterfolg einen Ausbau zur Produktfamilie erfordert, wenn das Produkt modifiziert werden muß, weil die Verkaufszahlen nachlassen oder wenn Produktnachteile beseitigt werden müssen.

Der spezifische Instrumenten-Mix

Design Management ähnelt seinen Nachbardisziplinen. Das Rüstzeug des Marketing, des Produkt- und des Projektmanagement sowie des Design steht ihm zur Verfügung. Die Position zwischen den vom Tätigkeitsprofil her unterschiedlichen Welten der Betriebswirtschaft und der Gestaltung ist dabei symptomatisch: Design Management ist zuvorderst Schnittstellen- und Integrationsmanagement. Die Verbindung der kreativen Arbeit des

Designers mit der analytisch-konzeptionellen Tätigkeit des Ökonomen erfordert verbindende, strukturierende und auch hori-
zonterweiternde Herangehensweisen. Wir haben hierzu ein
Spektrum tätigkeitsspezifischer Tools entwickelt.

In den wenigen theoretischen Auseinandersetzungen mit den
Design Management-Instrumenten dominiert die Projektsteuerung und damit eine zu mechanistische Sichtweise. Aus der Erfahrung einer Vielzahl betreuter Projekte halten wir es neben der
Gewährleistung eines in vielerlei Hinsicht reibungslosen Ab-
laufs für besonders wichtig, die Eigenständigkeit von Designprozessen zu berücksichtigen. In der Projektsteuerung muß
Raum bleiben für Produktsensibilität, Entwerferpersönlichkeit
und ständige Reflexion von definierten Rahmenbedingungen.
Das Wesen kreativer Prozesse liegt darin, Neues und damit
schwer Planbares aufzuzeigen. Einen Designprozeß zu steuern
heißt daher immer, zwischen reibungslosem Projektverlauf und
der Möglichkeit einer Neuorientierung abzuwägen.

Aus diesen Gründen haben wir für die einzelnen Phasen des Design Management-Prozesses spezifische Instrumente entwickelt,
die im folgenden beispielhaft vorgestellt werden sollen. Sie werden den beschriebenen Besonderheiten im Produktentwicklungsprozeß gerecht und finden in seinen unterschiedlichen Phasen Anwendung. Bei der Auswahl der im konkreten Projekt ein-
zusetzenden Instrumente spielen die Branchenspezifika eine
ebenso große Rolle wie die Komplexität der jeweiligen Aufgabenstellung. In der Praxis kommt es normalerweise zu einem
problemspezifischen Instrumenten-Mix und eher selten zu einem umfassenden Einsatz aller Analysemethoden. Gerade aus
der Kombination einzelner Instrumente lassen sich oft neue Erkenntnisse gewinnen, wie zum Beispiel der Ansatz der designorientierten Portfolioanalyse zeigt.

Die meisten Unternehmen wissen nicht, was sie mit ihrem Design bewirken oder erreichen könnten. Anhand einer Produktdesignanalyse lassen sich auf rein deskriptivem Wege vorherrschende formale Prinzipien, gängige Lösungsvarianten oder existierende Produktmängel identifizieren. Hierzu läßt sich die Produktform zum Beispiel daraufhin überprüfen, ob sie in einem
Zusammenhang mit der technischen Produktkonzeption steht.
Die Analyse des formalen Produktaufbaus weist auf die verwen-
dete Formensprache und die Information zur Produktwirkung

**Die Produktdesign-
analyse**

hin, die aus der Produktsymbolik resultiert. Aus der Produktform lassen sich eine Reihe von Erkenntnissen dazu ableiten, ob und wie das Produkt bedient werden kann, welches Produktverständnis vermittelt wird, welche Zielgruppe angesprochen werden soll und welche persönliche Inszenierung durch das Design des Produkts ermöglicht wird.

Allein durch diese Betrachtung des Erscheinungsbildes lassen sich Erkenntnisse bezüglich der angestrebten und erzielten Produktwirkung gewinnen. Mit diesem Instrument lassen sich besonders gut erste Hypothesen bilden, die dann durch eine designorientierte Marktforschung überprüft werden können. Mit der Produktdesignanalyse gelingt es, ein Wissensdefizit in Bezug auf den Status Quo des eigenen Design zu beseitigen. Hierin liegt die Voraussetzung dafür, neues Design zu entwickeln. Nur das Verständnis des bestehenden Designrepertoires im eigenen und in konkurrierenden Unternehmen ermöglicht es, sinnvolle Anpassungen oder Abgrenzungen vorzunehmen.

Die Analyse von Stilprinzipien

Unter „Analyse von Stilprinzipien" ist die Identifikation von sogenannten „Designwelten" zu verstehen, innerhalb derer als verbindendes Element bestimmte formal dominierende Gestaltungsmerkmale existieren. Die gleichzeitige Existenz mehrerer Prinzipien ist Ausdruck einer zunehmenden Heterogenität im Nachfrageverhalten eines Käufermarkts.

Statt wie in der Vergangenheit Produkte nur im Rahmen eines dominierenden Stils variieren zu können, besteht heute die Wahlmöglichkeit zwischen einer Reihe von gleichzeitig existierenden Gestaltungsansätzen. Diese lassen sich über Collagen der Produkt- oder Lebenswelt visualisieren. Diese Designwelten sind keine gestalterischen Vorgaben oder Bausteine für den Designer. Sie sind vielmehr Strukturhilfen und Arbeitsmodelle für Unternehmen, die Design einsetzen möchten. Durch die Erkenntnis, daß man sich in der Vergangenheit immer nur in einer Designwelt bewegt hat, gelingt mit den Stilprinzipien oftmals eine Horizonterweiterung, die notwendig ist, um gestalterisch neue Wege zu beschreiten.

Über das angewandte Stilprinzip besteht die Möglichkeit, Aspekte der Produktsprache und -symbolik in die Produktentwicklung einzubeziehen. So verweisen stilistische Prinzipien zum Beispiel auf die Zugehörigkeit zu verbreiteten Designrichtungen oder aktuellen Szenen.

Mit der Entscheidung für ein formales Prinzip lassen sich Positionierungen im Vorfeld des Gestaltungsprozesses festlegen und konkrete ästhetische Vorgaben an das Design formulieren. So hat die Nierenform der Lufteinlässe an einem BMW eine Bedeutung, die über die formale Abgrenzung vom klassischen Kühlergrill hinausgeht. Ursprünglich waren die Nieren reine Belüftungsöffnungen. Die formale Anpassung und Pflege dieses Designelements hat daraus ein Zeichen für Sportlichkeit gemacht. Das Stilprinzip findet besonders im Konsumgüterbereich Anwendung, wo Produktformen einem stärker modisch orientierten Wandel unterliegen. Die Kenntnis alternativer Prinzipien kann aber gerade bei der Gleichartigkeit zum Beispiel des Investitionsgüterdesign Perspektiven aufzeigen, um Unterschiede zu beschreiben.

Im Rahmen einer Kontextanalyse wird das unmittelbare Umfeld eines zu entwickelnden Produktes daraufhin untersucht, ob sich in ihm Faktoren identifizieren lassen, die zwar nicht in unmittelbarer Beziehung zum untersuchten Produkt stehen, dennoch aber einen relevanten Hinweis auf einzelne Eigenschaftsausprägungen liefern. Hierzu gehört der Kontext des Herstellerangebots, in den sich das neue Produkt einreihen wird, der Kontext des Nutzungszusammenhangs, in dem das neue Produkt in Gebrauch sein wird, und der Kontext des Zielmilieus, in dessen Warenkorb – und damit Konsumzusammenhang – das neue Produkt landen wird.

Die Kontextanalyse

Über variable Szenarien lassen sich so schon im Vorfeld einer Entwicklung Informationen darüber gewinnen, welchem Kontext ein existierendes Produkt zuzuordnen ist. In Kontext-Cross-Checks lassen sich dabei Indikatoren identifizieren, an denen ein neues Produkt in jeweils unterschiedlichen Umfeldsituationen gemessen wird.

Die Kontexanalyse läßt sich beispielsweise mit Collagen durchführen, die den jeweiligen Kontext in einem Strukturmodell positionieren. Je nach Produktgattung sind unterschiedliche Gewichtungen in der Kontextbetrachtung zu setzen. So ist bei einem Konsumgut der Nutzungszusammenhang der relevante Kontextfaktor. Bei der Vermarktung eines Produkts zum Einbau in ein Investitionsgut spielt zum Beispiel die Nutzung durch den Abnehmer dieser Komponente, insbesondere des Erstausrüsters (OEM), eine größere Rolle. Mit dieser Analyse gelingt es, Produktentwicklungen aus ihrer Isolation zu lösen und in ein Umfeld einzuordnen.

Produkte existieren nicht außerhalb von Raum und Zeit, sondern innerhalb definierter Referenzsysteme. Die Milieuanalyse als Teil der Kontextanalyse erweitert die klassische Zielgruppenbetrachtung. Sie stellt das persönliche Verhalten von Produktkäufern und die Präferenzen der Produktnutzer in den Mittelpunkt der Betrachtung. Das Milieukonzept stützt sich auf Untersuchungen aus den achtziger Jahren, die versuchen, Gruppenbildungen innerhalb von Gesellschaften zu beschreiben. Hierbei werden die Menschen jeweils zu Milieus zusammengefaßt, die sich in Alter, Bildungsstand, Lebensauffassung und einer Reihe von Einstellungen ähneln. Wichtig ist, daß die Milieus rein empirisch gebildet werden. Ein Milieu faßt jeweils unterschiedliche Lebensstile zusammen. Ein Lebensstil besteht wiederum aus individuellen Verhaltensweisen.

Das Milieukonzept gewinnt mehr und mehr an Bedeutung, weil Stil (Lebensstil, Ästhetik etc.) im Alltag eine immer größere Rolle spielt. In Anlehnung an die vorliegenden Milieustudien sind je nach Anwendungszweck eine unterschiedlich große Anzahl von Milieus beziehungsweise Lebensstilen zu unterscheiden. Die zugehörigen Lebenswelten lassen sich so collagieren, daß Produkte darin angeordnet werden können und eine Milieuzuordnung zum Beispiel eines Herstellerangebots möglich wird. Darstellungen, die bis auf die Lebensstilebene ausdifferenziert sind, sind in der Lage, konkrete Informationen über die formalen Anforderungen an Produkte zu liefern.

Der typologische Warenkorb ist die Summe aller Produkte, mit denen sich ein bestimmtes Milieu umgibt. Die typologische Analyse baut somit auf der Milieuanalyse auf, die sie produktorientiert konkretisiert. Der Warenkorb versammelt den kompletten Produktkontext, in dem eine bestimmte Zielgruppe lebt. Es handelt sich dabei um eine individuelle Zusammenstellung von Produkten zum Beispiel für die Bereiche Haushalt, Mobilität, Sport, Freizeit, Reisen, Kleidung, Schmuck und Körperpflege. Die Visualisierung kann nach den Kategorien erfolgen, nach denen der Warenkorb untersucht wird. Dabei werden nicht nur Produktwelten zusammengestellt, sondern es werden innerhalb der gebildeten Warengruppen Beziehungen beschrieben. Dieses Cluster ermöglicht es beispielsweise, Produkte zu identifizieren, die

Die Milieuanalyse

Die typologische Analyse

geliebt werden („high involvement") oder deren Existenz keine Beachtung findet („low involvement").

Die Betrachtung des Warenkorbs mündet in eine jeweils milieuspezifische Produktwelt, in der sich diese Zielgruppe bewegt. In dieser Produktwelt ist es nun möglich, Farben, Formen, Texturen, Kombinationen usw. zu definieren, die produktübergreifend bevorzugt werden. Im Zusammenspiel dieser Punkte klärt sich die Warenwelt, in die sich ein zu entwickelndes Produkt einbettet, und der visuelle Kontext, in dem es bestehen muß.

Das Design Briefing faßt alle Erkenntnisse über ein geplantes Produkt zu einer präzisen Aufgabenbeschreibung und Zielformulierung zusammen. In der Darstellung des Produktkonzepts finden sich alle funktionalen Aspekte. Der Innovationscharakter und die Leistungsmerkmale des Produkts werden darin ebenso zusammengestellt wie die ökologischen Anforderungen, die es zu erfüllen gilt. Die Zielgruppe und die definierte Anwendung des Produkts werden präzise eingegrenzt. Die Positionierung läßt sich hier ebenso beschreiben wie das geplante Image des Produkts. Innerhalb des eingegrenzten Zielfelds wird das Konkurrenzangebot in bezug auf mehrere Produktdimensionen dargestellt.

Das Design Briefing

Daneben müssen die technologischen Bedingungen ebenso abgesteckt werden wie der Kostenrahmen. Anhand der Ergebnisse der in der Analysephase durchgeführten Marktforschung lassen sich die Kosten in ein Verhältnis zum erwarteten Absatzvolumen stellen. Im Briefing besteht die Möglichkeit, die Aufgabenstellungen für die einzelnen am Entwicklungsprozeß Beteiligten zu präzisieren. Die benötigten externen Leistungen können exakt beschrieben werden.

Das Briefing ist das Ergebnis eines Definitionsprozesses und damit die Grundlage der folgenden Umsetzungen. Je präziser und vollständiger es ausformuliert wird, desto geringer ist die Gefahr einer unterschiedlichen Interpretation der Aufgabenstellung. Als Ergebnis eines Konsensbildungsprozesses setzt es voraus, daß alle Handlungen, die auf dieser Vereinbarung beruhen, von allen am Prozeß Beteiligten geteilt werden. Eine Reihe von Anforderungen an das Neuprodukt können neben der textlichen Form auch als Collage oder Fotografie dargestellt werden, was eine bessere Eingrenzung ästhetischer Aspekte ermöglicht. Wir haben die Erfahrung gemacht, daß solcherart visualisierende und illustrierende Elemente präzisierend wirken können.

Auch eine Aufgabe des Design Management: kreative Leistungen empfehlen

Die meisten Unternehmen sind nicht in der Lage, für ihr spezifisches Designproblem den richtigen Partner auszuwählen. Die Empfehlung für kreative Leistungen ist daher von entscheidender Bedeutung, um die im Briefing formulierten Produktanforderungen umzusetzen. Sie wird notwendig, wenn in Unternehmen keine Potentiale für Designleistungen vorhanden sind oder davon auszugehen ist, daß die unternehmenseigene Designabteilung nicht in der Lage ist, das Briefing umzusetzen. Oft muß dann ein externer Designer zumindest einen gestalterischen Impuls geben. Relevant sind für die Empfehlung die bisherigen Arbeiten eines potentiellen Partners, die Branchen, in denen er tätig war, seine Auftraggeber und vor allem die Aufgabenbereiche, auf denen in der Vergangenheit der Leistungsschwerpunkt lag. Wichtiger als die Ähnlichkeit zu bereits realisierten Projekten ist dabei oftmals die Innovationskraft des Entwurfs selbst, die schon im Ansatz erkennbaren Synergien oder die Medienwirksamkeit eines Designernamens für eine anvisierte Zielgruppe. Auswahlkriterien können aber auch die Menge an übertragbaren Erfahrungen, zum Beispiel mit marktspezifischen Kostensituationen oder Materialien, sein.

Von entscheidender Bedeutung ist es oft auch, wenn beim Designer zusätzliches Spezial-Know-how jenseits der Designkompetenz vorhanden ist, das im Projektteam fehlt. Auch kann die technische Ausstattung eines Designbüros wertvoll für die Zusammenarbeit sein. Ausschlaggebend sind oft allerdings völlig andere Gründe: Der Partner im kreativen Prozeß muß teamfähig sein, und es sollte möglich sein, eine Vertrauensbasis aufzubauen. Da die Entscheidung für einen Designer von extremer Wichtigkeit für die Entwicklung ist, kann die begründete Auswahl, die sich immer an vorher festgelegten Krieterien orientieren sollte, ausschlaggebend für den Projekterfolg sein. Die Empfehlungen, die von uns ausgesprochen werden, sind daher immer projekt- und kundenspezifisch begründet. Als Vorschlag dienen sie dazu, die Entscheidung des Unternehmens für oder gegen einen Designer vorzubereiten

In den meisten Fällen ist es nicht mit der Empfehlung eines Designers getan. Der kreative Prozeß muß oft auch aufgeteilt werden, so daß verschiedene Empfehlungen für Teilaspekte eines

Projekts ausgesprochen werden. Dies ist beispielsweise notwendig, wenn die kreativen Leistungen sinnvollerweise von unterschiedlich spezialisierten Gestaltern erbracht werden. So sind für das Produkt-, Messestand- und Grafikdesign – je nach Aufgabenstellung – Designer, Grafiker und Architekten die richtigen Partner für ein optimales Ergebnis. Der Design Manager muß nicht nur Kenntnis der jeweiligen Spezialisten für spezifische Aufgaben haben, er muß auch den Wechsel der Disziplinen organisieren und die Abstimmung von einer Aufgabe zur anderen vornehmen.

Im Design Meeting läßt sich der laufende Fortschritt eines Projekts überwachen. Das Design Management hat hier sehr unterschiedliche Aufgaben: Zunächst muß eine zu dem Entwicklungsprojekt passende Teamstruktur gebildet werden. Alle für das Projekt relevanten Disziplinen sind abhängig vom Projektstand hinzuzuziehen. Die Diskussionen müssen gesteuert und versachlicht werden. Im Meeting findet die Vorauswahl von Designalternativen und die Überwachung des Modellbaus statt. Entwickelte Innovationen müssen in bestehende Strukturen integriert werden. Diese Treffen haben eine funktionale Bedeutung und ermöglichen darüber hinaus, die Auseinandersetzung mit Gestaltungsproblemen zu institutionalisieren. Damit kann dann der Produktentwicklung allgemein eine größere Bedeutung verliehen werden, und möglicherweise entwickelt sich bei allen Beteiligten ein Designbewußtsein.

Das Design Meeting

Das Design Meeting sollte daher in einer möglichst kreativen Atmosphäre stattfinden. Statt bei den Besprechungen einen Präsentationscharakter zu schaffen, kann es für das Projekt hilfreich sein, Ergebnisse gemeinsam zu finden. Hierzu müssen die entsprechenden Medien (zum Beispiel Flipcharts) und Möglichkeiten zum einfachen Modellbau zur Verfügung stehen. Von fast noch größerer Bedeutung als die Durchführung der Meetings ist aber deren Vorbereitung und Dokumentation, die den eigentlichen Fortschritt im Projekt belegt und getroffene Entscheidungen fixiert.

Mit den für das Design Management spezifischen Instrumenten besteht also eine sehr gute Möglichkeit, Entwicklungsprozesse designorientiert vorzubereiten und zu steuern. Damit können gestaltungsbezogene Entscheidungen begründet und zugleich mit den beteiligten Nachbardisziplinen instrumentell verknüpft werden.

Innovationen integrieren

Produktentwicklung ist eine Form der Innovationspolitik, wobei die Innovationen zielgerichtet auf eine vorgedachte Anwendung hin entstehen. In der Praxis des Design Management hat sich gezeigt, welche Bedeutung die Entwicklung eines unternehmensinternen Verhältnisses zur eigenen Neuartigkeit hat. In der Unternehmensrealität dominiert heute vielfach ein technisch orientierter Innovationsbegriff. Produkte werden in ihrem Innovationsgrad allein an der Verbesserung meßbarer Produktqualitäten ausgerichtet. Besonders deutlich wird dies bei computergesteuerten Produkten wie zum Beispiel Telefonanlagen oder Videorecordern: Die Produkte „können" mehr, als der Benutzer zu aktivieren in der Lage ist, weil bei der Entwicklung den Zugangsmöglichkeiten zum technischen Potential in der Regel nicht genug Aufmerksamkeit gewidmet wird.

Die Analyse erfolgloser Produktentwicklungen hat gezeigt, daß bei ihnen besonders oft der Produktkontext ignoriert wurde. Oft wird unterschätzt, welche Wirkung ein Produkt erzeugt, wenn es nicht verstanden wird oder den Gewohnheiten widerspricht. Der Erfolg eines Produkts hängt dabei auch von den Personen ab, die an der Produktentwicklung beteiligt sind oder ihr schließlich zu Markterfolg zu verhelfen haben, und nicht allein von den Aktivitäten des Vertriebs.

Die Implementierung innovativen Handelns

Einen Hinweis darauf, welches Verhalten Mitarbeiter praktizieren, wenn sie mit Neuerungen konfrontiert werden, liefert beispielsweise das, was Peter Scott-Morgan (Frankfurt 1994) als „Die heimlichen Spielregeln" identifiziert hat und was maßgeblichen Einfluß auf den Erfolg von Produktentwicklungen hat. Scott-Morgan beschreibt die individuellen Handlungsleitlinien, an denen jeder Mitarbeiter sein Verhalten ausrichtet, um seine persönlichen Ziele im Unternehmen zu erreichen. Hierzu interpretiert er die offiziellen Unternehmensleitlinien und -aspekte. Grundsätzlich kann dabei das Verhältnis zwischen offiziellen und gelebten Verhaltensschablonen entweder als deckungsgleich oder als dissonant wahrgenommen werden.

Damit liegt ein Erklärungsmuster für das unterschiedliche Verhalten im Umgang mit Produktentwicklungen als besondere Form von Veränderungen vor – für Widerstand ebenso wie für Unterstützung. Im Widerstand gegen ein neues Produkt entstehen unterschiedliche Verhaltensmuster, je nachdem, wie stark der Druck, der von der Veränderungsinitiative ausgeht, wahrgenommen wird und wie er auf das etablierte Handlungsmuster wirkt. Dabei reicht das Spektrum der Reaktionen von „Unterstützung des neuen Produkts mit Lippenbekenntnissen" bis zu „Sabotage durch stillschweigende Ignoranz des Neuen" oder aber, einfach und dennoch bedeutsam, bis zur Überlastung des Betroffenen durch die Neuerung. Besonders interessant sind dabei solche Verhaltensmuster, die in der Lage sind, Innovationsprozesse zu zerstören.

Um Produktentwicklungen vor Schäden zu bewahren ist es notwendig, die Neuerung in das Unternehmen zu implementieren. Es ist grundsätzlich davon auszugehen, daß neue Produkte Widerstände hervorrufen – allein aus dem Charakter des Neuen heraus. Die Intensität des Widerstands aber hängt, das hat die Praxis gezeigt, von einer Reihe von Faktoren ab, die opponierendes Verhalten verstärken können: Isolierte Maßnahmen, Veränderungen des gewachsenen und gewohnten Umfelds oder technokratische Vorgehensweisen erzeugen besonders großen Widerstand. Damit muß auch dann gerechnet werden, wenn durch Innovationen bei Personen bislang verborgene Wissensdefizite offengelegt werden oder Mitarbeiter den Eindruck gewinnen, daß die Neuerung ein Rationalisierungspotential enthält, das sie konkret bedroht. In der Summe können diese Faktoren bei einem Mitarbeiter Angst, Unverständnis, Kritik und Handlungsunfähigkeit erzeugen.

Es bestehen aber Möglichkeiten, bereits im Prozeß der Produktentwicklung innovatives Handeln zu fördern. Vielfach handelt es sich bei den im folgenden beispielhaft dargestellten Aktivitäten um solche mit projektbegleitendem Charakter, die oft auch als nebensächlich angesehen und darum unterschätzt werden. Durch Organisation und Planung des Innovationsprozesses lassen sich Zuständigkeiten gemeinsam so festlegen, daß sich Entscheidungen nicht zwischen den Beteiligten verlieren. Bei der Planung des Projektverlaufs gilt es, die Ressourcen der Beteiligten zeitlich, personell und materiell frühzeitig einzuplanen. Entscheidungspunkte im Projekt sollten so gesetzt werden, daß überschaubare Projektabschnitte mit herausgestellten kritischen Phasen entstehen.

Innovationsfördernd kann dabei gezieltes Informationsmanagement wirken: Die verschiedenen Ziele und Leistungsbeiträge, die von den einzelnen geleistet werden, sollten klar abgestimmt werden, denn nur mit einem flexiblen, zielgerichteten Team lassen sich Mauern einreißen. Zudem sollten innovationsbedingte Wissenslücken im voraus gefüllt werden. Neben der kompensatorischen Funktion, die solche Schulungen erfüllen, können sie auch über das Privileg der Teilnahme motivierend wirken.

Mit Design Management Innovationen implementieren

Mit dem Design Management bietet sich ein Konzept, das nicht nur den neuen Produkterfolg am Markt gewährleistet, sondern auch das Potential dafür hat, innovationsunterstützende „geheime Spielregeln" zu beleben und zu verstärken, die intern eine Verhaltensänderung durchsetzen können. Diese „Spielregeln" können dann als Katalysator des Wandels fungieren, wenn sie vorhergesehen, verstanden und in den Veränderungsprozeß einbezogen werden. Aus dem Entwicklungsprojekt heraus bietet sich die Möglichkeit, auf die offiziellen Verlautbarungen belebend einzuwirken und so bestehende Dissonanzen zu beseitigen. Design Management ist hierfür deshalb besser geeignet als andere Disziplinen, weil es das zusammenführende Moment des Projektmanagement nutzen kann, um mit der Gestaltung, die ohnehin integrativ wirkt, an den Quellen der Dissonanzen anzusetzen:

- Design ist als Mittler zwischen Mensch und Technik prädestiniert, den Charakter des Neuen anschaulich darzulegen. Ebenso wie bei der Vermarktung kann Design auch intern die Innovation visualisieren, auf diesem Weg Akzeptanzbarrieren abbauen und einen technisch orientierten Innovationsbegriff weiterentwickeln.

- Mit der intensiven Untersuchung des Produktkontextes eines zu entwickelnden Produkts wird auch eine Basis für die unternehmensinterne Vermittlung geschaffen. Auf diesem Weg kann sichergestellt werden, daß das neue Produkt nicht nur im Anwendungszusammenhang verstanden wird, sondern daraus auch erklärbar ist.

- Design Management fungiert allein schon durch seine strukturierende Wirkung im Entwicklungsprozeß konsensstiftend und damit als Mittler zwischen Unternehmensabteilungen. Hier kann es ausgleichend auch auf Rivalitäten einwirken.

- Als Mittler zwischen der Unternehmensidentität und dem Produkt bietet sich schon in der Konzeptphase die Möglichkeit, hier eine Abstimmung zu gewährleisten. Durch begleitende Maßnahmen kann sichergestellt werden, daß ein Sinnzusammenhang zwischen Produkt und Unternehmen existiert und die Produktentwicklung nicht als Fremdkörper im Unternehmenszusammenhang wahrgenommen wird.

- Mit den bestehenden und von uns entwickelten Instrumenten ist eine organisatorische Einbindung aller am Entwicklungsprozeß Beteiligten ebenso gewährleistet wie ein effektives Informationsmanagement und eine der Komplexität des Projekts entsprechende Handhabung der Innovation.
- Der Design Management-Prozeß kann auf alle Beteiligten motivierend wirken, weil der Umgang mit Kreativität Spaß macht, wenn er als produktiv und zielgerichtet erlebt wird.

Design Management nimmt damit im Innovationsprozeß eine Position ein, die Vielfältiges bewirkt. Mit diesem Ansatz besteht die Möglichkeit, eine langfristig wirksame Verhaltensänderung im Umgang mit Innovationen zu erzielen. Mit Design Management wird neben dem Markterfolg deshalb auch der Umsetzungserfolg gewährleistet, und es gelingt, unternehmensintern ein Innovationsbewußtsein zu implementieren.

Design Management behebt reale Defizite

Die konkrete Betrachtung des Design Management bietet mit der Darstellung der Einsatzbedingungen und den darauf abgestimmten Instrumenten einen Ansatz dafür, wie das Know-how-Defizit zu beheben ist, das im Umgang mit dem Innovations- und Marktfaktor „Design" besteht. Mit Design Management kann gewährleistet werden, daß alle für einen Produkterfolg relevanten Faktoren im Vorfeld eines Entwicklungsprozesses erhoben werden, daß ein definiertes Anforderungsprofil erfüllt wird und daß die Produktion und Kommunikation konzeptionell bereits in der Entwicklung vorgedacht wird. Eine Handlungsorientierung bietet dabei ein idealtypischer Phasenverlauf, an dem sich der Einsatz der spezifischen Instrumente orientieren kann. In der Beratungspraxis hat sich gezeigt, daß mit dem gesteuerten Einsatz von Kreativität im Entwicklungsprozeß die Voraussetzungen für einen neuen Produkterfolg am Markt und im Unternehmen gelegt werden können.

Mit den vorgestellten Instrumenten läßt sich in den entscheidenden Phasen der Produktentwicklung der kreative Prozeß adäquat steuern und vorbereiten. Dabei ergibt sich aus der Anwendung der spezifischen Instrumente für designorientierte Innovationen ein individueller Einsatz von Design. In der Praxis ist Design Management dabei kein gleichmachender „one-best-way" der Produktentwicklung. Ganz im Gegenteil dazu eröffnet es die Chance, in strukturierten Innovationsprozessen einen situationsspezifischen Produkterfolg zu realisieren.

Markt- und Trendforschung im Design Management

von Dirk Lubkowitz

Vorhandene Potentiale nutzen

Die Rolle der Marktforschung ist leider nicht immer rühmlich, weil ihre Möglichkeiten oft unter- oder überschätzt werden. Die Erkenntnisse der Marktforschung sind jedoch weder per se wertlos, noch sind sie in der Lage, dem Entscheider völlige Sicherheit zu bieten. Richtig eingesetzt, bietet die Marktforschung aber die Chance, Risiken kalkulierbar zu machen.

Besonders hohe Risiken treten im allgemeinen bei der Entwicklung von Neuprodukten auf. Die große Gefahr eines Flops und die damit verbundenen hohen Kosten machen die Neuproduktentwicklung zu einer oft auch persönlich brisanten Aufgabe. Unser Beratungsansatz senkt nicht nur diese Risiken mit den Mitteln der Marktforschung, er will auch erneut den Blick für die interessanten und bereichernden Momente der Neuproduktentwicklung öffnen – denn welche Aufgabe kann in einem Unternehmen spannender, kreativer und zugleich verantwortungsvoller sein, als die, neue Produkte zu entwickeln und damit den Unternehmenserfolg langfristig zu sichern?

Doch schon bevor es um die Entwicklung neuer Produkte geht, fallen der Marktforschung einige vorbereitende Tätigkeiten zu. Hierbei gilt es, im Rahmen einer Situationsanalyse die strategischen Ausgangsbedingungen der Neuproduktentwicklung zu klären: Wo steht das Unternehmen im Wettbewerb? Was denken die Kunden über das Unternehmen? Wo liegen die Stärken und Schwächen der Produkte im Markt? etc.

In der Beratungspraxis zeigt sich immer wieder, daß die interne Sichtweise der Unternehmen in diesen Fragen zu Fehleinschätzungen führt. Schon einfache Befragungen von Kunden, Handel oder Mitarbeitern fördern hierbei immer wieder überraschende Ergebnisse zutage. Wer sein Unternehmen, wie geschehen, gewohnheitsmäßig als Marktführer preist, ist am Ende tatsächlich erstaunt, wenn sich dieses Unternehmen in einer Umfrage als

Welche Hilfe bietet die Markt- und Trendforschung?

Dirk Lubkowitz (1965) studierte Betriebswirtschaftslehre mit dem Schwerpunkt Marketing (Johann Wolfgang Goethe-Universität, Frankfurt am Main). Seit 1993 arbeitet er als Projektleiter Marktforschung für d...c Unternehmensberatung.

„weitgehend unbekannt" erweist. Die Erzielung von Aufmerksamkeit erhält dann ein ganz neues Gewicht im strategischen Fokus der Neuproduktpolitik. In einem anderen Fall versicherte ein Vertriebsleiter im Objektmöbelbereich unter Berufung auf seine zwanzigjährige Erfahrung, Schulmöbel verkauften sich nur über ihre Ergonomie. Eine Befragung von Schulleitern zeigte jedoch ein vornehmliches Interesse an farbenfrohen und ansprechenden Möbeln, Ergonomie kam praktisch keinem in den Sinn. Dies bedeutet nicht, daß die Ergonomie unwichtig ist, zeigt aber, daß mit einer verkürzten Argumentation über die Ergonomie der Produkte Absatzpotentiale verschenkt werden.

Beide Irrtümer hätten unkorrigiert schon im Vorfeld einer Neuproduktentwicklung einen Flop vorprogrammieren können. Die niedrigen Kosten der erwähnten Telefonbefragungen, die im Rahmen einer Situationsanalyse durchgeführt wurden, standen in keinem Verhältnis zu dem möglichen finanziellen und psychologischen Schaden eines Produktflops, vom Imageschaden gar nicht zu reden.

Um keiner Fehleinschätzung zu unterliegen und um bestehende Informationsdefizite auszugleichen, sollte daher jede Produktentwicklung mit einer eingehenden Situationsanalyse beginnen. Wie die aufgeführten Beispiele zeigen, muß das Rad hierbei nicht neu erfunden werden, denn oft genügen schon sehr einfache und kostengünstige Instrumente der Marktforschung. Der entscheidende Vorteil liegt vielmehr im richtigen Timing.

Durch das richtige Timing Kosten vermeiden

Gerade für die Neuproduktentwicklung gilt, daß die Korrektur von anfänglich leicht zu behebenden Defiziten in späteren Stadien nur noch unter immensen Kosten möglich ist. Nur wenige Unternehmen können es sich wie die Automobilindustrie leisten, fortlaufend Neuproduktstudien zu entwickeln. Aber auch der mit geringeren Mitteln betriebene Entwurf von Produktszenarien, die nicht in Funktionsmodelle münden, eignet sich als gymnastische Übung, um beweglich und flexibel zu bleiben. Der Erfolg von Neuprodukten wird durch einen solchen unternehmensinternen Freiraum zur Simulation von Zukunftsszenarien wesentlich wahrscheinlicher.

Unserer Erfahrung nach entscheidet sich der Erfolg eines Neuproduktes maßgeblich in den anfänglichen Planungsstadien der Ideenfindung und Konzeptphase. Erstaunlicherweise kann ein großer Teil der erfolgswirksamen Faktoren bereits im Vorfeld einer Produktentwicklung durch einfache, kostengünstige Instrumente identifiziert und eingegrenzt werden. Auf diese Weise kann die Gefahr einer späteren Kostenexplosion entscheidend gesenkt werden. Denn geben sich in Produkttests kurz vor Markteinführung noch fundamentale Fehleinschätzungen der Kundenbedürfnisse zu erkennen, verbleibt den Betroffenen in der Regel gerade noch genügend Handlungsspielraum, um sich rechtzeitig in den lange aufgeschobenen Urlaub zu verabschieden.

Um einen kalkulierbaren Erfolg zu gewährleisten ist es sinnvoll, das gesamte verfügbare Know-how für Produktentwicklung und Marktforschung gleich zu Beginn der Neuproduktentwicklung zu bündeln. Auf diese Weise wird das Potential der Marktforschung voll genutzt und das Risiko von Fehlinvestitionen so weit wie möglich gesenkt. Zwar wird somit ein Teil des Entwicklungsbudgets auf die Anfangsphasen des Projekts verlagert, diesem Nachteil steht jedoch der Vorteil eines verkürzten Entwicklungsprozesses entgegen.

Informationsvorsprünge gewinnen

Das Erkenntnisinteresse der Marktforschung im Design Management konzentriert sich auf die vielfältigen Wirkungen von Produkten. Diese Produktwirkungen erstrecken sich von den noch relativ „harten" (leicht meßbaren) Kriterien der Funktionstüchtigkeit bis zu sehr „weichen" (schwer meßbaren) psychologischen und soziologischen Faktoren. Wer in diesem Bereich Informationsvorsprünge erzielen will, kommt ohne wissenschaftliche Theoriefolien nicht mehr aus. Ohne diese Modellannahmen ist es gerade im Bereich der weichen Faktoren weder möglich, sinnvolle Fragestellungen zu formulieren, noch die erhobenen Daten nachvollziehbar zu interpretieren. Unzulängliche Annahmen würden den Aussagewert einer Untersuchung zur Wirkung von Produkten bereits im Planungsstadium gefährden. Was also sollte man über die Wirkungsweise von Produkten wissen, um aufschlußreiche Daten erheben zu können?

Zunächst ist zu bedenken, daß die Erfolgsfaktoren der Produktwirkung bei Investitionsgütern, Konsumgütern und Dienstleistungen sowie innerhalb dieser Kategorien wiederum von Produktfeld zu Produktfeld variieren. Im folgenden sollen die Facetten der Produktwirkung anhand eines modischen Konsumgutes näher erläutert werden, da sie in diesem Falle besonders augenfällig zutage treten.

Grundsätzlich werden Produkte erworben, um bestimmte Funktionen zu erfüllen. Die Theorie der Produktsprache aus der Designtheorie unterscheidet ursprünglich vier Funktionen eines Produktes: Die „praktische Funktion" betrifft das Handling eines Produkts. Die „formalästhetische Funktion" erlaubt eine stilistische Klassifizierung. Die „Anzeichenfunktion" sorgt für die Verständlichkeit eines Produktes, und die „Symbolfunktion" verleiht dem Produkt eine weitergehende Bedeutung, zum Beispiel um den Status oder Lebensstil des Verwenders zu signalisieren.

Für die Gestaltung ist es ein wesentlicher Unterschied, ob ein Fahrrad später gekauft werden soll: „… um damit eine Fun-Sportart zu betreiben oder täglich zum Einkaufen zu fahren" (praktische Funktion), „… weil es Nostalgiker, wie die Liebhaber von Holländerrädern, oder Technikfreaks, wie die Radrennsportler begeistert" (formalästhetische Funktion), „… weil es auch technisch uninteressierten Personen eine einfach zu bedienende Gangschaltung erschließt oder weil es mit kryptischen Bedienelementen versierte Puristen anspricht" (Anzeichenfunktion) oder „… weil es Mountain-Bikern die Möglichkeit bietet, in der Szene ihre Kennerschaft zu demonstrieren oder weil es trotz modernem Styling auch in konservativen Kreisen keine Irritationen hervorruft" (Symbolfunktion).

Die beschriebenen vier Produktfunktionen liefern eine ideale Schnittstelle zwischen Produktentwicklung und Marktforschung. Auf der Seite der Produktentwicklung lassen sich damit systematisch Produktkonzepte durchspielen. Seitens der Marktforschung können diese Produktfunktionen wiederum in Form von Anforderungsprofilen und Kaufmotiven zur Analyse der Präferenzen der Nachfrager eingesetzt werden.

Hierbei ist jedoch zu berücksichtigen, daß die verschiedenen Ausprägungen der Produktfunktionen nicht wie Bauklötze frei kombinierbar sind, denn die Produktwirkung entfaltet sich gerade im gekonnten Zusammenspiel dieser Ausprägungen und besitzt einen übergeordneten ganzheitlichen Charakter. Ein stabiler Gepäckträger, mit dem sich ein Sack Kartoffeln transportieren läßt (praktische Funktion) und diverse Katzenaugen zur Verkehrssicherheit (Anzeichenfunktion), machen beispielsweise aus einem sportlichen Tourenrad schnell ein „Opa-Fahrrad" (Symbolfunktion).

Von den vier Produktfunktionen kommt der Symbolfunktion in vielen Märkten eine besonders hohe Bedeutung zu. Diese Bedeutung nimmt dabei mit der Breite des Marktes und seiner Segmentierung naturgemäß noch zu. Hierbei kann sich die Symbolfunktion sogar auf Kosten der Funktionsfähigkeit der Produkte etablieren. Man denke etwa an die vielen Fahrräder ohne Schutzbleche. Sicher dient diese Maßnahme nicht nur der Gewichtsreduzierung, sondern vor allem einer sportlichen Optik. Hierfür wird von sportlichen Radfahrern dann auch bei Nässe gern ein „Rallystreifen" aus Spritzwasser auf dem Rücken in Kauf genommen.

Aus dem oben Gesagten wird deutlich, daß die Produktsprache ganz auf eine klar definierte Zielgruppe ausgerichtet sein muß, um zum Erfolg zu führen. Die Beschreibung von Zielgruppen wird jedoch zunehmend schwieriger, da das Verhalten der Konsumenten immer unberechenbarer wird. Jedes Individuum bewegt sich heute in einer Vielzahl von unterschiedlichen sozialen Gruppen mit unterschiedlichen Normen und Geschmacksmerkmalen. Da sind zum Beispiel die Schichten (Ober-, Mittel- und Unterschicht), die Milieus der Lebensweltforschung oder die unzähligen Szenen (Interessengruppen, Jugendkulturen, Sportrichtungen).

Im Gegensatz zum Individuum ist das Verhalten dieser Gruppen jedoch nach wie vor berechenbar. In der Konsequenz sollten die Konstanten einer Zielgruppe daher weniger in den natürlichen Personen selbst als vielmehr in vergleichbaren Situationen, innerhalb derer sich Personen bewegen, gesucht werden.

Trotz dieser Bedenken erweisen sich die soziologischen Milieumodelle in Bezug auf die Strukturierung der Zielgruppen nach alltagsästhetischen Gesichtspunkten in der Praxis als unentbehrliche Instrumente. Insbesondere ohne die Symbolsprache, die die Zugehörigkeit zu einem bestimmten Milieu kennzeichnet und der Abgrenzung gegenüber anderen Milieus dient, ist eine Vielzahl an Produktdifferenzierungen nicht zu verstehen.

Ein Produkt muß nicht nur funktionieren und den Bedürfnissen des Kunden entsprechen, ein Produkt muß zu allererst von seiner Zielgruppe erkannt werden. Wenn das Produkt fragt: „Wer bin ich?", muß der potentielle Käufer antworten: „... c'est moi."

Neuprodukte – für wen?

Worauf kommt es bei der Gestaltung an?

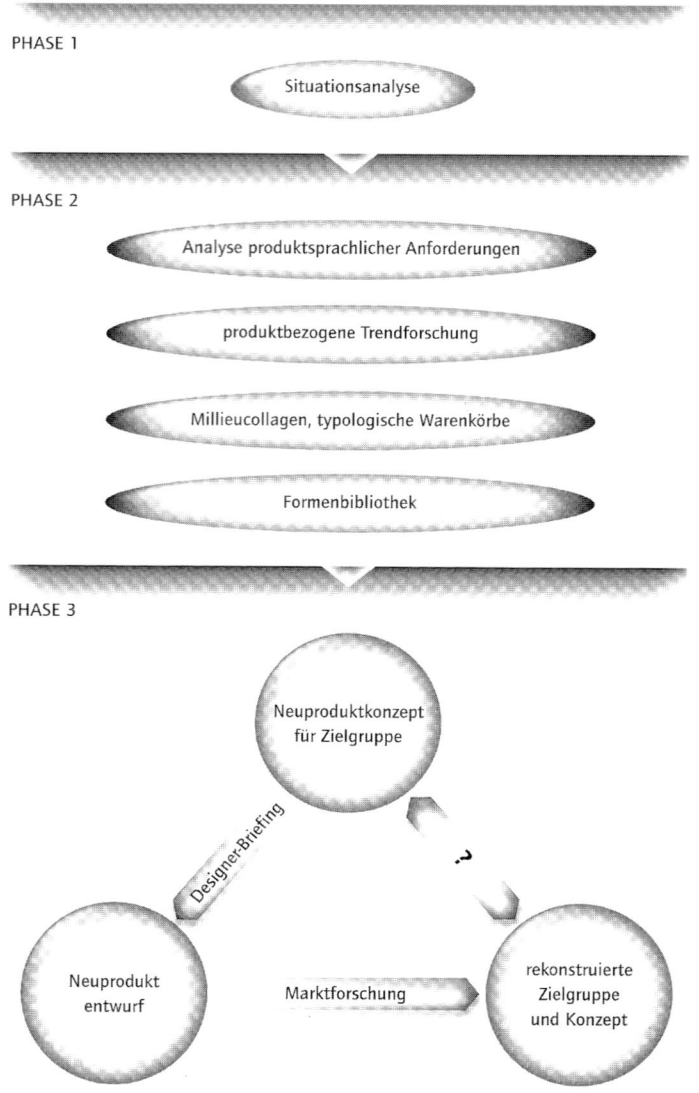

PHASE 1

Situationsanalyse

PHASE 2

Analyse produktsprachlicher Anforderungen

produktbezogene Trendforschung

Millieucollagen, typologische Warenkörbe

Formenbibliothek

PHASE 3

Neuproduktkonzept
für Zielgruppe

Designer-Briefing

Neuprodukt
entwurf

Marktforschung

rekonstruierte
Zielgruppe
und Konzept

Zielorientierte **Produkt- und Trendforschung** im Design Management (Quelle: d...c Unternehmensberatung).

Genau dies ist dem japanischen Hersteller Shimano mit seinen Fahrradgangschaltungen gelungen. So beurteilt ein ambitionierter Mountain-Biker die Kompetenz seines Gegenüber weniger an dessen Fahrrad als vielmehr an dessen Gangschaltung.
Wer seine Produkte also nicht allein über den Preis absetzen will, der muß im Verkauf vornehmlich über die Produktqualität argu-

mentieren, und Produktqualität heißt heute nicht nur Haltbarkeit und Funktionsfähigkeit, sondern vor allem geeignete Identitätspotentiale.

In der Marktforschung werden diese Identitätspotentiale oder Botschaften seit langem im Rahmen der Werbewirkungsforschung routinemäßig erhoben. Im Bereich der Produkttests ist dieses Vorgehen noch nicht selbstverständlich – dabei hält die qualitative Marktforschung hierzu genügend Verfahren bereit! Beispielsweise könnten die Befragten aufgefordert werden, sich das Produkt als eine fiktive Person vorzustellen und diese in ihrem Alltagskontext zu schildern: „… Herr XYZ lebt in einem Hochhaus in einer Vorstadtsiedlung, ist Mitte 40, am Wochenende möchte er mit der Familie im Grünen ausspannen, …" Durch dieses Vorgehen ist es möglich, die symbolischen Aussagen eines Produktes, hier der Fahrräder einer Firma XYZ, zu analysieren.

Warum die Symbolfunktion eine dermaßen zentrale Produktwirkung für den Verwender darstellt, erschließt sich anhand der sozialpsychologischen Theorie des Symbolischen Interaktionismus, insbesondere in der Ausprägung des Modells von McCall und Simmons. Laut diesem Modell streben Individuen vorwiegend nach sozialer Anerkennung. Wann immer Menschen miteinander in Kontakt treten, versuchen sie, sich in einer Rolle zu präsentieren, von der sie sich ein Maximum an Bestätigung erwarten. Dem Einzelnen stehen hierfür verschiedene Rollenbilder zur Auswahl. Welche Rollen erfolgreich sind, hängt im wesentlichen von der spezifischen Situation ab. Die menschliche Kommunikation ist demnach vor allem ein Prozeß der gegenseitigen Rollenbestätigung, wobei die Bestätigung durchaus ungleich verteilt sein kann. Einem Verstoß gegen die situationsspezifischen Rollenerwartungen oder einer unklaren Rollenidentität wird die Bestätigung verweigert.

Allein aus diesen wenigen Anhaltspunkten lassen sich vielfältige Aussagen über die Wirkung von Produkten, insbesondere von Konsumgütern ableiten. Zunächst ist der Gebrauch von Produkten situationsgebunden und mit spezifischen Umweltanforderungen verknüpft. Schon daraus lassen sich detaillierte Rückschlüsse auf die praktischen Gebrauchsfunktionen ziehen, wie zum Beispiel der stabile Gepäckträger für den vollen Einkaufskorb. Viel spannender sind hingegen die diffizilen normativen Anforderungen an die situative Rolle des Produktverwenders.

Hier darf ein Produkt seinen Verwender nicht im Stich lassen und durch eine unangemessene Symbolik outen.

Ein sicherlich extremes Beispiel für die situationsspezifische Symbolkraft von Produkten lieferte die Vereidigung von Joschka Fischer als ersten Umweltminister im Hessischen Landtag. Unter großer Aufmerksamkeit der Medien distanzierte er sich bei diesem zeremoniellen Akt durch das Tragen von Turnschuhen vom Establishment und symbolisierte gleichzeitig seine Verbundenheit mit der alternativen Szene. Und daß, obwohl er Turnschuhe angeblich nicht leiden kann.

Ob ein Produkt in einer typischen Situation als passend oder unpassend empfunden wird, sagt grundsätzlich etwas über die angestrebten Rollenbilder des Verwenders aus. Letztlich ist es damit die typische Symbolik der milieu- oder szeneprägenden Rollenbilder, die die jeweiligen Zielgruppen in einem Produktbereich voneinander abgrenzt.

Angesichts der dynamischen Zersplitterung unserer Gesellschaft in die unterschiedlichsten Szenen oder situativen Kontexte wird es immer schwieriger, die überall lauernden „Sandbänke" und „Strudel" im gesellschaftlichen Spiel mit symbolischen Aussagen sicher zu umschiffen. Dieses Phänomen fand beispielsweise in den achtziger Jahren einen oberflächlichen Ausdruck in den vielen In- und Outlisten der Lifestyle-Zeitschriften. Die tiefgehende Verhaltensunsicherheit, hervorgerufen durch den schnellen Wandel der Gesellschaft, zeigt sich unter anderem in der Haltung vieler Pädagogen und Eltern gegenüber der kindlichen Faszination an Computern, in der zunehmenden Gewaltbereitschaft der Jugend oder im Aufblühen der Esoterik.

Aus dem Gesagten ergibt sich eine interessante Konsequenz für die Marktforschung. Das „Gefallen finden" an einem Produkt erweist sich vor diesem Hintergrund nämlich zunehmend als nur vordergründiges Kaufmotiv. Ein tieferliegendes Kaufmotiv scheint vielmehr die Sicherheit zu sein, die ein Produkt auf symbolische Weise einem Nutzer in seinem persönlichen Auftritt bietet. Hilft ein Produkt dem Verwender bei der Darstellung einer Rollenidentität, von der er sich Bestätigung erhofft, wird dies wahrscheinlich auch von Gefallen an dem Produkt begleitet. Der Umkehrschluß hingegen ist keinesfalls zwingend. Dieser Zusammenhang gilt zwar vornehmlich für Konsumgüter und unter diesen vor allem für solche Güter, die sich zu einem demonstrativen Konsum eignen. Aber infolge des zunehmenden Verlustes an technischen und preislichen Differenzierungpotentialen im Rahmen gesättigter Märkte dürfte dieser symbolische Zusatznutzen auch in den Investitionsgütermärkten immer mehr an Attraktivität gewinnen.

Eine weitere Ableitung aus der Theorie des symbolischen Interaktionismus betrifft die dynamische Seite der Produktwirkung. Die Botschaft der Produkte ist nicht statisch, sondern bildet sich interaktiv, das heißt sie entsteht zum einen durch die Kontexte, in denen das Produkt den möglichen Käufern gegenübertritt, und zum anderen durch die Kontexte, in die das Produkt später durch diese Käufer gestellt wird. (Dieser Gesichtspunkt wird im folgenden Kapitel „Produkttrends aufspüren" wieder bedeutsam.) Für die Marktforschung folgt daraus, daß ein Produktimage nicht losgelöst von dem Image der aktuellen Produktverwender gesehen werden kann. Eine Beschreibung der vermuteten Verwender eines Produktes liefert daher in einer Befragung oft mehr Aufschlüsse über das Produkt als eine Beurteilung seiner objektiven Vor- und Nachteile.

Stellen Sie sich vor, ein Designer würde ihnen in der Konzeptphase der Neuproduktentwicklung mehrere Gestaltungsentwürfe für ein neues Fahrrad vorlegen. Die Entwürfe werden im Prinzip alle Ihrem Briefing gerecht, differieren aber doch in wesentlichen Gestaltungsmerkmalen. Welche Gestaltungsalternative verspricht nun in Zukunft den größten Erfolg?

Welche Gestaltung verspricht den größten Erfolg?

Fragen dieser Art gehören zu den immer wiederkehrenden Problemen im Produktmanagement. Eine Antwort erfordert in den heutigen Märkten mehr denn je eine Vorwegnahme des Kommenden. Nicht umsonst erleben die „Trendpäpste" seit Jahren einen nicht nachlassenden Boom. Doch ihre Wegweiser in die Zukunft lassen den Entscheidungsträger im Unternehmen bei konkreten Problemen der genannten Art im Stich. Die bekannten, in zahlreichen Büchern veröffentlichten langfristigen Megatrends sind zu undifferenziert, um als Grundlage einer Entscheidung für oder gegen eine konkrete Gestaltungsvariante zu dienen. Elegante Stichworte wie „cocooning" und „ferne Mythen" können leider die mühselige „Arbeit" der Markt- und Zielgruppenbeobachtung sowie die „Praxisnähe" einer Recherche von Branchen- und Produkttrends nicht ersetzen.

Produkttrends aufspüren

Bevor man sich auf die Pirsch nach Branchen- und Produkttrends begibt, sollte man sich über das Jagdwild und dessen Welt kundig machen. Woran erkenne ich einen Trend? Wo stoße ich auf Trends? etc. Hier helfen die Erkenntnisse der soziologischen Modeforschung und der Diffusionsforschung weiter – letztere hat nichts mit der persönlichen Trinkfestigkeit zu tun, sondern befaßt sich mit der Verbreitung von Informationen oder Produkten in einer Gesellschaft. Im folgenden sollen drei zentrale Fragestellungen näher betrachtet werden: Woher kommen die Produkttrends, wohin gehen sie?, Was bewegt die Trends? und: Welcher stilistische Wandel verkündet einen Trend?

Woher kommen die Produkttrends, wohin gehen sie?

Jeder Produkttrend hat eine charakteristische Ausbreitung in der Gesellschaft. Er entspringt einer spezifischen Quelle und breitet sich von dort mit einer bestimmten Geschwindigkeit in eine oder mehrere Richtungen aus. Als Quellen von Produkttrends kommen zum Beispiel Gesellschaftsgruppen (Schichten, Milieus, Subkulturen, Szenen), geografische Orte (Stadt, Land, Kulturkreise) oder biologische Gruppen (Mann, Frau) in Frage. Innerhalb dieser Einheiten führen zuerst einzelne Personen (Trendsetter) Neuerungen in den Alltag ein und animieren andere zur Übernahme dieser Neuerungen.

Von einer gesellschaftlichen Gruppe ausgehend weiten sich die Trends auf weitere Gruppen aus, beispielsweise von der Oberschicht auf die Mittelschicht, von einem Milieu in angrenzende Milieus oder von der Stadt auf das Land. Die Überlegungen zum Ausbreitungsverhalten bestimmen in der produktspezifischen Trendanalyse das Suchfeld, in dem nach neuen Entwicklungen zu forschen ist. Im Falle des Fahrrades gingen die letzten Trends aus den Jugendszenen mit ihren Fun-Sportarten hervor und haben sich im Laufe der letzten Jahre durch diverse Milieus bis zum Familienvater ausgebreitet.

Die Trendmotoren

Um Aussagen über die Entwicklung von Produkttrends zu machen, ist es erforderlich, die innere Logik der Trends zu erkennen. Als treibende Kräfte der Trenddynamik bieten sich der Zeitgeist sowie die Dialektik von Distinktion und Nachahmung an.

Der Zeitgeist stellt eine ständige Anpassung an den Wandel der gesellschaftlichen Rahmenbedingungen her. Dieser Wandel vollzieht sich in enger Verknüpfung von Wohlstand, Bildung, Wertesystemen, Technik und der unmittelbaren Vergangenheit einer Gesellschaft. Der Zeitgeist manifestiert sich typischerweise in Jugend-Subkulturen, in denen die aktuellen gesellschaftlichen Probleme kulminieren. Dadurch, daß diese Subkulturen den sich abzeichnenden Wandel symbolisch vorwegnehmen, fungieren Sie als Identitätswegweiser für nachfolgende Gruppen. Die Impulse aus der Subkultur werden jedoch in der Regel nicht unverändert übernommen, sondern an den symbolischen Barrieren zwischen verschiedenen gesellschaftlichen Milieus gebrochen.

Mit dem letztgenannten Phänomen offenbart sich ein weiteres Motiv des Trendgeschehens, die Dialektik von Distinktion und Nachahmung. Allgemein haben soziale Gruppen das Bedürfnis, sich von anderen sozialen Gruppen abzugrenzen und symbolische Barrieren aufzubauen. Andererseits werden diese Barrieren immer wieder durch die Nachahmung der ausgegrenzten Gruppen zunichte gemacht. So konnten sich die ersten Träger der Swatch-Uhren mit diesen noch auf witzige Weise von der in ihren Augen spießigen Statussymbolik der gängigen Armbanduhren und deren Verwendern abgrenzen. Spätestens jedoch, als diese Leute „ihre" Swatch-Uhr am Handgelenk von beruflichen Anzugträgern wiederfanden, war es mit dem Witz vorbei. Die symbolische Abgrenzung brach zusammen und mußte durch andere Attribute erneut errichtet werden. Damit begann die Zeit der Casio-Uhren als Anti-Swatch-Phänomen.

Auf diese Weise entsteht zwischen verschiedenen gesellschaftlichen Gruppen eine wechselseitige Dynamik, die einen ständigen Wandel hervorbringt. Die Ausbreitung eines Produktes ist dabei meistens mit der symbolischen Abwertung oder Inflation des Produktes verknüpft.

Für die Marktforschung ergibt sich hieraus die Konsequenz, daß ein zu früher „common sense" im Rahmen von Produkttest nicht grundsätzlich erstrebenswert ist. Sofern mit dem Produkt Trendsetter angesprochen werden sollen, die bestrebt sind, sich von der Mehrheit zu unterscheiden, sind tendenziell polarisierende Produktwirkungen erstrebenswert. Für ein neues Produkt sind dann wenige begeisterte Trendsetter wertvoller als eine verhaltene Zustimmung durch die Mehrheit.

Keine produktbezogene Trendforschung kann darauf verzichten, den stilistischen Wandel der Produkte zu analysieren. Hierzu ist zunächst eine Bestandsaufnahme des Angebots im Markt erfor-

Welcher stilistische Wandel verkündet einen Trend?

derlich. d...c hat hierfür einen eigenen Ansatz entwickelt, mit dem zunächst das Angebot im betreffenden Produktbereich gesichtet und nach neuen Gestaltungsansätzen sortiert wird. Die ausgewählten Produkte werden anschließend nach einem soziologischen Modell der Alltagsästhetik verschiedenen Milieus zugeordnet und mit weiteren maßgebenden neuen Produkten aus anderen Bereichen angereichert.

Auf diese Weise bildet sich für jedes Milieu ein spezifischer Warenkorb, der aus Abbildungen der jeweils wichtigsten neuen Produkte besteht. Diese typologischen Warenkörbe fischen also die verschiedenen Gestaltungstrends innerhalb verschiedener Zielgruppen auf. Jetzt kommt es darauf an, diesen Fang weiter zu verarbeiten. Hierbei sind wiederkehrende Materialien, Farben, Texturen und Formen zu verdichten und die vorgefundenen Stilprinzipien zu analysieren. Als Ergebnis liegt der gestalterische Trendwortschatz für jedes Milieu vor und dient dem Neuproduktkonzept als sogenannte „Formenbibliothek". Die Formenbibliothek enthält neben textlichen Analysen vor allem Schlüsselbilder mit richtungsweisenden Produkten, Farbtafeln, Produktdetails etc.

Im Falle einer produktspezifischen Trendforschung kommt es also darauf an, zunächst über die jeweilige Ausbreitungscharakteristik das Suchfeld zu bestimmen. Sind die produktspezifischen Trendsetter lokalisiert, ist deren Befindlichkeit hinsichtlich Zeitgeist, Distinktion und Erlebnisparadigmen zu studieren. Berücksichtigt man die Erkenntnisse über den stilistischen Wandel aus den typologischen Warenkörben und der Formenbibliothek, läßt sich nun ein Konzept für ein trendkonformes Produkt erarbeiten.

Neue Ideen umsetzen

Die Integration der Marktforschung in den Design Management-Prozeß

Bisher stehen die erörterten Gesichtspunkte noch weitgehend unzusammenhängend nebeneinander. In der Umsetzung kommt es jedoch darauf an, diese Ansätze in den Design Mangement-Prozeß zu integrieren und für die Produktentwicklung fruchtbar zu machen. Die Abbildung auf Seite 124 zeigt idealtypisch, wie sich die behandelten Instrumente in den Ablauf des Design Management-Prozesses fügen können.

Wie anfangs geschildert, beginnt die Beratung von d...c mit einer Situationsanalyse. Hierunter fallen alle Maßnahmen zur Klärung der Positionierung des Unternehmens. Gegebenenfalls sind die Volumina und Potentiale interessanter Märkte oder Teilmärkte einzuschätzen.

Im Rahmen einer Neuproduktentwicklung unterstützt die Marktforschung die Konzeptphase durch die Analyse produktsprachlicher Anforderungen – mit Schwerpunkt auf den symbolischen Aussagen, die im Produktbereich Erfolg versprechen. Hierzu werden die Erkenntnisse der produktbezogenen Trendforschung herangezogen. In einer ersten Zusammenführung der gewonnenen Informationen werden Collagen angefertigt, die die Lebenswelten der verschiedenen Milieus auf der bildlichen Ebene plastisch veranschaulichen. Denn erst die Verknüpfung von Text und Bild gewährleistet eine hinreichend präzise Analyse der gestalterischen Stile und ihrer symbolischen Implikationen.

Als Essenz aus den Milieucharts mit ihren typologischen Warenkörben generieren wir, wie beschrieben, eine Formenbibliothek. Die Formenbibliothek stellt diejenigen Farben, Materialien und Formenelemente im untersuchten Produktbereich für die jeweiligen Milieus vor, die den größten Erfolg versprechen.

Schließlich gilt es, für die verschiedenen Zielgruppen Aussagen über Preisbereitschaft und Absatzpotential zu erhalten. Letzteres kann oft über sekundärstatische Quellen in hinreichendem Maße geleistet werden. Durch die hier dargestellte Vorgehensweise ist es möglich, den Zielbereich eines Neuproduktes in der Konzeptphase präzise und erfolgversprechend festzulegen.

Sobald das Neuproduktkonzept vorliegt, wird es in Form eines Briefings an einen speziell hierfür ausgewählten Designer weitergegeben und dieser mit der Anfertigung von Entwürfen beauftragt. Die Entwürfe können beispielsweise in Form dreidimensionaler Modelle oder Computergrafiken vorgelegt werden.

Zur Beurteilung der Entwurfsqualität ist die Nähe der Entwürfe zum Konzept maßgeblich. Diese Nähe läßt sich über die Methoden der qualitativen Marktforschung bewerten. Da sich ein direktes Gegenüberstellen von Konzept und Entwurf in der Befragung verbietet, muß die Übereinstimmung durch ein indirektes Verfahren überprüft werden. Hierzu bietet es sich an, das Konzept allein aus dem Entwurf über eine Beschreibung der assoziierten Zielgruppe und ihrer Präferenzen rekonstruieren zu lassen. Konkret werden die Testpersonen gebeten, anhand des Entwurfes ein möglichst genaues Bild des vermuteten späteren Verwenders zu geben.

Deckt sich diese Beschreibung mit der intendierten Zielgruppe des Konzepts und deren tatsächlichen Präferenzen, sollte das Produkt prinzipiell im Markt funktionieren können. Die Befragten zeigen auf diese Weise, daß sie verstehen, an wen sich das Produkt später im Markt richtet und mit welchen Aussagen es verbunden werden soll. Sollte eine weitere Absicherung des Produkterfolges gewünscht werden, kann zusätzlich vor der Markteinführung ein Akzeptanztest des Prototypen erfolgen. Eigentlich sollte dieser Akzeptanztest dann jedoch nicht mehr nötig sein.

Die Wahl der Instrumente

Aus gutem Grund wurde bisher wenig über konkrete Instrumente oder Verfahren der Marktforschung gesprochen, denn zum einen ist die Anzahl der Instrumente zu umfangreich, um im Rahmen dieses Beitrags angemessen behandelt werden zu können, zum anderen kommt es bei einigen Instrumenten mehr auf ihre individuelle Umsetzung als auf ihre allgemeine Methodik an. Trotzdem sollen an dieser Stelle einige beispielhafte Instrumente genannt werden.

In Zusammenhang mit der Situationsanalyse wurde bereits die Telefonbefragung von Kunden als kostengünstiges Mittel genannt, um erste Hinweise auf das Image des Unternehmens zu erhalten. Weitere Daten zum Markt erschließen sich aus sekundären Quellen wie Fachzeitschriften, Branchenstatistiken etc. Anspruchsvolle Verfahren zur Positionierungsanalyse stellen insbesondere die Multidimensionale Skalierung („perceptual mapping") und die Faktorenanalyse dar. Von uns bevorzugtes Instrument zur Positionierungsanalyse ist ferner eine Einordnung des gesamten Marktangebots des Produktfeldes in ein soziologisches Milieuschema, das auf alltagsästhetischen Wahrnehmungsmustern beruht.

Zur Erhebung der produktsprachlichen Anforderungen, insbesondere der schwer meßbaren symbolischen Aussagen, kann auf die Instrumente der qualitativen Marktforschung zurückgegriffen werden. Bereits beschrieben wurde die Technik der projektiven Verwender. Als ergiebig hat sich ferner herausgestellt, die Testpersonen mit Collagen arbeiten zu lassen. Diese wie andere qualitative Verfahren zielen vor allem darauf, möglichst freie und offene Äußerungen der Testpersonen zu erhalten, ohne im Vorfeld die möglichen Antworten einzugrenzen.

Die Trendforschung beruht im wesentlichen auf einer Medienanalyse ziel- und produktgruppenrelevanter Zeitschriften. Die

Ergebnisse von Trendscouts sind in der Regel nicht kontrollierbar, deshalb ist es oft sinnvoller, einige explorative Interviews mit Vertretern der Zielgruppen zu führen. Sofern Paneldaten aus dem Produktfeld zur Verfügung stehen, können diese objektive Hinweise über die Trendentwicklungen geben.

Im Rahmen der Überprüfung verbaler Produktkonzepte und zur Beurteilung von Preisschwellen bietet sich beispielsweise eine Conjoint-Analyse an. Auf der Ebene von Designstudien (Entwürfe, Prototypen) ist es sinnvoller, mit den Mitteln der qualitativen Marktforschung die intendierte Zielgruppe zu rekonstruieren.

Neuprodukte im Markt können über Kundenbefragungen, normale Akzeptanztests und Diffusionsprozesse getestet beziehungsweise analysiert werden.

Wie sich gezeigt hat, stellt die Markt- und Trendforschung im Bereich des Design Management ein zentrales Werkzeug dar, um einen berechenbaren Produkterfolg zu gewährleisten. Keinesfalls ist es sinnvoll, einen Graben zwischen Markt- und Trendforschung aufzureißen, denn erst gemeinsam entfalten beide ihr volles Potential. Auch in Zukunft wird also die Marktforschung mit neuen Informationen verblüffen oder lang gehegte Einschätzungen absichern.

Das selbstbewußte Produkt

von Lilly Benz

Ganzheitliche Kommunikationsstrategien im Design Management

Der originäre Design Management-Prozeß wird unabdingbar von kommunikativen Strategien begleitet: Denn nicht zuletzt ist im Faktor „Design" selbst – und das wird allzu häufig unterschätzt beziehungsweise vergessen – wesentlich Kommunikation veranlagt. Als strategisches Instrument leistet Kommunikation einen entscheidenden Beitrag zum „neuen" Produkterfolg. Dies um so mehr, als Unternehmen heute auch in einem Kommunikationswettbewerb stehen, dessen Bedeutung ständig wächst. Wer diese Zusammenhänge rechtzeitig erkennt und die Voraussetzungen für ein erfolgreiches Agieren schafft, wird zielgerichtet und erfolgreich sich und seine Produkte in den bestehenden und sich wandelnden Märkten präsentieren und darüber hinaus in der Lage sein, sich neue Märkte zu erschließen.

Tragfähige Kommunikationskonzepte müssen bereits heute, aber besonders in der Zukunft aus ganzheitlichen Ansätzen heraus entwickelt werden. Das „bessere Produkt" stammt letztlich auch aus dem „besseren Unternehmen". Nur wenn Innen und Außen als Einheit begriffen werden, kann das Unternehmen seine gesamten „Ressourcen" im Wettbewerb der Identitäten einsetzen.

Täglich werden wir mit Informationen geradezu überschüttet. Den tatsächlichen individuellen Informationsbedarf decken wir über spezifische bewußte, aber auch in hohem Maße über unbewußte Auswahlkriterien. Bestimmte Botschaften, wie sie zum Beispiel ein Produkt senden kann, können nur von bestimmten Empfängern entschlüsselt oder verstanden beziehungsweise aufgenommen werden. Über die bereits erläuterte Milieuanalyse und die Zusammenstellung typologischer Warenkörbe haben wir Instrumente entwickelt, die in der Lage sind, potentielles Rezeptionsverhalten und damit die kommunikativen Bedingungen der Produktakzeptanz bereits in die Produktentwicklung und in alle anschließenden Aktivitäten einfließen zu lassen.

Lilly Benz (1960) studierte Betriebswirtschaftslehre (Universität Hamburg), Germanistik, Ethnologie und Geschichte (Johann Wolfgang Goethe-Universität, Frankfurt am Main). Danach arbeitete sie als Etatleiterin in einer PR-Agentur. Seit 1994 ist sie bei d...c Unternehmensberatung als Beraterin im Bereich Kommunikation tätig.

Auf dem Weg zum neuen Produkterfolg wird die Unterscheidbarkeit vom Wettbewerber zu einem elementaren Baustein. Der Faktor „Design" hält hier wertvolle Optionen bereit, von Produktdesign über Grafikdesign bis zur Architektur, die über Design Management in Differenzierungsstrategien eingebracht werden können.

Die „klassischen" Ansätze der Kommunikationskonzepte aus Werbung oder Public Relations sind mit dem immer häufiger laut werdenden Ruf nach ganzheitlichen Konzepten überfordert. Natürlich wird auch hier erkannt, daß die wachsende und dabei erst einmal unsichtbare Komplexität der Aufgabenstellungen über den Einsatz vorhandener beziehungsweise modifizierter Einzelinstrumente hinausgehen muß. Das bedeutet auch, daß das Zusammenspiel von interner und externer Kommunikation neu ausgerichtet werden muß. Unternehmen der Konsumgüterindustrie, aber auch der Investitionsgüterindustrie und des Dienstleistungsbereiches müssen „ihre" Informationen verfügbar machen und differenziert analysieren, welche „Botschaften" sie vermitteln werden. Die im Design Management entwickelten Methoden der Marktforschung unterstützen diese und ähnliche Entscheidungsfindungsprozesse mit speziellen Analysen. Ganzheitlich sollen sämtliche vorhandene Möglichkeiten genutzt und in oftmals neuen Konstellationen sinnstiftend miteinander verbunden werden.

Design Management stellt eine Basis für Konzeption und Umsetzung ganzheitlicher Kommunikationsstrategien dar, da fast alle in einem Unternehmen angesiedelten kommunikativen Prozesse wie selbstverständlich davon betroffen sind.

Interne und externe Kommunikation

Das Innen und Außen der Unternehmen wird für viele Betriebe in neuen Bedeutungszusammenhängen gesehen werden müssen. Interne Kommunikationsstrukturen spielen hierbei eine weitaus größere Rolle als allgemein vermutet wird. Die tatsächlichen „inneren" Kommunikationsverhältnisse werden immer direktere Auswirkungen auf das ganzheitliche Außenbild haben, das sich die Öffentlichkeit von einem Unternehmen macht.

Um ganzheitliche Kommunikationsstrategien umsetzen zu können, müssen konkrete Voraussetzungen geschaffen werden: In der

Praxis hat sich gezeigt, daß die Analyse der internen Kommunikationsstrukturen wesentlich zu einer effektiven Umsetzung von Konzepten beitragen kann. Erste Erkenntnisse über die Struktur der internen Kommunikationswege können durch das Design Management bereits zu einem frühen Zeitpunkt gewonnen werden. Wer redet mit wem? Warum? Werden Informationen in gegenseitigem Nutzen ausgetauscht, oder handelt es sich um eingleisige Informationswege mit reinem Abfragecharakter? Sind die vorgegebenen Kommunikationswege an Hierarchien gebunden? Die Reihe der Fragen ließe sich noch lange fortsetzen.

Vielen Unternehmen wird jedoch die Bedeutung und Notwendigkeit kommunikativer Maßnahmen – vor allem interner Maßnahmen – im Design Management-Prozeß erstmals bewußt.

Innovationsprozesse und somit Veränderungen sind allgemein eine Herausforderung, auch an funktionierende, gesunde Kommunikationsstrukturen. Die Skepsis gegenüber Neuem ist vielfach groß, der Wissensstand zum Thema „Design" bis in die Ebene der Geschäftsführung äußerst heterogen. Der gezielte Einsatz geeigneter Elemente und Medien ermöglicht es, hier zu einem frühen Zeitpunkt mehr Verständnis durch Informationstransparenz und damit einen ungehinderten Projektverlauf zu erreichen.

Wie Zindler erläutert, greift der Design Management-Prozeß bereits durch die Zusammensetzung der Projektgruppe in der Regel in die üblichen internen Kommunikationsstrukturen ein. Häufig setzen sich die (Design Management-)Projektgruppen aus Mitarbeitern unterschiedlicher Hierarchieebenen zusammen. Auf der Ebene der Projektarbeit entstehen so fruchtbare Prozesse, der klassische Informationsfluß wird damit aber oftmals verändert.

Klare Aufgabenverteilung und Informationstransparenz können aber mögliche innovationshemmende „Schutzmechanismen" verhindern. Einfache Instrumente wie zum Beispiel eine Mitarbeiterzeitung sind geeignet, die notwendige Transparenz zu schaffen. Die neuen Möglichkeiten, die mit Design Management in ein Unternehmen hineingetragen werden, der Umgang mit seinen Instrumenten, das Aufbereiten neuen Gesprächsstoffs über einen neuen Baustein der Unternehmensidentität setzt so zum Beispiel dem Medium „Mitarbeiterzeitung" einen breiten Aktionsradius.

Konzepte effektiv umsetzen

Design Management verändert den klassischen Informationsfluß

Bei der Konzeption der Kommunikationsmaßnahmen können über die Ergebnisse der ersten Analysephase die vorgefundenen Strukturen berücksichtigt werden. Ziel muß es sein, Strukturen zu schaffen (wenn sie nicht vorhanden sind), die erkennbar in der Lage sind, Innovationsprozesse zu tragen.

Das Produkt braucht eine unverwechselbare Sprache

Die Wirkung des eigenen Auftritts nach außen, gegenüber den Wettbewerbern und der Öffentlichkeit, kann über Kommunikationskonzepte gesteuert werden. Differenzierung darf hierbei jedoch nicht zur Oberflächlichkeit eines Zauberworts verkommen, wie an diversen Beispielen zu sehen ist. Im Wettbewerb der Identitäten kann heute langfristig nur noch derjenige bestehen, der in der Lage ist, auch seinen Produkten eine möglichst unverwechselbare Sprache zu geben. Eine sinnlichere, emotionale Beziehung des Benutzers zum Produkt bindet ihn. Die Art der Wahrnehmung von Produkten wiederum ist über Sprache, die Produktsprache, steuerbar.

Bislang ist dieses Verständnis fast ausschließlich in Produktentwicklungsprozessen der Konsumgüterindustrie umgesetzt worden. Wie wir anhand erfolgreich durchgeführter Projekte im Bereich der Investitionsgüter zeigen können, ist hier das Entwickeln von Produktsprachen innerhalb von Differenzierungsstrategien zu Unrecht vernachlässigt worden.

Mehr denn je kommt es also darauf an, den Anforderungen und Erwartungshaltungen, die ein bewußter Umgang mit der Unternehmensidentität erzeugt, nach innen und außen gerecht zu werden.

Ganzheitliche Kommunikationskonzepte, wie sie im Design Management angelegt sind, können bei vergleichbarem Aufwand eine höhere Wirkungsdichte als herkömmliche Konzepte erzeugen. Der zur Verfügung stehende große Informationspool und der Wegfall von üblicherweise nur „nachgeordneten" Kommunikationsmaßnahmen tragen hierzu einen wesentlichen Teil bei.

Kommunikation im Design Management

Ebensowenig wie im Design Management von Seiten der Berater „entworfen" wird, übernehmen sie im Bereich der Kommunikation kreative Arbeiten. Als strategisches Instrument steuert Design Management Prozesse, entwickelt Konzepte in Zusammenarbeit mit ausgewählten Kreativen und moderiert und steuert auch die Entstehung von Einzelmaßnahmen wie Imagebroschüren, Messeständen, Verkaufsmaterialien etc.

Am Anfang eines ganzheitlichen Design Management-Prozesses steht üblicherweise die Standortbestimmung eines Unternehmens. Die Eigensicht, Geschichte und Wirklichkeit, Grundsätze und Visionen sind der Ausgangspunkt für das Konzept einer ganzheitlichen Kommunikationsstrategie.

Sind die Möglichkeiten der vollständigen Umsetzung ganzheitlicher Kommunikationskonzepte nicht gegeben, kann es dennoch ratsam sein, Einzelmaßnahmen aus einem solchen Konzept heraus umzusetzen und somit alle Weichen für einen späteren Ausbau der Kommunikationsaktivitäten zu stellen. Dies gilt insbesondere auch, wenn bei uniformen Produkten eine prägnante Kommunikation für Unterscheidbarkeit sorgen muß.

Die Kommunikation im Design Management ist in der Lage, das Wissen über nachfolgende Aktivitäten und Maßnahmen frühzeitig durch gezielte Fragestellungen in den Prozeß einzubringen, ohne Reibungsverluste miteinander zu verbinden, und aus diesem Wissen heraus ganzheitliche Strategien zu entwickeln.

Häufig werden jedoch auch Einzelaufgaben gestellt. In der Kommunikation kann dies zum Beispiel sein, die vorhandenen Verkaufsmaterialien eines Unternehmensbereichs zu überarbeiten und zu „aktualisieren". Aber auch in diesem Fall sollten ganzheitliche Konzepte vorgedacht werden, zumal die Projekte dabei stets in einem Gesamtzusammenhang stehen, der häufig von unseren Kunden in dieser Form zum ersten Mal wahrgenommen wird.

Entscheidend für den Kommunikationsansatz im Design Management ist die Einordnung von „Einzelprojekten" in die Gesamtheit aller Faktoren, die den Unternehmensauftritt ausmachen. Aufgabenstellungen wie: „Wir brauchen eine CD-Rom ..." sind nicht selten. Immer wieder begegnen uns in Gesprächen solche oder ähnliche Vorstellungen, die schon mit einem neuen und zugleich leistungsfähigen Kommunikationskonzept gleichgestellt werden. Kommunikationsmittel wie Broschüren, Preislisten, Einladungen, Handbücher und vieles mehr sind ein wichtiger Bestandteil von Kommunikationskonzepten, wie sie durch das Design Management entstehen. Der entscheidende Unterschied gegenüber isolierten „Ruck-zuck-Maßnah-

Statt vieler Einzelmaßnahmen besser ein Gesamtkonzept

men" – oftmals aus akuten, punktuellen Notlagen heraus – ist die feste Verankerung in einer ganzheitlichen Strategie: Die Integration von Einzelmaßnahmen in die Gesamtheit aller Unternehmensaktivitäten.

Im ersten Moment mag die Vorstellung, nicht nur korrespondierende, sondern miteinander kommunizierende Maßnahmen zu erarbeiten, weit über das hinausgehen, was vielen Unternehmen leistbar erscheint. Unsere Erfahrungen zeigen jedoch, daß gerade unkompliziert erscheinende „Ruck-zuck-Lösungen" (zum Beispiel die neue Gestaltung von Verkaufsmaterialien wie Materialkarten, Ordnern etc.) wenn nicht kurzfristig, so auf jeden Fall mittel- und langfristig Probleme verursachen.

Werden Neugestaltungen nicht in den Gesamtkontext „Unternehmen, Produkt, Kommunikation" gestellt, bleiben sie Fragment. Sind die gewählten Farben, Formen usw. nicht auf andere, zu einem späteren Zeitpunkt zu überarbeitende Materialien übertragbar, muß der Gestaltungsprozeß von vorn beginnen. Immer andere, neue Identifikationsmerkmale verhindern aber die Weiterentwicklung beziehungsweise den Aufbau entscheidender Kundenbindungen. Die gewünschte identitätsstiftende Wirkung verkehrt sich ins Gegenteil.

Die Umsetzung eines Gestaltungskonzeptes muß im weiteren Verlauf dabei nicht zwingend auf allen Ebenen gleichzeitig erfolgen. Einzelne Maßnahmen können auch nach und nach ausgeführt werden, sie müssen aber dann für den „Anwender" stets nachvollziehbar einem gemeinsamen Kontext zugeordnet wer-

Erfolgreiche Kommunikation
ist ein vielschichtiger Prozeß
(Quelle: d...c
Unternehmensberatung).

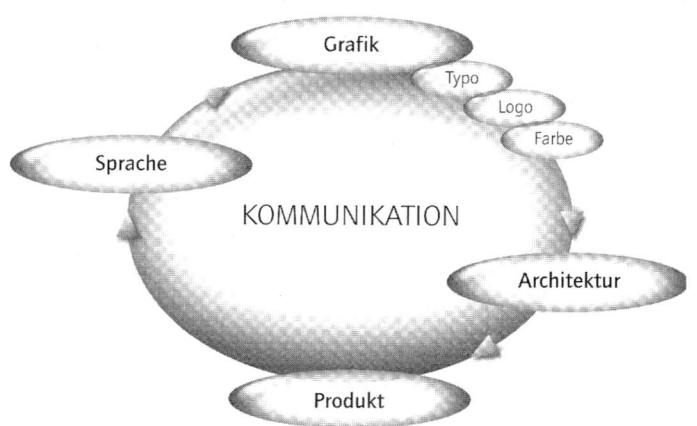

den können. Erst die Einbettung einer Einzelmaßnahme in ein ganzheitliches Konzept wird Voraussetzungen schaffen, die mittel- und langfristig einen Beitrag zum Unternehmenserfolg leisten können. Dieses Ziel ist jedoch nur erreichbar, wenn es gelingt, geeignete Strukturen zu formen, die den Prozeß verankern und langfristig tragen.

Um die tatsächliche Stärke des eigenen Auftritts einschätzen zu können, wurden bestimmte Analysemethoden entwickelt. So läßt sich unter anderem unter Einbeziehung von Collagetechniken die Abgrenzung zum Unternehmensauftritt relevanter Wettbewerber aufzeigen. Eine neue Ausrichtung kann somit sehr genau angesteuert werden. Genauso läßt sich auf diese Weise überprüfen, ob die bestehende Ausrichtung zukunftsweisend ist.

Der Kommunikationswettbewerb

Wie bereits in den vorangegangenen Kapiteln erläutert, verlieren in immer engeren Märkten mit immer leichter austauschbaren Produkten, in denen Produktpolitik zu rein quantitativem Portfolio-Management ohne wirkliche Produktkenntnis wird und Vertriebspolitik zu reinem Preiskrieg verkommt, Produkte und Unternehmen an Identität. Fast zwingend gleichen sich auch die kommunikativen Maßnahmen beziehungsweise „Strategien" immer stärker aneinander an, bis sie letztlich ebenfalls austauschbar werden. Die Austauschbarkeit der Produkte und der ihnen zuzuordnenden Informationen ist unabdingbar mit einem dramatischen Identitätsverlust verbunden.

Gründe dafür liegen häufig in der Beschaffenheit vorhandener Strukturen, die Fragestellungen nach Identität, Wahrnehmung etc. gar nicht erst aufkommen lassen. In der Praxis konnten wir immer wieder feststellen, daß noch während einer Präsentation die Anwesenden allein von den aufgeworfenen Fragen und ersten Annäherungen an das Thema – was kann Design Management in unserem Unternehmen bewirken? – regelrecht überrascht wurden. Staunen auch darüber, wie unerwartet und spannend die Auseinandersetzung mit „eigenen" Themen sein kann, die man doch in- und auswendig zu kennen glaubte. Die kommunikative „Ressourcenermittlung" im Design Management kann dabei das am Anfang des Buches beschriebene Milieumodell und – speziell bei Konsumgütern – die Zusammenstellung typologischer Warenkörbe zur Evaluierung der Ausgangsmöglichkeiten heranziehen.

Auch geschicktes Timing entscheidet über den Erfolg

Im Kommunikationswettbewerb kommt es auf ein geschicktes Timing an. In der Praxis kann das zum Beispiel bedeuten, daß bestimmte Produktentwicklungen zu einem frühen Zeitpunkt kommuniziert werden sollten, da gerade die Entstehungsphase Aspekte beinhaltet, die die jeweiligen kommunikativen Ziele umsetzen können. Ebenso können rechtzeitig Konzepte erarbeitet werden, die auch dem innovativsten Produkt geeignete Präsentationsinstrumente schaffen. Auch an diesem Punkt wird die Kenntnis der Aktivitäten aus anderen Unternehmensbereichen zu einem gewinnbringenden Vorsprung.

Mit dem Wissen über die globale strategische Ausrichtung des Unternehmens tragen Design Management-Prozesse die entscheidenden Voraussetzungen zur erfolgreichen Umsetzung von Differenzierungsstrategien in sich. Sie gleichen Identitätsverluste aus beziehungsweise sind in der Lage, neue Identitäten aufzubauen. Unterschiede können und müssen wieder beschreibbar sein und ihre steuerbare Wahrnehmung ein Ziel kommunikativer, ganzheitlicher Strategien.

Die Umsetzung der Maßnahmen

Ein wesentlicher Teil der Maßnahmen betrifft in der Regel das komplette visuelle Erscheinungsbild eines Unternehmens, die Gestaltung von Wort- und Bildzeichen, die Typographie, die Wahl der Materialien (zum Beispiel für die Geschäftsausstattung etc.) und die Gestaltung der Selbstdarstellung. Über Produkte, Architektur, Messestand, Prospekte, Briefpapier usw. und die bislang gewonnenen Einblicke in das Unternehmen (Auftreten der Mitarbeiter …) erschließt sich das aus der Summe der Wahrnehmungen abgeleitete Verständnis der Mitarbeiter von sich selbst und dem Unternehmen. Die Corporate Identity ist jedoch häufig nicht mit dem Bild, das sich die Öffentlichkeit vom Unternehmen macht, dem Corporate Image, identisch. Die bestmögliche Ausgangsposition für die erfolgreiche Auseinandersetzung mit den Konkurrenten im Markt ist aber eine gesteuerte, möglichst identische Wahrnehmung von innen und außen. Diese Wahrnehmung soll gleichzeitig im positiven Sinn unverwechselbar sein.

In besonderem Maß betrifft die Eliminierung von Beliebigkeiten natürlich das Produktdesign. Aus dem Design Management-Prozeß heraus gesteuerte Produktentwicklungen tragen wesentlich zur Implementierung des angestrebten Unternehmensimages bei. Die Kenntnis der Zielgruppen und ihrer Lebenswelten, Wünsche, Ansprüche etc. wird wiederum in die Umsetzung kommunikativer Maßnahmen einbezogen.

Alle über Marktforschung beziehungsweise Trend-Monitoring und Produktentwicklung zur Verfügung stehenden Erkenntnisse fließen innerhalb des verabschiedeten Konzeptes in ein Briefing ein. Dieses bildet die entscheidende Basis für die Arbeit der Kreativen (Grafiker, Produktdesigner, Architekten usw.). Der Auswahl von zum Beispiel geeigneten Grafik- oder Produktdesignern kommt dabei eine nicht zu unterschätzende Bedeutung zu. Die dann in Zusammenarbeit von Kreativen und Beratern entstehenden Entwürfe werden dem Unternehmen in ein bis drei Präsentationen vorgestellt, je nach Komplexität des Projektes.

Design Management stellt die Verbindung zwischen allen Einzelmaßnahmen her, auch indem es kontrolliert, ob die Umsetzung mit dem verabschiedeten Konzept übereinstimmt. Die regelmäßige Überprüfung der Konzepte und deren Implementierung und Wirksamkeit durch die speziell im Design Management entwickelten Ansätze in der Marktforschung dienen der Erfolgskontrolle. Aber auch Aspekte der „Sprache" spielen eine nicht zu unterschätzende Rolle. Wie über ein Produkt, ein Unternehmen, eine neue Aktivität von Seiten des Unternehmens gesprochen wird, ist viel mehr als „sachliche" Information. Die Sprache bildet einen Grad an Affinität ab, demonstriert Wissen und macht die Mitarbeiter zu selbstbewußten Botschaftern ihres Unternehmens oder – im schlimmsten Fall – verkehren sich damit alle „offiziellen" Aktivitäten in ihr Gegenteil!

Erfolgskontrolle mit den Instrumenten des Design Management

Das neue Selbstbewußtsein

Das über den Design Management-Prozeß entstandene oder modifizierte Produkt bietet neue Identifikationsmöglichkeiten für den Benutzer oder Verbraucher. Ein solches Produkt hat die Fähigkeit „verliehen bekommen", gezielt Botschaften zu senden. Es entstehen bewegliche, man könnte sagen „handlungsfähige" Produkte. Diese wahrnehmbaren Eigenschaften lassen keine Fragen nach dem Warum und Weshalb aufkommen. Hinter dieser Wahrnehmung steht unter Umständen mehr als nur das Äußere des Produkts, in ihm spiegelt sich das „Bild" des Unternehmens.

Das Ergebnis: emanzipierte Produkte

In Einheit mit dem Unternehmen wahrgenommene Produkte erscheinen selbstbewußt. Sie haben Antworten parat, können sich in ihren Märkten behaupten. Dieser Emanzipationsprozeß ist jedoch erst abgeschlossen, wenn Identität und Selbstverständnis mit kommunikativen Mitteln nach außen und innen nachweislich vermittelbar sind.

Die Stärke einer ganzheitlichen Kommunikationsstrategie aus dem Design Management-Prozeß heraus ist die von Beginn an kontinuierliche Begleitung und damit eine im Ursprung von Unternehmensidentität definierte strategische Aufgabe. Die dabei direkt aus dem Unternehmen gesteuerten Maßnahmen müssen auf die vorhandenen beziehungsweise erst zu schaffenden Möglichkeiten abgestimmt werden. Die neuen Wege führen aus der Anonymität ins Bewußtsein ausgewählter, definierter Zielgruppen, in die Welt der Neuen Medien, auf Datenautobahnen und in virtuelle Realitäten.

Design Management-Prozesse reichen immer in die Zukunft hinein und schaffen so Vorsprünge, die gleichbedeutend sind mit Wettbewerbsvorteilen. Mit ganzheitlichen Kommunikationskonzepten können Unternehmen heute den Kommunikationswettbewerb prägen und morgen neue, gerade auch internationale Märkte, erschließen. Das Zusammenwirken von innen und außen macht das selbstbewußte, bessere Produkt zum Ausgangspunkt erfolgreicher Unternehmensentwicklung.

Im Zug der Zeit: die Deutsche Bahn AG

Interview mit Christian Steguweit

Ein neues Bahnzeitalter ist eingeläutet. Die vor gut zwei Jahren privatisierte Deutsche Bahn AG soll zu einem modernen Dienstleistungsunternehmen umgebaut werden – Design Management spielt dabei eine zentrale Rolle.

Die Deutsche Bahn AG ist auf dem Weg, sich von einer „Behördenbahn" zu einer modernen Marke zu entwickeln. Ob Corporate Design, Produktdesign, Koordination der Werbung oder Bahnhofsgestaltung, für alle diese Bereiche ist das Design Management bei der Bahn zuständig. Die strategischen Aufgaben sind hierbei sehr vielfältig, zum Beispiel muß das Dienstleistungsunternehmen „Bahn" eine Marke mit klaren Konturen werden, um sich im verschärften internationalen „Wettbewerb der Identitäten" profilieren zu können. Die Bahn als immaterielles Produkt muß sich künftig durch hohe Qualitätsstandards auszeichnen. Hier setzt Design Management sowohl strategisch als auch operativ an, um Konzept, Planung und Ausführung aller Einzelmaßnahmen zu koordinieren.

Am Anfang dieses Prozesses steht die Neuentwicklung einer Unternehmensidentität, die sich iterativ zu den bereits laufenden Projekten verhält. Die große Renovierung hat begonnen. Fast 80 Bahnhofsneu- und umbauten sind geplant. Neue Strecken und Züge folgen. Auch mit Hilfe von Design versucht die Bahn, wieder mehr Menschen auf ihre Schiene zu bringen. Deshalb hat sie ihre Designaktivitäten neu organisiert. Bislang waren verschiedene Dienststellen für Gestaltung zuständig. In Mainz etwa saß die Corporate Design Abteilung, und in München beschäftigte sich das bahneigene Designcenter mit Entwürfen für Fahrpläne, Bahnhofsausstattungen und Fahrzeuge – allerdings hatte die kleine, sechzehnköpfige Gruppe in der behördenorientierten Struktur kaum eine Chance. Die Folge: Viele Entwürfe konnten nur ansatzweise realisiert werden.

Das Kompetenz-Wirrwarr hat aber nun durch den geordneten Einsatz von Design Management ein Ende. Das neue Corporate

Christian Steguweit (1956) ist im Geschäftsbereich Personenbahnhöfe der Deutschen Bahn AG verantwortlich für Konzeption und Gestaltung. Er ist zudem Geschäftsführer der Dekom, einer Tochtergesellschaft der Bahn, die Design- und Werbeaktivitäten der Deutschen Bahn AG koordiniert. Nach Tätigkeiten u. a. als Leiter Marketing Services bei der Commodore Computer GmbH und als Geschäftsführer des Rats für Formgebung wurde er Leiter der Zentrale Marketing Services der Lufthansa AG in Frankfurt.

Design umfaßt die Mittel der visuell-haptischen Kommunikation: grafisches Erscheinungsbild, Produktdesign und (Innen-)Architektur. Design und Architektur spielen als „erfahrbare" Momente eine entscheidende Rolle. Das neue Selbstverständnis der Bahn als dynamisches Dienstleistungsunternehmen mit richtungsweisendem technischem Fortschritt und einheitlichem Gesamtbild als „Marke" bildet die Basis für alle Aktivitäten, die sich in der Umsetzung, in der Planung oder in den visionären Konzepten befinden.

Design Management ist die entscheidende Schnittstelle in der Koordination dieser Unternehmensphilosophie sowie in der Vermittlung an den Kunden. Die Bahn macht damit den entscheidenden Schritt in das dritte Jahrtausend. Die Identität des Unternehmens beruht auf einer neuen, klaren, unternehmensinternen Struktur und einer gemeinsamen Zielsetzung. So entstanden im Rahmen der Privatisierung die Geschäftsbereiche „Personenbahnhöfe", „Fern- und Nahverkehr" sowie „Ladungs- und Güterverkehr".

Folgende Schwerpunkte werden bei dieser Reform berücksichtigt:

Die Schwerpunkte der Reform

1. Die Ansprüche der Kunden an die Bahn rücken an die erste Stelle.
2. Der hohe Anspruch an die Personenbahnhöfe als zentrale Verkehrsknotenpunkte wird beachtet.
3. Qualitative und ästhetische Ansprüche an das Produkt „Bahn" müssen sich ergänzen und gegenseitig stützen.

Somit zeichnet sich die neue Bahn nicht nur durch fortschrittliche technische Innovationen aus, sondern auch und vor allem durch eine konsequente Kundenorientierung. Die Gestaltungslösungen belegen diesen Ansatz. Design Management hilft dabei, unterschiedlichste Gestaltungsansätze namhafter Architekten und Designer zu einem einheitlichen Gesamtbild zusammenzufügen. So entwarf Michele De Lucchi ein lichtdurchflutetes Reisezentrum, das nach und nach die heutigen Schalterhallen aller größeren Bahnhöfe ersetzen soll. Oedekoven Design und Sieger Design entwickelten Pläne für die Erneuerung der Toilettenanlagen in den Personenbahnhöfen. Die Züricher Designer Trix und Robert Haussmann entwarfen neuartige Lounges, die als Ersatz für die alten Wartesäle gedacht sind. Das Büro Bitsch & Partner wurde mit dem Entwurf eines neuen, für alle Bahnsteige einheitlichen Bahnsteigmobiliars beauftragt, und die renommierten Hamburger Architekten Gerkan, Marg & Partner haben unter anderem die neuen Bahnsteigdächer konzipiert.

Corporate Identity kann sich bei einem tradiert gewachsenen Unternehmen wie der Deutschen Bahn nur aus einer Vielzahl von Einzelmaßnahmen heraus entwickeln, die „am Anfang" durchaus vorsichtig in Erscheinung treten. Im Servicebereich sind Beispiele: die Reisefrische, die Reisepause etc., bei neuen Produkten zum Beispiel „Das schöne Wochenendticket". Die Aufgabe des Design Managers bildet hierbei eine Herausforderung. Denn in einer ständigen „Gratwanderung" muß zwischen internen Strukturen, massiver Öffentlichkeit und den Einzelcharakteren namhafter Designer koordiniert werden.

Darüber hinaus muß vor allem eine gemeinsame „Welt" entstehen. Zentrales Thema im Bereich des Bahnhofs und seiner formalen Aussagen sollen wieder das Reisen selbst und alle damit assoziierten Aktivitäten sein. Damit werden gleichzeitig neue Qualitätsstandards gesetzt. Der Bahnhof ist aber nicht nur einfacher Verkehrsknotenpunkt, sondern auch automatisch Dienstleistungszentrum und Kommunikationsforum. Das Bahnhofsgebäude bildet heute wie bereits früher einen zentralen Bestandteil urbaner Infrastruktur und muß somit auch hohen architektonischen Maßstäben gerecht werden.

Design und Design Management können helfen, diese Anforderungen zu erfüllen und darüber hinaus mit Effizienz und gestalterischem Willen zu deren Umsetzung beitragen. Alle Einzelfaktoren und Visionen können durch die Einflußnahme des Design Managers Bilder und Stimmungen annehmen, die nicht nur der beauftragte Designer und Architekt versteht, sondern vor allem der Fahrgast als Kunde. Durch das möglichst komfortable Reisen soll sich wieder so etwas wie das facettenreiche gemeinschaftliche Erleben von Mobilität einstellen.

Stephan Schupbach, Unternehmensberater bei d...c Unternehmensberatung, sprach mit Christian Steguweit über das Design Management bei der Deutschen Bahn AG.

„Herr Steguweit, ich bitte Sie, in zwei bis drei Sätzen darzustellen, was für Sie Design Management bedeutet."

Für mich ist Design Management im Kern das, was heute in großen Unternehmen insgesamt unter dem Begriff „Design" zu verstehen ist: nämlich die Aufgabe, einen Prozeß zu moderieren, zielgerichtet zu arbeiten und schließlich alle am Prozeß Betei-

Der grüne Apfel weist den Weg zur DB-Reisepause. Je nach Standort der Reisepause im jeweiligen Bahnhofsgebäude erscheint er an verschiedenen Stellen als Wegweiser am Bahnsteigende, in der Bahnhofshalle, vor oder nach der Rolltreppe.

ligten zu einem gemeinsamen Gesamtergebnis zusammenzuführen, dessen Zielpunkt vorher abgestimmt war. Mit einfachen Worten: Nicht selbst ein Design zu entwickeln, sondern sich der vielfältigen Möglichkeiten des Marktes zu bedienen. Zusätzlich sollen die Kollegen aus den Bereichen Technik, Marketing usw. beraten und begleitet werden, um das bestmögliche Ergebnis zu erzielen. Für Großunternehmen im Dienstleistungssektor besteht kaum noch Bedarf, eigene Designleistungen zu erbringen. Statt dessen ist es eine Aufgabe des Management, die Schnittstelle zwischen externen Agenturen und internen Bedürfnissen zu finden. So sehe ich das Thema Design Management auch für Dienstleistungsunternehmen wie die Deutsche Bahn AG oder die Deutsche Lufthansa.

? „Inwieweit ist Ästhetik ein unternehmensdeterminierender Faktor bei der Deutschen Bahn AG?"

Ästhetik ist im Zusammenhang mit Dienstleistung schwieriger faßbar als ein konkretes Produkt, zu dem man sich auch eine visuelle und haptische Meinung bilden kann. Dienstleistung ist ja ein immaterieller Begriff, der sich zunächst einmal im Verhalten von Personen dokumentiert, sich dann aber auch in visuellen Erlebnissen zeigt. Wir versuchen, Unternehmensidentität und Dienstleistungsqualität zukünftig in der neuen Marke „Deutsche

Bahn" an Standards festzumachen. Man kann das natürlich nicht nur auf den Aspekt Ästhetik einschränken. Vielmehr haben wir es mit einem sehr komplexen Bereich zu tun, bei dem auch vorhandene Architekturen und standortbezogene Gestaltungsstrukturen mit zu berücksichtigen sind. Uns ist deutlich geworden, daß die Kunden bestimmte wiedererkennbare Kriterien und Erlebnisse brauchen, um sich bei uns wohlzufühlen.

So ergeben sich zwei ästhetische Parameter. Der eine ist die Individualität der unterschiedlichen Bahnhofsarchitekturen. Es lohnt sich sehr wohl, vorhandene Substanzen wieder zum Leben zu erwecken und ihnen damit Kraft einzuhauchen. Auf der anderen Seite gilt es, ästhetische Standards zu entwickeln, einhergehend mit einem inhaltlichen Qualitätsstandard. Eine verbindende Brücke wird dann durch Wiedererkennbarkeit und Sicherheit geschaffen.

„Welche Motivation hatte die Deutsche Bahn AG, Design und Design Management bei dem Projekt ‚Bahnhof der Zukunft' einzusetzen?"

Auf diese Frage gibt es zwei Antworten. Die erste bezieht sich konkret auf die Bahnhöfe. Bei der Entscheidung für den Geschäftsbereich Personenbahnhöfe ist uns nach der Bahnreform sehr schnell deutlich geworden, daß es wenig sinnvoll ist, nur über Kundenbedürfnisse allgemein zu sprechen. Statt dessen hängt der Erfolg dieses Geschäftsbereiches ganz wesentlich davon ab, wie schnell es uns gelingt, erkennbare, auch nach außen sichtbare neue Inputs zu liefern. Damit kam neben dem Thema „Kundenbedürfnisse" als zweiter großer Schwerpunkt in der strategischen Ausrichtung des Geschäftsbereiches das Thema „Visualisierung" und damit die Ästhetik für den „Bahnhof der Zukunft" zum Tragen. Daneben bleibt natürlich als dritter Aspekt der Bahnhof als Verkehrsstation, die den Regelbetrieb organisiert, und dann die ergänzenden Angebote an Reisende, die das Paket abrunden. Wir unterscheiden zwischen dieser Regelorganisation oder Linienorganisation, wie sie so schön neudeutsch heißt, und den strategischen Komponenten und haben diesen gestalterischen Aspekt der Bahnhofsentwicklung als strategisches Feld definiert.

Die zweite Antwort: Die Deutsche Bundesbahn war in der Vergangenheit nicht nur eine Behörde nach den Buchstaben des Gesetzes, sondern sie hat sich auch so verhalten. Als mit der Bahn-

reform die Privatisierung eingeleitet wurde, gab es zum ersten
Mal die Möglichkeit, über die Rolle und das Selbstverständnis
der Deutschen Bahn nachzudenken. Zunächst einmal muß die
neue Deutsche Bahn AG zu einer Marke werden, zu einem Produkt mit eigenen Qualitäten. Sie muß sich gegenüber der früheren Behörde differenziert verhalten und abgrenzen. Daß das ein
schwieriger Prozeß ist, weil man über viele Jahre und Jahrzehnte die „DB alt" immer nur mit dem Begriff „Behörde" verbunden hat, war uns klar. Deshalb haben wir uns auch sehr intensiv
mit diesem Thema auseinandergesetzt und festgestellt, daß wir
neue organisatorische Strukturen brauchen und darüber hinaus
ein neues Selbstverständnis sowie einen erkennbaren gestalterischen Willen zur Neuorientierung.

Dieser erkennbare Wille kann sich nicht nur im gesprochenen
und geschriebenen Wort manifestieren, in den vielen Charts,
die man in solch einem Umbruchprozeß entwickelt. Am Ende
müssen anfaßbare neue Produkte und Leistungsversprechen
stehen. Bei der Deutschen Bahn AG ist die Zukunft des gesamten Unternehmens betroffen. Das hat zu einer völlig neuen
Organisationsstruktur innerhalb des Unternehmens geführt und
außerdem dafür gesorgt, daß wir das Unternehmen zum ersten
Mal auch als Marke mit einem eigenen Markenwert begreifen.
Und schließlich haben wir dem Bereich Gestaltung eine ganz
andere Bedeutung beigemessen, um dieses Szenario im Vergleich mit dem, was früher Design bei der DB AG war, sichtbar zu machen.

**„Wie soll das Corporate Design der Personenbahnhöfe in das
zukünftige Corporate Design der Deutsche Bahn AG integriert
werden?"**

Zunächst einmal unterscheiden sich die Corporate Designs im
Grundsatz nicht. Es gibt ein nach der Bahnreform entwickeltes
neues Corporate Design für das Gesamtunternehmen. Das ist die
äußere Hülle und Struktur für alle unter diesem Dach tätigen Bereiche, vor allen Dingen die Geschäftsbereiche. Neben den Personenbahnhöfen gibt es den Fern- und Nahverkehr sowie den La-
dungs- und Güterverkehr, unterschiedlich tätige Geschäftsbereiche, die alle miteinander verbunden werden müssen.

Bei der Post war es möglich, das Gesamtunternehmen in drei
auch für sich selbständig und eigenständig lebende und agieren-
de Teilbereiche aufzulösen: Postbank, Telekom und Postdienst,

die auch in ihrer Struktur nebeneinander existieren können und eigentlich kaum Berührungspunkte haben. Bei der Deutsche Bahn AG haben wir im Gegensatz dazu ein völlig anderes System. Jeder ist auf den anderen angewiesen. So sehr wir bemüht sind, die Geschäftsbereiche nach Vorgabe des Gesetzgebers zu Aktiengesellschaften zu entwickeln, die dann für ihr eigenes Ergebnis verantwortlich sind, so abhängig sind diese Geschäftsbereiche voneinander. Wie leicht vorstellbar ist, kann sowohl der Fern- als auch der Nahverkehr ohne den Geschäftsbereich Personenbahnhöfe wenig ausrichten, denn irgendwo müssen die Züge an- und abfahren; und das Schienennetz kann ohne die darüberfahrenden Personen- und Güterzüge auch relativ wenig mit dieser Struktur anfangen.

Also sitzen wir alle unter einem gemeinsamen Dach und versuchen doch, eigenständige Ziele zu entwickeln. So gibt es ein unternehmensweites Corporate Design und darunter dann geschäftsbereichsbezogene Lösungen, die in dieses Corporate Design des Unternehmens integriert sind. Wir sind im Moment dabei, für einzelne Produktebenen zusätzliche „Subidentitäten" zu entwickeln, die auch eigene Visualisierungen zulassen. Das ist allerdings stark durch die Innensicht beeinflußt. Den Kunden interessiert nur: Wie funktioniert das Gesamtprodukt „Reisekette"? Wie ermöglicht mir die DB AG insgesamt, so komfortabel wie möglich von A nach B zu kommen? Welche Produktangebote gibt es? Das heißt, für uns spielt die Geschäftsbereichsebene im Corporate Design eine eher untergeordnete Rolle. Es geht vielmehr darum, das Gesamtkonzept zu haben, und dann möglichst eigenständige Produktidentitäten.

„Welche Instrumente des Design Management werden bei dem Projekt ‚Bahnhof der Zukunft' eingesetzt?"

Alle, die mir bekannt sind. Im Prinzip geht es dabei um die gesamte Klaviatur des Design Management: Von der strategischen Überlegung, was man tun will, über die Auswahl der Partner, mit denen man zusammenarbeiten will, über den Prozeß, den man organisiert, und das Feedback, das aus dem Unternehmen und von den Kunden kommt, bis hin zu den Panels, in denen man Akzeptanztests durchführt. Dann folgt die Realisierung, die Erstellung von Manuals, mit denen man die Themen oder die Piloten, die entwickelt wurden, in Form von Nachpilotierung und Nullserie so weit instrumentalisiert, daß sie dann auch von den dezentral beheimateten Kollegen am jeweiligen Standort realisiert werden können. Und es betrifft die gesamte Breite der über 6500 Bahnhöfe in Deutschland. Mit einem einzigen Designbüro oder mit einem Designpartner ist die Umsetzung von systematisierten Konzepten kaum denkbar.

Etwas enger verhält es sich bei der Entwicklung oder beim Design Management des klassischen Produkts der Deutschen Bahn, dem Zug. Dort geht es in der Tat darum, daß wir Moderator sind zwischen den Kundeninteressen auf der einen Seite sowie dem Generalunternehmer, der das Produkt erstellt, und dem von uns ausgewählten Designbüro, das für den Generalunternehmer und für uns Designlösungen entwickelt. Auch hier haben wir eine sehr starke Schnittstellen- und Koordinationsfunktion. Außerdem muß überprüft werden, ob das von uns definierte Ziel erreicht ist und ob auch alle Produktebenen der komplexen Struktur berücksichtigt wurden. Im Luftverkehr zum Beispiel kann man davon ausgehen, daß die Identitäten der Fluggesellschaften sehr nahe beieinanderliegen, weil die Produkte sich ähnlich sind und sich im Prinzip nur noch durch die Farbe voneinander abheben.

Bei der Deutschen Bahn erlebe ich hingegen unterschiedliche vertikale, über- oder untereinander „gestapelte Produkte", von Nahverkehrs- über Regionalangebote bis hin zu Hochgeschwindigkeitsangeboten, die voneinander differenziert dargestellt werden müssen, so daß es um eine insgesamt sehr viel komplizertere oder komplexere Aufgabe geht. Auf der einen Seite müssen wiedererkennbare Produktqualitäten eingeführt werden, auf der anderen Seite sind Differenzierungen zu ermöglichen. Dabei darf der Zeitgeist nur walten, solange seine positiven Aspekte integrierbar sind. Grundvoraussetzung ist Langlebigkeit, denn schon aufgrund der Renovierungsrhythmen der Züge haben kurzfristige Designtrends keine Berechtigung.

„Wie sah die Analyse am Anfang der Projekte konkret aus?"

▬▬▬▬▬▬▬▬▬▬▬▬ ? ▬

Da es mehrere Projekte sind, sehr unterschiedlich. Bei der Entwicklung von Zügen gibt es relativ klare und konkrete Vorgaben, weil wir mittels ausgefeilter und individualisierter Informationssysteme aus der Marktforschung die Kundenbedürfnisse ganz gut kennen und abrufen können. Wir wissen sogar, inwieweit sich Akzeptanzen innerhalb der Züge nach den Kriterien Preis, Komfort, Pünktlichkeit usw. modifizieren lassen, wenn man an den einzelnen Stellschrauben dreht.

Das heißt, die Marktforschungsinstrumente heutiger Prägung geben uns die Möglichkeit zu sehen, was passiert, wenn ich zum Beispiel die Pünktlichkeit innerhalb des Mixes verändere, oder den Preis, oder den Komfort. Wie reagiert der Kunde auf diese

DB Projekt Reisefrische
Bahnhofstoiletten sind „Problemorte" und werden ungern genutzt, von vielen Frauen gar grundsätzlich abgelehnt. Deshalb war es oberstes Ziel, eine ansprechende Toilette zu schaffen. Wesentlicher Bestandteil der Anlage ist das farbige, transluzente Glas (Foto: Ansgar M. van Treeck).

Die Bahn hat durchaus kühne Pläne. Nicht nur Bahnhöfe werden renoviert, auch dem Service auf der Schiene gilt verstärkt das Augenmerk. Schnellere Verbindungen und neue Züge sollen helfen, das Image der Bahn aufzupolieren. Besondere Aufmerksamkeit gilt dabei dem Paradepferd der Deutschen Bahn AG, dem ICE. Vorn der ICT, dahinter der ICE 2.2.

Veränderung im Angebotsmix? Im Bereich der Neuerungen, die wir in den Bahnhöfen entwickeln – wie zum Beispiel Lounge-angebote in der „Reisepause" oder neue touristische Angebote des Reisezentrums – wissen wir über die Dinge, die wir vermitteln oder verkaufen wollen, sehr genau Bescheid.

Da Design für mich ein nicht durchgängig demokratischer Prozeß ist, haben wir auch sehr klare Vorstellungen darüber, wie denn Design eigentlich aussehen soll. Das heißt, wir demokratisieren den Informationsprozeß, aber nicht den Designprozeß. Denn würde man Kunden nach ihrer Meinung zur Gestaltung befragen und danach handeln, bekäme man bestenfalls ein Design, das dem heutigen Standard entspräche, aber keineswegs eine zukunftsorientierte Lösung.

Aber der Mehrwert einer Design Management-Aufgabe besteht ja gerade darin, sehr wohl zu erkennen, wo der langlebige Trend hin läuft, und Dinge vorwegzunehmen, die erst in den nächsten Jahren aktuell werden. Auf diese Weise läßt sich die Zeitleiste verlängern, will sagen: Was wir entwickeln, wirkt über einen sehr langen Zeitraum innovativ und zeitgemäß. Je nach Produkt und Produktvorstellung führen unterschiedliche Instrumentarien aber auch zu unterschiedlichen Ergebnissen. Ich denke, das ist genau der richtige Ansatz.

„Welche Strategie resultiert aus diesen Anfangsanalysen für das Schienensystem?"

Wir versuchen, ein Markenbild aufzubauen, das uns eine hierarchische Gliederung der Angebote innerhalb der Deutsche Bahn AG möglich macht, aber dennoch den Charakter eines einheitlichen DB-Produktes in den Vordergrund stellt. Bis zur Bahnreform differenzierten wir uns über eine sogenannte „Inselmarkenstrategie": Die Produkte der DB AG, die auf den Schienen fahren, waren und sind voneinander durch Farben und Materialien unterscheidbar.

Da es mögliche Wettbewerber auf den Schienen gar nicht geben konnte, war die Bahn konkurrenzlos auf dem deutschen Markt. Man hat auch erkannt, daß nicht alle Produkte qualitativ gleichwertig bedient werden konnten, und hat sich dann auf einzelne Elemente konzentriert. Der ICE ist ein gutes Beispiel für diese Konzentration, im Vergleich zu ihm fallen die IC- und die IR-Produkte deutlich ab. Das gesamte Innovationspotential, auch das finanzielle Potential, ist früher in die ICE-Familie hineingeflossen.

Heute gehen wir anders mit dem Thema um. Struktur, auch erkennbare Unterscheidung zwischen Nah- und Fernverkehr ist denkbar, aber die Marke DB muß gegenüber möglichen Fremdanbietern in diesem Markt immer erkennbar sein und bleiben. Denn das Schienensystem wird ja für jeden geöffnet, der in unser Land hineinfahren will.

Wir haben eine föderative Struktur in Deutschland, die nicht auf ein Zentrum wie Paris oder London bezogen ist, sondern eine ganze Reihe von Unterzentren oder Großzentren hat. Sie liegen in der Nähe unserer Landesgrenzen – Stuttgart nahe Frankreich, Köln an der belgisch-holländischen Region, Hamburg nicht weit von Dänemark und München nahe Österreich. So besteht eine gewisse Gefahr, daß künftig Anbieter aus anderen Märkten diese Zentren anfahren werden, um das Potential, das sich dort erschließt, „abzusaugen". Dann muß es uns gelingen, ein eigenständiges Produktportfolio und -angebot vorzuhalten, das man auch wiedererkennt und das eine gemeinsame Identität ausdrückt.

„Wie sieht Ihre Strategie für die Bahnhöfe aus?"

Bei den Zügen versuchen wir, eine Identität durch Einheitlichkeit, das heißt Wiedererkennbarkeit, zu erreichen, also ein Produktversprechen zu geben, das dann auch auf der gleichen Produktebene immer gehalten wird. Die Bahnhöfe müssen unter diesem Aspekt ganz anders betrachtet werden. Bei ihnen kommt es darauf an, die Qualitäten des jeweiligen Standortes herauszuarbeiten und Individualität in den Vordergrund zu stellen. Es gibt dort auch Standards wie die Angebote rund um die Reise, die immer wiederkehren: zum Beispiel Reisepause, Reisezentren, Wegeleitsystematiken und Bahnsteigmobiliar. Aber die eigentliche Architektur soll auch zukünftig individuell bleiben und wieder in den Qualitätsstandard zurückversetzt werden, den alte Bahnhöfe immer noch haben, der aber in den letzten Jahren zugebaut und oft verschandelt wurde.

■? ━━━━━━━━━━ **„Welche Einzelmaßnahmen ergreifen Sie, basierend auf der Strategie, und wie sieht ihre konkrete interne und externe Durchführung aus?"**

Im internen Bereich arbeiten wir mit Koordination und Design Management. Es werden – wenn auch zum Teil begrenzte – Wettbewerbe ausgeschrieben, um für die jeweilige Aufgabenstellung die richtigen Partner zu finden. Die Reisezentren gehören dazu, das Loungekonzept, das Wegeleitsystem, Servicestationen innerhalb des Bahnhofs, die alle aus einer Gestaltungsebene entwickelt werden.

Hinzu kommt alles rund um den Bereich „Hygiene im Bahnhof", dem wir in den nächsten Jahren sehr große Aufmerksamkeit widmen wollen. In den letzten Generationen hat das Thema Hygiene in den Bahnhöfen überhaupt keine Rolle gespielt, sondern wurde als ein lästiges Muß mitbehandelt. Weiterhin beschäftigen wir uns sehr intensiv mit Beleuchtungssystemen, mit Standardausstattungen von Bahnsteigüberdachungen und -einhausungen und mit Bahnsteigmobiliar – alles unter einem gemeinsamen Grundgestaltungsverständnis. Denn auch wenn wir über Individualität in den Bahnhöfen reden, möchten wir doch, daß bestimmte grundsätzliche Kriterien einvernehmlich verabschiedet werden. Dabei geht es um Begriffe wie Materialgerechtigkeit, Umgang mit Tageslicht und Kunstlicht – also um einige Grundannahmen und Grundkriterien, die so einen Gestaltungsprozeß als Rahmeneckdaten beeinflussen.

■? ━━━━━━━━━━ **„Welche Kommunikationsstruktur und welche Maßnahmen wurden vor Projektbeginn eingeschlagen, welche Kommunikationsmaßnahmen werden während des Prozesses erfolgen, und welche sind nach der Fertigstellung geplant?"**

Ich gehe einmal davon aus, daß Sie nicht Kommunikationsmaßnahmen gegenüber der Öffentlichkeit meinen, denn Pres-
severlautbarungen werden erst veröffentlicht, wenn ein Projekt
zum Abschluß gebracht ist. Dann verfolgen wir klare Kommunikationsstrategien und erläutern auch Kosten und Umset-
zungskriterien.

Intern geht es darum, wie es uns – wenn ein „Pilot" entstanden
ist – gelingt, bei 6500 Bahnhöfen eine erkennbare Frequenz oder
Durchsetzung dieses Typs in der Republik zu erreichen. Wir arbeiten nach einem Dreierschrittsystem. Am Beispiel Reisezentrum erklärt, entwickeln wir erst einmal an einem „unkritischen"
Standort, der nicht im Fokus der Öffentlichkeit steht, einen Vor-
piloten, in diesem Fall in Aschaffenburg.

Dieser Pilot soll uns Ergebnisse darüber liefern, wie die Akzeptanz nicht nur bei den Kunden, sondern auch bei unseren
Mitarbeitern ist. Damit soll auch die Möglichkeit gegeben sein,
im täglichen Arbeiten festzustellen, wo es möglicherweise
Schwachpunkte gibt. Diese Kritiken fließen in eine sogenannte Nullserie ein. In dieser Vorserie wagen wir uns dann schon

Die erste DB Reisefrische,
vorgestellt bei der Eröffnung
des Kulturbahnhofs Kassel
(Foto: Ansgar M. van Treeck).

an einen großen Standort heran, und an zwei bis drei weitere kleine.

Bei den Reisezentren haben wir für die Nullserie drei Standorte, bei den Hygienezentren sechs Standorte ausgewählt. Dort benötigen wir mehrere Standorte, um unterschiedliche Anlagetypen testen zu können: automatisierte Anlagen, sogenannte DDC-Kontrollsystematiken und ähnliches. Parallel zu dieser Entwicklungsphase überlegen wir uns, ob wir das Produkt als Ganzes oder in Teilbereichen ausschreiben, also in Baugruppen – je nach Kostenvolumen auch europaweit. Ebenfalls parallel entsteht das Manual, das bei der Umsetzung dieser Projekte eine Hilfestellung für die Kollegen vor Ort sein soll.

Wir ziehen uns dann auf den Part der „künstlerischen Oberleitung" zurück. Aber wir wollen sicherstellen, daß der Qualitätsstandard auch gehalten wird, selbst wenn eine „flächige" Umsetzung stattfindet. Wir wollen dann im Prozeß nicht mehr dominieren, sondern ihn nur noch begleiten. Nach der Pilotierungsphase gibt es in der Regel noch eine Kundenakzeptanzbefragung um festzustellen, ob die Kunden mit den vorgestellten Neuerungen zufrieden sind, oder ob es aus deren Sicht noch Veränderungsmöglichkeiten gibt.

Bei der Gestaltung der Züge ist die Kommunikation ein iterativer Prozeß zwischen drei Partnern, nämlich zwischen den Designern, dem Generalunternehmer sowie den Kollegen aus der Technik und dem Marketing bei uns im Hause. Auch in diesem Bereich treten wir erst an die Öffentlichkeit, wenn der innere Kommunikationsprozeß abgeschlossen ist.

„Wie sehen Sie selbst die Kosten-Nutzen-Relation dieser designorientierten Strategie?"

Als Controller würde ich die Relation wahrscheinlich als eher unausgewogen ansehen. Aber ich bin berufsbedingt vorbelastet. Bezogen auf das Einzelprojekt ist die Verbindung zwischen Design und der Kosten-Nutzen-Relation etwas schwierig.

Zwei Beispiele: Die ehemalige Bundesbahn hat über viele Jahre hinweg einen Dachtyp in die Republik gestellt. Es heißt im Arbeitstitel „Essener Dach" und ist seinem Erscheinungsbild zufolge vermutlich ausschließlich von einem Ingenieurbüro entwickelt worden: Es ist platt, gerade, flach, geschweißt und hat keine formale Aussage. Die Beleuchtung besteht aus Langfeldlicht. Dieses Dach hatte einen festen Quadratmeterpreis. Wir ha-

ben ein neues Dach mit einer ganz anderen Qualität entwickelt. Neben einer neuen formalen Sprache werden viel aufwendigere Materialien verwendet, unter anderem Edelstahl. Hinzu kommen Tageslichtbeleuchtung sowie sich zusätzlich einschaltendes Kunstlicht für den Moment, in dem der Zug einfährt. Es ist uns wirklich gelungen, dieses neue Dach in seiner höheren Qualität zum gleichen Preis zu realisieren.

Ähnliches haben wir auch bei den Toilettenanlagen erreicht. Auch dort hat man, aus den Erfahrungen der Vergangenheit schöpfend, bei der Pilotanlage den gleichen Preis gehalten wie bei den alten Anlagen. Beim Reisezentrum liegen wir sogar ca. zehn Prozent unter dem Ausbaustandard für ein konventionelles Reisezentrum, obwohl wir Decken herausgenommen und Fassaden verglast haben.

Es ist ja keine neue Erkenntnis, daß der Markenmehrwert in der Wirtschaft – also der Preis, der an der Börse im Gegensatz zu seinen erfaßbaren Unternehmenswerten für ein Unternehmen gezahlt wird – je nach seiner Markenqualität bis zum Doppelten des Ist-Wertes des Unternehmens ausmachen kann. Bei der Charterlinie Condor zum Beispiel hat einmal eine Marktbewertung stattgefunden, um herauszufinden, wieviel der Name an Kapazität und Qualität bedeutet. Eine Reihe anderer Untersuchungen bestätigen das beschriebene Phänomen. Auf diese Weise

Die neue Bahnsteigüberdachung ist ein System, das auf allen Bahnhöfen in der gesamten Bundesrepublik eingesetzt werden kann. Es ist als kleinteilig segmentierter Baukasten konzipiert, der einen Aufbau ohne Beeinträchtigung des laufenden Schienenverkehrs ermöglicht.

wird man die Deutsche Bahn AG sicherlich zukünftig auch einmal beurteilen können und müssen. Dabei wird Design nicht der einzige Bewertungsfaktor sein, aber ein ganz wesentlicher und mitentscheidender.

■?━━━━━━━━━━ **„Zum Schluß möchte ich noch eine Frage zu der Akzeptanz des Design Management innerhalb der Deutschen Bahn stellen: Gab oder gibt es aktuelle Probleme von DB-Managern mit diesem doch sehr designorientierten Konzept?"**

Ich habe nicht den Eindruck, mit dem designorientierten Konzept auf Widerstände zu stoßen. Das liegt vermutlich auch daran, daß die Deutsche Bundesbahn in der Vergangenheit eine Akzeptanz innerhalb der Öffentlichkeit hatte, die vielleicht unter dem Stellenwert lag, den sie realistischerweise hätte einnehmen können. Es gibt ein Kundenbarometer, nach dem nur noch das Duale System auf einem ähnlich niedrigen Level wie die Deutsche Bahn in der Akzeptanz bei der Bevölkerung steht. Um aus so einer „Underdog-Position" herauszukommen, sind natürlich alle Hilfestellungen und -mittel zur Verbesserung der Unternehmenspositionierung wichtig. Das heißt, es existiert eine große Bereitschaft, diesen Weg mitzugehen – bis auf wenige Widerstände innerhalb des Unternehmens. Denn jeder sieht, daß alle diese Beiträge Bestandteile zum Formen einer neuen Identität oder eines neuen Unternehmensbildes sind.

Shimano und die Strategie des Komponentendesign

von Hans van Vliet

Das Shimano-Fahrrad

Ein beliebiges Fahrradgeschäft irgendwo in Europa. Ein Kunde tritt ein und verlangt ein Shimano-Fahrrad. Der Händler muß den Kunden aufklären: „Shimano-Fahrräder gibt es nicht. Shimano baut Komponenten, also Gangschaltungen, Bremsen und Naben, aber keine Fahrräder. Sie wollen sicherlich ein Fahrrad ‚mit‘ Shimano, und nicht ‚von‘ Shimano."

Kaum ein aktuelles Fahrrad fährt ohne Shimano. Eine Fahrrad-Fachzeitschrift hat 1995 ein Non-Shimano-Bike beschrieben, also ein Mountain-Bike ganz ohne Shimano-Teile – und trotzdem brauchbar. Das galt als mehr oder weniger exotische Besonderheit. Die überdeutliche Führungsrolle von Shimano im Bereich Fahrradtechnik hat dazu geführt, daß die Komponenten oft die Fahrradmarke überstrahlen. Das Shimano-Rad ist „virtuelle Realität", eine Fiktion im Kopf des Verbrauchers.

Das Fahrrad ist vom Drahtesel zum Kultobjekt avanciert. Wer hätte gedacht, daß ein so altes Gefährt einmal zum „Funsport"-Gerät einer doch so neuen, jungen Generation wird? Wer hätte gedacht, daß ein schönes und teures Bike dank kühnem Design und technischer Perfektion zum Symbol für fortgeschrittenen Lifestyle aufsteigt? Die Entwicklung des Rades und des Radmarktes ist, besonders in den letzten 20 Jahren, geprägt von dem Hersteller der Komponenten: Shimano.

Die hervorragende Qualität der Komponenten hat das Radfahren immer angenehmer und komfortabler gemacht. Das Produkt „Rad" hat durch verbesserte Funktionen und interessantes Design wesentlich an Qualität und Akzeptanz gewonnen. Die Marke „Shimano" steht als Synonym für Zuverlässigkeit und Qualität der Komponenten. Der sichtbare Schriftzug ist Auszeichnung für gute und oft genutztes Verkaufsargument für preiswerte Bikes.

Die starke Position der Marke Shimano im Bereich Fahrrad hat sicherlich eine Reihe von Gründen. Wir sprechen hier über das

Hans van Vliet (1948) entstammt einer Familie von Fahrradhändlern. 1974 verließ er das väterliche Geschäft, um zu dem neu gegründeten Unternehmen Koga-miyata zu gehen, wo er für alle Geschäftsbelange zuständig war. Außerdem beteiligte er sich aktiv an der Entwicklung des Rennrades. Wirtschaftsstudien betrieb er an der N.C.W. (Dutch Trade Union) und psychologische Verkaufsschulung in Leeuwarden. Seit 13 Jahren ist er Marketing Direktor von Shimano Europe.

Thema „Design Management". Design und Funktion sind bei den Fahrradkomponenten untrennbar verbunden. Hier zeigt sich die japanische Designtradition genauso wie die Besonderheiten des Produkts „Fahrrad". Design Management hat für Shimano noch einen zweiten, über das reine Komponentendesign hinausgehenden Aspekt: „Ingredient branding" ist in diesem Fall die Kunst, Design zu iniziieren.

Hier die Wechselwirkung: Über den Markenanspruch der Komponenten gelingt es, Lifestyle zu vermitteln. Was aber im Markt erscheint, ist das Rad. Obwohl der Endverbraucher nur in zweiter Linie mit den Komponenten in Berührung kommt, sind diese oft entscheidend für den Kauf. So ist die Arbeit des Komponentenherstellers ganz wesentlicher Bestandteil des Verkaufserfolges eines Fahrradherstellers. Umgekehrt führt ein gelungenes, verkaufsstarkes Fahrraddesign seitens der Hersteller zum vermehrten Absatz von Shimano-Komponenten. Gutes Bikedesign gewinnt an Überzeugungskraft durch Komponenten mit Markensiegel, die erkennbar aus dem hochwertigen Bereich stammen.

Komponenten und Fahrraddesign stehen in einer wechselseitigen Beziehung. Die daraus resultierende Synergie ist entscheidend für die Weiterentwicklung des Fahrradmarktes. Das klare Ziel heißt, neue Märkte für ein „altes" Fahrzeug zu generieren. Dazu gehören Design Management und Ingredient Branding.

Ingredient Branding als Mittel gegen Substituierbarkeit

Natürlich wird von vielen Seiten versucht, dem Marktführer Shimano Marktanteile abzuringen. Ingredient Branding und Design Management dienen dazu, den technischen Vorsprung von Shimano immer wieder deutlich zu machen.

Wie gelingt es einem Komponentenhersteller, mit seinem Produkt in die erste Reihe des Verbraucherinteresses zu kommen? Wie erlangen die Komponenten oder „Ingredienzen" diesen herausragenden Stellenwert bei dem Gesamtprodukt Fahrrad?

Erstens betreibt Shimano eine konsequente Produktentwicklung: die Garantie gleichbleibender Qualität, Innovation, Kontinuität in Produktion, Lieferfähigkeit und Service.

Zweitens verfolgt Shimano eine ebenso konsequente Markenpolitik. Das Image der Marke Shimano ist auch mit Marketingaktivitäten wie Öffentlichkeitsarbeit, Werbung, Sponsoring etc. zu einem verkaufsrelevanten Wert aufgebaut worden. Für renommierte Markenhersteller bedeutet „Shimano" eine Aufwertung, No-Name-Bikes versuchen mit Shimano, das Bike trotz fehlendem Markenimage zu profilieren.

Drittens hat Shimano erfolgreich Ingredient Branding eingesetzt. Ein großer Vorteil des Bike ist, daß Komponenten gut sichtbar sind und sich als Verkaufsargument im Handel bestens eignen. So erscheint der Markenname auf den Shimano-Komponenten deutlich. Darüber hinaus festigt die aktive Zusammenarbeit mit den Fahrradherstellern das Markenprofil von Shimano. Shimano iniziiert Events wie Produktpräsentationen oder den European Bicycle Design Contest (siehe unten), wo Fahrradhersteller und Shimano gemeinsam über das Produkt Fahrrad und dessen Zukunftspotential sprechen. Hier werden für die gesamte Branche Weichen gestellt.

Viertens schafft der erworbene Bekanntheitsgrad der Marke beste Voraussetzungen für gemeinsame Kommunikationsaktivitäten mit den Fahrradherstellern in der Werbung, bei der Promotion oder beim Sponsoring.

Gegenüber den Imitaten behauptet Shimano durch Innovationen seine Führungsposition. Die Markenpflege und das Markenimage heben Shimano von den billigeren Nachbauten ab. Die ständige Arbeit am Produkt und am Image sichert die erreichte Marktposition. Der Markenwert von Shimano verhindert die Austauschbarkeit der Komponenten weitgehend.

Ingredient Branding
stellt die Komponenten
in den Vordergrund.

Design zur Sicherung der Marktposition

Im Wettbewerb der Identitäten ist Shimano besonders mit dem Mountain-Bike ganz nach vorne gerückt. Schauen wir uns zuerst die besondere Situation in der Fahrradbranche an, um dann zur Thematik „Design Management" zurückzukehren:

Die funktionale Seite im Bikedesign läßt sich einfach definieren: Das Fahrrad bringt Mobilität durch Muskelkraft. Der ökonomische Umgang mit der begrenzten „Ressource" Muskelkraft bestimmt den Anspruch an Funktion und Design, eben diese Muskelkraft mit höchster Effizienz in Bewegung umzusetzen. Läßt

Bikedesign
und Funktionalität

sich das Auto mit immer stärkerem Motor über die Autobahn katapultieren, muß das Bike ein Leichtgewicht bleiben und auf dekorative Elemente weitestgehend verzichten. Darin liegt sein besonderer Reiz: In der ästhetisch artikulierten Reduktion auf die Funktion wird die Mechanik sichtbar und transparent. In deutlichem Gegensatz zu unserer digitalisierten Welt, in der schwer nachvollziehbare Vorgänge mit weitgehend beliebig gestalteten Knöpfen gesteuert werden, ist die Funktion eines Rades klar erkennbar. Zum Beispiel die Schaltung: Die Kette wird auf Zahnräder von unterschiedlicher Größe geschoben, und darum ändert sich das Verhältnis von Kurbel- und Radumdrehung. Der Hebel am Lenker ist durch den Zug mit dem Umwerfer oder Schaltwerk verbunden: Das, was man sieht, ist das, was passiert.

Auf dieses funktional und formal einfache Design aufbauend haben erst das Rennrad und später das Mountain-Bike den Fahrradmarkt transformiert, zwei sehr unterschiedliche Geschwister: Das große und schlanke, grazile Rennrad und das kleine, kompakte, mit breiten Reifen ausgestattete Mountain-Bike – beide basieren auf einer sehr ähnlichen Komponententechnik, beide betonen den sportlichen Anspruch, und beide haben begeisterte Fans. Dennoch sind sie in der Anwendung sehr unterschiedlich: Der fast meditativen Ruhe und Gleichmäßigkeit im Tritt des Rennrades steht die reaktionsschnelle und spontane Fahrweise mit dem Mountain-Bike gegenüber.

Die Erfolgsstory des Mountain-Bike ist die Geschichte eines alten Fahrzeugs, das mit neuem Design in kurzer Zeit einen regelrechten Boom verursacht hat. Als Shimano 1980 in den USA die ersten Komponentengruppen für das Mountain-Bike vorstellte, wurde damit eine einzigartige Innovationswelle ausgelöst. Aus der Idee, auf Basis des damals gängigen BMX-Rades in Kombination mit der Rennradtechnik ein geländegängiges Fahrrad zu entwickeln, wurde zunächst nur das Hobby einiger begeisterter Bastler. Shimano hat die Marktchance dieses Produkts rechtzeitig erkannt und die entsprechende Fahrradtechnik entwickelt. Während die konventionelle Fahrradindustrie zögerte, war das neue Bike „Rettungsanker" der BMX-Hersteller. Das BMX-Rad war „out", das Mountain-Bike wurde zum Hoffnungsträger.

Das Mountain-Bike übertraf schon bald alle Erwartungen des Marktes. Und fast 95 Prozent der Mountain-Bike-Kettenschaltungen werden von Shimano hergestellt.

Design hat den Fahrradmarkt revolutioniert. Das biedere Fortbewegungsmittel für arme Leute wurde in kürzester Zeit zum Ausdruck von Aktivität und Lebensfreude. Was war geschehen?

1. Die Zeit war reif für die Renaissance des ökologischsten aller Fortbewegungsmittel. Verkehrsprobleme in den Ballungsräumen, der Gesundheitsaspekt und verstärktes Umweltbewußtsein lieferten den Nährboden für eine neue Idee des Fahrrades.

2. Die Mode des „Off road"-Fahrens bescherte dem Rad eine völlig neue Einsatzmöglichkeit. Kalifornische Pioniere erschlossen eine bisher unbekannte Erlebniswelt.

3. Daraus entstanden der Mountain-Bike-Sport, Cross-Country- und Downhill-Rennen mit Stars der Szene und mutigen Enthusiasten, die im Sommer 1996 bei den olympischen Spielen in Atlanta um Medaillen kämpfen durften.

4. Das Thema „Off road" und der schnelle Erfolg der ersten Mountain-Bike-Trendsetter motivierten die gesamte Fahrradindustrie, konzeptionelle Produktentwicklung zu betreiben, die klar erkennbar den neuen Nutzen und das Image des Bike übermittelte.

5. Das Design der Mountain-Bikes orientierte sich so an einem unbewußten Bedürfnis vieler Menschen nach Individualität, Abenteuer und Lebenslust.

Die Synergie aus Funktion und Design hat den Konsumenten im richtigen Moment erreicht und überzeugt. Die Komponententechnik und das Marketing von Shimano haben diese Entwicklung iniziiert und getragen.

Bleiben wir noch eine Weile beim Mountain-Bike. Die besonderen Kennzeichen des Mountain-Bike sind: kleine, dicke Reifen mit möglichst starkem Profil, High-Tech-Rahmen mit auffallender Federung und robustem Outfit, dicke Rohre aus Alu, Stahl oder Karbon in Silber oder in starken Farben, gerader Lenker mit bulligen Hörnern, natürlich weder Schutzbleche noch Beleuchtung, dazu Komponenten von Shimano.

Design- und Herstellungsspezifika des Mountain-Bikes

Solche Mountain-Bikes gibt es heute in unglaublicher Vielfalt und auffallenden Designs. Die Komponententechnik definiert die Preisklasse der Bikes bei der für den Konsumenten fast unübersehbaren Zahl von Marken, Modellen und Ausführungen.

Das Komponentendesign selbst orientiert sich stark an dem verwendeten Material. Während zum Beispiel die Schaltungen in

XTR-Komponente
für Mountain-Bikes der
Spitzenklasse.

den Preisklassen von 100 bis 1000 Mark ähnlich gut funktionieren, liegen die Unterschiede vor allem im Design, in der Haltbarkeit und im Gewicht.

Drei Buchstaben zeichnen ein Mountain-Bike der Spitzenklasse aus: XTR. Kalt gepreßtes Aluminium, mit 200 Tonnen Druck in die richtige Form gebracht, ist das Ausgangsmaterial für XTR, der Spitzengruppe von Shimano. Konzipiert für härtesten Profi-Einsatz, im Design sichtbar hochwertig, erkennbar High-Tech und trotzdem fast elegant, bedeutet XTR für den Bikefan das Höchste der Gefühle. Darunter liegt die Deore-Klasse, dann STX, Alivio und so weiter. Die Funktionen sind ähnlich, Unterscheidungsmerkmale sind das Material, die Oberflächenbehandlung und die Form. Der Insider erkennt an dem Design der Komponenten sofort, ob das Bike in der Preisklasse von 500 Mark oder 5000 Mark liegt. Die klare Struktur der Komponentengruppen bringt Transparenz in den Markt.

Das Mountain-Bike als Sportgerät ist klar zu definieren und in seinem Nutzen zu beschreiben. Das Mountain-Bike als Kult- und Statussymbol bedarf der Erklärung.

**Bikedesign schafft
neue Märkte**

Warum fahren Menschen mit einem Rad zum Bäcker, das bestens geeignet ist für eine Alpenüberquerung? Warum hat das Bike 24 Gänge, wo weit und breit kein Berg in Sicht ist?

Durch das Design trifft das Mountain-Bike eine Aussage über seinen Besitzer: „Ich bin sportlich, aktiv, umweltbewußt und junggeblieben." Das spezielle Design des Bike individualisiert diese Grundaussage entsprechend dem persönlichen Geschmack des Nutzers. In jedem Fall hat das Design des Mountain-Bike neben der klassischen Zielgruppe für das Fahrrad eine völlig neue Gruppe von Menschen erreicht und so einen neuen Markt generiert. Dieser Markt wird sich zwischen 30 und 40 Prozent des Gesamtmarktes einpendeln.

Design als Strategie: die Bedingungen

War das Fahrrad über lange Zeiten eher ein Konglomerat austauschbarer Einzelteile, hat Shimano zumindest in der Fahrradtechnik mit der Entwicklung von aufeinander abgestimmten Komponentensystemen eine neue Dimension der Funktionen erschlossen. Der 1980 von Shimano eingeführte „Rapidfire"-Schaltgriff in direkter Abstimmung mit Schaltwerk und Umwerfer ist perfekt an die Erfordernisse des Off road-Biking angepaßt.

Die Komponententechnik allein macht aber noch kein Bike. Wie wird folgerichtig die Brücke von den Komponenten zum kompletten Fahrrad geschlagen, und welche Interaktionen finden statt? Hier einige Anhaltspunkte zum Verständnis des aktuellen „Netzwerks" von Industrie und Handel rund ums Rad.

1. Die hohen Investitionen in der Entwicklung innovativer Fahrradtechnik, sowohl bezogen auf Funktion und Design als auch bezogen auf effektive Produktionsabläufe, sind der Hintergrund der ungewöhnlich erfolgreichen Firmengeschichte von Shimano.

2. Die Entwicklungsabteilung von Shimano arbeitet an neuen Gesamtkonzepten für das Fahrrad, und nach diesen visionären Konzepten werden Komponenten in Design und Funktion neu entwickelt.

3. Demnach ist es erstes Ziel der Marketingaktivitäten, diese Konzepte innerhalb der Fahrradindustrie transparent zu machen und die Industrie zur Mitarbeit im Sinne dieser Konzepte zu motivieren.

4. Das Gesamtdesign des Fahrrads entscheidet über Image und Akzeptanz des Produkts, und damit über die Größe des Fahrradmarkts überhaupt. Das Produkt Fahrrad steht in Konkurrenz zu anderen Freizeitgeräten und Fortbewegungsarten.

5. Die Akzeptanz des Fahrrads als Fortbewegungsmittel ist zudem abhängig von den gesellschaftlichen Rahmenbedingungen wie Verkehrsplanung der Städte, Radwege etc.

6. Das Fahrrad ist ein beratungsintensives Produkt. Der Handel prägt als Mittler zum Endverbraucher ganz wesentlich seine Annahme im Markt, daher ist er in der Informationspolitik von Shimano eine herausragende Zielgruppe. Zudem wird über den Handel Marktforschung betrieben.

Die hier genannten Zusammenhänge machen deutlich, daß eine Designstrategie, die von einem Komponentenhersteller initiiert ist und im Markt Spuren hinterläßt, nicht auf lineares Denken aufbauen kann, sondern auf Synergien im Interessensgeflecht rund ums Rad setzen muß.

Design als Strategie: die Maßnahmen

Bleiben wir beim Beispiel Mountain-Bike. Stellen wir uns vor, der Biker im Cross-Country-Rennen kämpft sich, geschützt mit einem Helm und in auffälliger Montur, durch das Gelände. Mit Schlamm bespritzt ist er von der Anstrengung des Rennens gezeichnet: vielleicht eine Art Ritter der Neuzeit, der sein Pferd duch das High-Tech-Bike ersetzt hat. Hier wird das Mountain-Bike mit dem Image von Abenteuer, Freiheit und Leistung aufgeladen.

Sport bestätigt Design

Das Komponentendesign paßt sich mit seiner ehrlichen und klaren Form, dem starken Material, das allen Belastungen standhält, dem Bild von Hochleistung und Wettkampf an. Natürlich ist Shimano bei den wesentlichen Mountain-Bike-Rennen präsent und unterstützt alle Fahrer mit technischem Service. Der Name Shimano ist untrennbar mit dem Mountain-Bike-Rennsport verknüpft. Das Design der Komponenten wird mit seiner impliziten Produktaussage von Qualität und Hochleistung durch sportliche Erfolge bestätigt.

Design interpretiert das Produkt neu

Das „Freizeit-Mountain-Bike" als Ableger des „Sport-Mountain-Bike" hat der Fahrzeugindustrie neue Umsätze gebracht. Das neue Mountain-Bike-Design ist Metapher für Freizeit, Lust und Lebensfreude. Der Phantasie sind kaum Grenzen gesetzt. Die Generation der Biker akzeptiert frische Farben und ungewöhnliche Formen. Das Bike avanciert vom „Transportgerät" zum „Spaßmacher".

Die Kampagne „Ride Light" zeigte in den späten achtziger Jahren und Anfang der neunziger immer wieder sportliche Menschen, die mit Fahrrädern ihren aktiven Lebensstil zum Ausdruck brachten. Auf der Verbraucherseite traf das neue Bikekonzept auch auf die entsprechenden Nutzer. Design, Anwendungsmöglichkeit, das neue Image des Bike und die Bedürfnisse der Konsumenten waren im Einklang, das Rad als Freizeitobjekt neu erfunden.

Die Designvielfalt bei den Mountain-Bikes erlaubt, die gemeinsame Idee vom aktiven Leben individuell auszudrücken. Die erkennbaren Charakteristiken des Mountain-Bike, die „fat tires" – also die „fetten" Reifen – und die Komponenten von Shimano, reichen als Zugehörigkeitsmerkmale für die Biker aus.

Shimano besetzt das gesamte Preisspektrum der Fahrradtechnik. Der Top-Bereich wird dabei aus Imagegründen zentral gepflegt, die Umsätze werden in der Mittelklasse und im unteren Preissegment gemacht.

Produktästhetik durch innovatives Design

Während die Produkte unterschiedlicher Hersteller und die Imitate aus Asien immer ähnlicher werden, kontert Shimano mit einem völlig neuen Designkonzept der Spitzengruppe XTR. Shimano stärkt seinen Vorsprung durch Innovation im Design und setzt einen neuen Maßstab. Nur die Entwicklung immer neuer Produkte kann die führende Rolle von Shimano festigen, gleichzeitig wird dadurch das Rad fortwährend weiter perfektioniert.

Der Anspruch höchster Produktqualität und der ausgewiesene Erfolg der Komponenten im Profisport bringen die für eine Markenpflege notwendigen Berichte in der Fachpresse. Über Werbung wird der Aspekt „Produktästhetik" weiterhin gestützt.

Shimano motiviert die Fahrradindustrie, mit innovativen Shimano-Komponenten neue Designkonzepte für Bikes zu entwickeln. Neben Produktpräsentationen und Fahrradmessen gibt es eine von Shimano ins Leben gerufene Veranstaltung, die wegen ihrer Nähe zum Thema „Design Management" hier ausführlich dargestellt wird.

Synergie durch Business-to-Business-Kommunikation

Die Komponenten sind als visionäre Vorreiter neuer Bikekonzepte gedacht, die durch breitere Nutzungsmöglichkeiten und zielgruppenorientiertes Design neue Märkte erschließen sollen. Der jährlich stattfindende European Bicycle Design Contest (EBDC) ist als Marketinginstrument initiiert worden, um die Vision von neuen Rädern und neuen Märkten durch innovative

Technik in die Praxis umzusetzen. Der EBDC ist ein Forum, wo Fahrradhersteller, Designer und Fachjournalisten zusammentreffen und konkret die Zukunft des Fahrrads entwickeln.

50 führende Hersteller sind aufgefordert, ihre Bikekonzepte den als Jury fungierenden Journalisten und Designern zu präsentieren. Vorgestellt werden ausschließlich Räder aus geplanten Serienproduktionen, also keine Utopiekonzepte. Begleitend finden Gesprächsrunden zum Thema Fahrraddesign statt.

Daraus folgern Beurteilungen der Bikes und die entsprechende Berichterstattung in der Fachpresse. Der weiterreichende Aspekt dieser Veranstaltung aber ist die gemeinsame Diskussion und die engagierte Zusammenarbeit von Herstellern, Designern und Fachjournalisten mit dem Ziel, das Bike der Zukunft zu kreieren.

Wie wichtig diese Form der Kommunikation für zukünftiges Fahrraddesign ist, zeigt sich am Beispiel von Nexus, einer neuen Komponentengeneration, die von Shimano entwickelt wurde und dem Radmarkt nach der Mountain-Bike-Revolution einen zweiten Transformationspunkt liefert.

Nexus ist eine Komponentenfamilie, die sich von allen anderen

Nexus – Eine neue Komponente zur Erweiterung des Marktes im City-Bike-Bereich

unterscheidet: Sie hat eine völlig neu entwickelte Nabenschaltung, eine neuartige, gekapselte Bremse, neue Schaltgriffe und eine neue Kurbelgarnitur. Konzipiert für die neue Generation der City-Bikes beinhaltet das Konzept im wesentlichen zwei Designcharakteristika: „Everything inside", also eine Technik,

„Everything inside" und „clean and lean" sind die konzeptionellen Metaphern der Nexus-Komponenten.

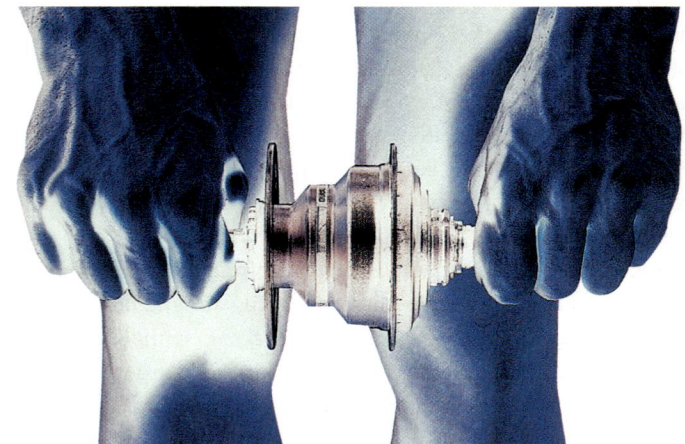

die im Gegensatz zu der des Mountain-Bike nicht sichtbar ist, und „clean and lean", also geradlinige, saubere Formen in schlanker Optik.

Anders als das Mountain-Bike, das als völlig neue Bikekonzeption ohne Tradition und Vorgeschichte sehr leicht als globales Produkt ohne große nationale Differenzierung vermarktet werden konnte, trifft Nexus im bestehenden Radmarkt auf nationale Unterschiede innerhalb Europas.

Erklärtes Ziel der Nexus-Komponenten ist es, besonders im Bereich City-Bike den Markt auszuweiten. Der Plan, neue Zielgruppen in einer traditionellen Domäne wie dem Stadtverkehr vom Fahrrad zu überzeugen, stellt besondere Anforderungen an Design und Marketing.

Differenzierung der Fahrrad-Typologie

„Design ist im Fahrradmarkt ein unterentwickeltes Werkzeug, das zu häufig unprofessionell angewendet wird." Diese kritische Anmerkung eines Designers auf dem Design-Forum 1995 anläßlich des EBDC in Amsterdam ist Ausgangspunkt für die weiteren Überlegungen.

Eine auf dem Forum von Designern und Fahrradherstellern diskutierte Frage: „Warum haben die meisten Menschen nur ein Rad? Warum haben manche überhaupt kein Rad?" führte zu folgender Anmerkung seitens der Designer zum Thema City-Bike: „Es gibt auf dem Fahrradmarkt eine riesige Zahl von Produkten und Angeboten. Es gibt sicherlich verschiedene Typen, die dazu bestimmt sind, sich voneinander zu unterscheiden, aber in punkto Design ist das nicht der Fall." Und weiter: „Es muß die Frage beantwortet werden, auf welche Art von Fahrrad eine Jil Sander-Frau oder ein Jaguar-Fahrer steigen. Welches Fahrrad fährt ein Techno-Freak oder ein Snowborder?"

Es geht hier um „Typologien" von Fahrrädern, um ästhetische Ausdrucksformen, die sich an spezielle Konsumentengruppen richten. Es geht um Design, das fasziniert, das zu der definierten Zielgruppe eine direkte emotionale Brücke schlägt.

Weiter zum Thema Typologie: „Man muß öfter mit dem reden, der träumt. Das ist der Konsument. Manchmal hat er nicht die Sprache, um das auszudrücken, was er will. Man muß herausfinden, welche Art von Fahrrädern die Konsumenten in ihrer unbewußten Vorstellung haben. Neue Räder müssen vom Design her so gestaltet werden, wie sie schon jetzt in der Vorstellung der Konsumenten leben. Aber diese Vorstellungen sind sehr unterschiedlich."

Der Konsument quittiert treffendes Design mit dem Gefühl: „Dieses Bike muß ich haben, weil es mich einfach anspricht." Wer sein Rad mit diesem Impetus kauft, macht es zu seinem Produkt. Der Preis wird zweitrangig. Was zählt, ist die persönliche Identifikation. Das eingesetzte Werkzeug ist Design.

Nexus ist Fahrradtechnik, die in den Hintergrund tritt. Warum? Nexus funktioniert so leicht und mühelos, daß es aus der Aufmerksamkeit des Nutzers verschwinden kann. „Everything inside", also ist die technische Funktion nicht sichtbar, und „clean and lean", mit schlanker Zurückhaltung im Design. Nexus-Technik wird unauffällig und selbstverständlich. Nexus-Design ermöglicht eine neue Typologie von Rädern, die sich auf Design konzentrieren. Der moderne City-Biker sucht Nutzen und Image, er sucht das Rad, das zu seinem Lifestyle paßt. Diese Bikes zu kreieren, ist Aufgabe der Fahrradhersteller.

Der European Bicycle Design Contest ist eine indirekte Strategie des Design Management. Genauso wie das Produktdesign der Komponenten mit seinem konzeptionellen Ansatz auf das Gesamtdesign des Bike einwirkt, so führt die Kommunikation auf dem EBDC zu einer zielgenaueren Entwicklung von Fahrraddesign durch die Fahrradhersteller. Der Effekt für Shimano: Auf der Basis einer innovativen, aber einheitlichen Technik (Nexus) wird ein breites Angebot individueller Bike-Typen iniziiert mit dem Ziel, neue Nutzer und Käufer für das Bike zu gewinnen.

Die Synergie von Komponentenhersteller und Fahrradhersteller ermöglicht nationale Designkonzepte auf der Basis einheitlicher Komponenten. Ein globales Produkt wird so für nationale Märkte differenziert eingesetzt. Gleichzeitig sind durch die neuen Typologien auch neue Absatzstrategien von Fahrradherstellern möglich. Das Bike für die Jil-Sander-Frau oder den Jaguar-Fahrer, für den Techno-Freak oder den Snowborder – diese Bikes könnten europaweit Marktchancen haben. Zielgruppenorientiertes Design verändert die Marktsituation. Neue „Eurobikes" können, wie schon das Mountain-Bike, grenzüberschreitend erfolgreich sein. Wieder ist es die Komponententechnik, die mit neuen Produkten neue Designideen iniziiert und so Impulse für neue Märkte gibt.

Design als Schlüssel zum Markterfolg

Die Entscheidung für ein Fahrrad ist eine emotionale Entscheidung. Emotionen werden durch Design geweckt und angesprochen. Shimano hat als Marktführer bei Fahrradkomponenten ein vitales ökonomisches Interesse an der Ausweitung des Fahrradmarktes. So ist klar, daß Design für Shimano von vorrangiger Bedeutung ist.

Etwas zu gestalten, nur um des Gestaltens willen, genügt nicht. Die Komponente, zum Beispiel die Nabe, muß so geschaffen sein, daß sichtbar wird, was man damit verspricht, und daß man das Versprechen auch hält. Diese Signalwirkung des Design, die äußere Anmutung der Komponente, weckt beim Betrachter das Gefühl, in eine Welt einzutauchen, in der er sich gern sieht.

Das Design der Shimano-Produkte steht in Korrespondenz mit dem Design des „Endprodukts" Fahrrad. Der Erfolg von Shimano im Markt basiert darauf, daß das Komponentendesign nie isoliert gesehen wird, sondern immer im konzeptionellen Zusammenhang mit zukünftigen, marktorientierten Bikes. Deshalb ist es für Shimano eine wesentliche Marketingaufgabe, Fahrradhersteller vom hohen Stellenwert des Design für die Zukunft der Branche zu überzeugen. Shimano selbst setzt mit vorbildlichem Komponentendesign Zeichen.

Das ausdrückliche Ziel der designorientierten Unternehmensstrategie von Shimano ist die Ausweitung des Fahrradmarktes durch innovative Technik und kooperatives Marketing. Die Aufwertung des Fahrrads in den Bereichen Sport, Freizeit und Verkehr ist eine übergeordnete Aufgabe, die nur in Zusammenarbeit mit interessierten Firmen, Verbänden und Organisationen erfolgreich sein kann.

In vielen Bereichen wird das Fahrrad als Sympathieträger genutzt. Wir begrüßen diese Entwicklung, weil sie insgesamt zum besseren Image des Bike beiträgt und für „public awareness" sorgt. Auch außerhalb der Fahrradbranche sind synergetische Prozesse mit dem Bike zu erzielen. Shimano ist an Kooperationen auch mit Unternehmen und Marken außerhalb der Fahrradindustrie stark interessiert.

Design als Gestaltungsauftrag

von Peter Noever

Das Museum: Ort der Herausforderung

War das Museum des 19. Jahrhunderts noch bestrebt, dem Kunstwerk einen Hauch von Unsterblichkeit zu verleihen, so erwartet das Museum des 20. Jahrhunderts, wenn es nicht neue Wege der Präsentation und der Selbstdarstellung sucht, die unerfreuliche Überraschung, über kurz oder lang der Krise, wenn nicht sogar dem Verfall preisgegeben zu sein.

Das Museum des 20. Jahrhunderts ist kein natürlicher Ort. Als ängstlicher, unfruchtbarer Schauplatz der Bewahrung von versteinerten Betrachtungs- und Auffassungsweisen scheint es sich zu einer Art Mumifizierungsanstalt zu entwickeln. Die Musen haben den Tempel längst verlassen, das Museum ist nicht mehr „Museion", bestenfalls ein Denkmal für Denkmäler. Als „Schutzraum der Kunst", als sterile Quarantänezone entzieht das Museum dem Kunstwerk das Geheimnisvolle. Die Kunst, vielfach Konservatoren und Archivaren, Sachwaltern des Bewahrens überlassen, unterliegt der Gefahr, zu einer gefrorenen, versteinerten und etikettierten Kunstkonserve zu werden.

Das, was aus der Kraft der Verweigerung, dem Material der Unangepaßtheit und dem Drang, dem eigenen Empfindungsvermögen des Künstlers Ausdruck zu verleihen, entstanden ist, droht zur kraftlosen, inhaltsleeren Reproduktion seiner selbst zu werden, bestenfalls Teil der Kunstgeschichte. Die Degradierung einst lebendiger Ideen, Produkte der Phantasie, der Spontaneität oder der Intuition zu inventarisierten, archivierten, konservierten und behüteten Ausstellungsobjekten läßt den Schrecken über die Veränderung von Kunstwerken, wenn sie in tote Gedächtnishallen kommen, nur ahnen.

Das Museum als institutionalisierte Einrichtung der Erinnerung sollte uns eigentlich die Möglichkeit geben, Vergangenheit zu haben, mit Vergangenheit umzugehen. Und gerade dieser Umgang mit der Vergangenheit ist es, der unsere Zukunft prägt. Denn wenn wir die Denkmäler der Vergangenheit, so wie wir es heute oftmals zu tun pflegen, vorbehaltlos übernehmen, sie nicht

Peter Noever (1941) ist seit 1986 Direktor und künstlerischer Leiter des MAK – Österreichisches Museum für angewandte Kunst, Wien. Lehrtätigkeit und Gastvorträge an verschiedenen Universitäten des In- und Auslandes. 1982 gründete er die Architekturzeitschrift *Umriss,* deren Herausgeber und Chefredakteur er bis zur letzten Nummer 1992 war. 1988 bis 1993 künstlerische Leitung der Generalsanierung und der baulichen Umgestaltung des MAK. Kurator internationaler Ausstellungen.

kritisch beleuchten, sie nicht anzweifeln, nicht dagegen kämpfen, uns also beugen – dann wird den Werken der Vergangenheit jeglicher Sinn geraubt, dann werden sie für immer in Vergessenheit geraten. Tradition verpflichtet, sie ist der Stoff, der Merkpunkt, aber auch der Halt, aus dem heraus es gilt, Neues zu entwickeln, das hinter uns Liegende in Frage zu stellen, das Sichtbare, dennoch Wahrnehmbare mit Entschlossenheit und Intensität hervorzubringen. Der Aufbruch, die Suche nach neuen Wegen und Formen, die Entwicklung eines Bewußtseins, das über das Bekannte und Vertraute hinausgeht, die die Fesseln der Tradition sprengende Kraft sind Ausdruck des Lebendigen – das einzige Element der Wiedervereinigung mit der Vergangenheit. Wenn ein Kunstmuseum daher nicht immer wieder die Auseinandersetzung mit der Kunst sucht, Betrachtungsweisen und Blickwinkel zeitgenössischer Kunstströmungen nicht als Herausforderung an die eigene Position erkennt, entäußert es sich selbst seiner eigentlichen Bestimmung. Zentrale Aufgabe muß es daher sein, das Museum zu einem lebendigen Ort, zu einem Ort der Verteidigung der Kunst werden zu lassen.

In einem solchen Prozeß der Suche nach einer neuen Identität gilt es, den Raum der Ermattung und Verschleierung, der Kälte und der Selbstgefälligkeit zu neuem Leben zu erwecken, der Utopie des Augenblicks zu begegnen und so das Museum wieder als geistigen Ort zu begreifen.

Zwischen Tradition und Experiment

Die dringende Notwendigkeit einer unverwechselbaren Identität des Hauses war ausschlaggebend für eine inhaltliche und organisatorische Neuorientierung des Österreichischen Museums für angewandte Kunst (MAK) in Wien. Von Beginn an war die Aufgabe ein alle Bereiche umfassender Gestaltungsauftrag.

Das Ziel: eine unverwechselbare Identität

Dieser Gestaltungsauftrag war Strategie, Prozeß und Intervention zugleich und sollte operativ eingesetzt werden, um dem Haus eine neue Identität zu geben, nicht nur für Besucher, sondern auch für Mitarbeiter und Künstler. Denn anders als bei herkömmlichen Institutionen ist ein Kunstmuseum vor allem den Künstlern verpflichtet. In diesem Sinne basiert der Auftrag eines Kunstmuseums darauf, aus der Zeit heraus die Zeit zu begreifen und zu definieren. Damit ist auch verdeutlicht, daß das Museum

keine isolierte, ausschließlich der Vergangenheit verpflichtete Institution ist, wenn es seine Aufgabe als aktiver Ort der Produktion von Kunst und Kunstvermittlung begreift.

Ausgangspunkt war ein baulich desolates Gebäude, inhaltlich indifferent und mit unzureichender Infrastruktur. Die Herausforderung bestand darin, kritisch und schrittweise eine Position für dieses Haus zu entwickeln, alle Bereich neu zu definieren, um letztlich eine Reform auf allen Ebenen zu erzielen. Trotz der Komplexität dieser Aufgabe sollte jedoch nicht die Intention aus den Augen verloren werden, einen offenen Raum für die Kunst zu schaffen. Der Kunst sollte ein geistiger, aber durchaus realer Raum gegeben werden. Daß es bei diesem Gestaltungsauftrag um mehr ging als um die Entwicklung eines neuen Briefpapiers oder Logos ist unumstößlich. Mit dem Gestaltungsauftrag war daher der notwendige Prozeß einer inhaltlichen Neudefinition und Neuorientierung verbunden. So wird für die Zukunft sichergestellt, daß das MAK als gesellschaftlich wichtige und anerkannte Institution an der Schaffung von kulturellen Werten verantwortungsbewußt mitwirken wird.

Als Basis der Neuordnung sollten neue räumliche Qualitäten geschaffen und die notwendige Infrastruktur für einen modernen

**Der Ausgangspunkt:
ein desolates Gebäude**

Museumsbetrieb aufgebaut werden. Gleichzeitig aber sollten im Rahmen dieses Gestaltungsauftrages sichtbare künstlerische Interventionen und architektonische Zeichen gesetzt werden. Es galt, das Potential von Künstlern zu aktivieren und zu kanalisieren, denn solange die Kunst den Anspruch auf Kunst aufrecht erhält, sind Künstler die einzigen, die inmitten des gegenwärtigen gewaltigen Strukturwandels zu grundsätzlichen Fragestellungen und tatsächlichen Initialzündungen in der Lage sind.

Die Einbeziehung von Künstlern und das bewußte Setzen von künstlerischen Akzenten sollte nicht nur die Gefahr der Musealisierung von Kunst dämmen. Vielmehr sollte der herkömmlichen Kunstrezeption und -präsentation durch eine neue Sichtweise der Sammlung, durch das Herstellen von neuen Zusammenhängen entgegengewirkt werden.

Ein Museum zwischen Tradition und Experiment – dies war das Motiv dieses von mir übernommenen Gestaltungsauftrages. Gleichzeitig charakterisiert dieses Begriffspaar scheinbar auch die beiden Hauptbereiche der Museumsaufgabe: zum einen die wissenschaftliche Betreuung, Weiterführung und Präsentation der einzigartigen Sammlungen, zum anderen die aktive, risikoreiche Auseinandersetzung mit aktuellen Kunstströmungen.

Neue Räume

1989 wurde mit den Umbaumaßnahmen begonnen. Im Gegensatz zu vordergründigen, fassadenverschönernden und spekulativen Revitalisierungsvorstellungen ging es darum, alle notwendigen neuen architektonischen Eingriffe als solche deutlich sichtbar zu machen. Um den neuen organisatorischen und inhaltlichen Anforderungen zu entsprechen, wurde ein zweigeschossiger Tiefspeicher unter dem Museumsgarten geschaffen (Sepp Müller, 1990). Damit steht nun eine zusätzliche Nutzfläche von 3400 Quadratmetern zur Lagerung von Kunstgegenständen zur Verfügung.

Die beiden Museumsgebäude mit unterschiedlicher Architektur und Funktion sind heute durch einen Verbindungstrakt, einer modernen Glas-Stahl-Konstruktion (Sepp Müller, 1991), verbunden.

Neben dem Haupteingang des Gebäudes am Stubenring wurde auf einer Grundfläche von 30 Quadratmetern und zwölf Metern

Höhe unter Einbeziehung mehrerer Podestebenen die MAK-Kunst- und Buchhandlung (Sepp Müller, 1992) gebaut. Eine Öffnung des Museums wurde auch durch das neue MAK-Café (Hermann Czech, 1993) erzielt. Darüber hinaus verbesserte die Einrichtung des MAK-Design Shops die Infrastruktur. Vom Unikat bis zum Industrial Design werden hier anspruchsvolle Produkte in- und ausländischer Künstler in einer MAK-Verkaufsedition präsentiert.

Sichtbarer als die Umbau- und Sanierungsmaßnahmen zur Schaffung der notwendigen Infrastruktur sind die künstlerischen Eingriffe und Zeichen an der Außenhaut des Museums. Das „Tor zum Garten" (Walter Pichler, 1990) öffnet den Zugang zu dem neu gewonnenen Freiraum des Museums. Am Stubenring hat die New Yorker Künstler- und Architektengruppe „Site" mit dem „Tor zum Ring" (1992) ein sichtbares, narratives Zeichen gesetzt.

Im Museumsgarten entstand das MAK-Terrassenplateau (Peter Noever, 1991–1993), das gleichzeitig Einfassung, Begrenzung wie auch Extension der vorhandenen Fläche darstellt. Diese bauliche Maßnahme bringt die neue Widmung des Gartens zum Ausdruck: ein Ort, ein offener Raum für Ausstellungen und Veranstaltungen. Die zum Garten hin orientierte Treppenanlage stellt einerseits eine Gliederung und Auflösung der Grundstücksgrenze dar und lädt andererseits die Besucher ein, diese

MAK-Designshop,
gestaltet von Peter Noever
und Michael Embacher
(Foto: Fritz Gotschim).

Treppe zu begehen. Das Terrassenplateau, konzipiert als ein wertfreies, ungebundenes Objekt, Herausforderung und Inspiration für künstlerische Gestaltung, wurde erstmals mit der Installation von Ilya Kabakov „Der rote Wagen" aktiv in eine Ausstellung („Tyrannei des Schönen. Architektur der Stalinzeit", 1994) miteinbezogen.

Da es keine verbindliche Präsentation von Kunstobjekten im Museum geben kann, jede Präsentationsform auch Interpretation und Bewertung ist, hat das MAK die Sichtweise von zehn bedeutenden zeitgenössischen Künstlern gewählt, die in intensiver Zusammenarbeit mit den zuständigen Kuratoren die Neuaufstellung der Schausammlung realisiert haben. Die Entscheidung, diese Säle von Künstlern gestalten zu lassen, nicht von Architekten oder Kunsthistorikern, ist zu einem bestimmenden Experiment bei der Identitätssuche des neuen Museums geworden. Das bewußte Aufeinanderprallen von traditionellem Bestand und aktuellen Kunstströmungen hat neue, interessante und spannende Blickwinkel auf die Sammlungselemente eröffnet.

Barbara Bloom (New York), Gregor Eichinger oder Christian Knechtl (Wien), Günther Förg (Schweiz), Gang Art (Wien), Franz Graf (Wien), Jenny Holzer (New York), Donald Judd (Marfa), Manfred Wakolbinger (Wien) und Heimo Zobernig (Wien) haben ihre Sicht der Epochen mit Farben, Lichtinszenierungen, Texten, Einfassungen oder speziellen Verfremdungen, Vitrinen und Podesten zur Darstellung gebracht. Diese neue Eigenständigkeit der Präsentation fordert Bekenntnisse. Auffallend ist, daß die eingeladenen Künstler zwar unverkennbar ihre persönliche Strategie weitergeführt haben – aber doch mit großem Respekt und Verständnis für die Objekte. Die Zurschaustellung der ausgewählten Objekte war immer vorrangige Motivation, und der Verdacht der Selbstinszenierung kam gar nicht erst auf.

Jeder muß sich diesen Räumen selbst aussetzen und für sich selbst entscheiden, ob diese Strategie sich bewährt hat, ob die künstlerischen Interventionen noch eine zusätzliche Ebene der aktuellen Interpretation liefern, ob sie zur angestrebten Komplexität und Vielschichtigkeit der Museumssituation beitragen. Um diese Räume hat es zahlreiche Diskussionen gegeben. Aber was konnte dem Museum Besseres widerfahren, als daß sich eine radikal und kompetent geführte Debatte um das Zusam-

Die neue Identität: Vielfalt und Auseinandersetzung

Modell zum MAK-Terrassenplateau von Peter Noever (Foto: Gerald Zugmann).

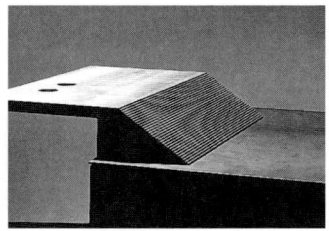

menspiel von Alt und Neu, von Tradition und Experiment, um die Aktualisierung alter, traditionsbeladener Räume und die Arbeitsweise von zeitgenössischen Künstlern entfachte.
Als Ergänzung zu den von Künstlern gestalteten Schauräumen wurde im neugeschaffenen Untergeschoß des Museums Platz für die Errichtung einer Studiensammlung zur Vertiefung des Interesses an den Sammlungen geschaffen.

Schausammlung Ostasien,
gestaltet von Peter Noever
und Lukas Schumacher
(Foto: Gerald Zugmann).

Die Aufrechterhaltung des Diskurses: Künstler und globale Vernetzung

Die Umbaumaßnahmen und die Neuaufstellung sind heute abgeschlossen, soweit man einen Prozeß der Auseinandersetzung überhaupt als abgeschlossen bezeichnen kann. Das MAK ist heute weder ausschließlich ein institutionalisierter Gedächtnisspeicher zum Bewahren von Traditionen, noch ausschließlich Bildungseinrichtung, die dem Besucher seine Vergangenheit vor Augen führt, sondern ein kommunikatives „Zeitgehäuse", das den permanenten Prozeß, die permanente Auseinandersetzung mit aktuellen Kunstströmungen sucht. Nur durch das Aufrechterhalten eines radikalen Diskurses kann der Konservierung von lebendigen Ideen entgegengewirkt werden. Getragen von der Vorstellung, daß zukünftige Impulse für ein Kunstmuseum nur durch Aufbrechen von verkrusteten Konventionen möglich sind, muß immer wieder der Dialog mit zeitgenössischer Kunst gesucht werden – nicht nur lokal, sondern vor allem auf internationaler Ebene.

Das Erproben einer globalen Vernetzung wird am Ende des 20. Jahrhunderts zum Überlebensfaktor aller kunstorientierten Institutionen. Denn in der immer stärker fortschreitenden Gleichförmigkeit, Standardisierung und geistigen Kollektivierung weit über die nationalen Grenzen hinaus, muß man sich heute ernstlich und offen der Frage stellen, welchen Sinn, welche Bedeutung einer Auseinandersetzung mit Phänomenen, die nur mit dem Lokalen verhaftet sind, zukommt. Dies gilt sowohl für Kunstinstitutionen als auch für alle anderen Bereiche des Lebens. Es wäre bedeutungslos, vor Ort Aufmerksamkeit zu erzielen, wenn es nicht gelingt, sich international zu behaupten.

Zusätzliche Projekte stützen das Image

Das MAK hat sich diesen Fragen und Ansprüchen einer Internationalität im Austausch von Ideen, Gedanken und Produktionen in einer Reihe von Veranstaltungen und Initiativen erfolgreich gestellt.

Eine dieser ersten Initiativen in die Richtung eines globalen Anspruchs wurde mit der 1988 initiierten MAK-Vortragsreihe „Architektur heute" geschaffen. Nicht das Zementieren von Ideen, sondern das Suchen und das Ausloten stand im Vordergrund der Diskussion.

Ausgangspunkt war die Situation der Architektur Ende der achtziger Jahre, eine Architektur, die nach der Postmoderne wieder auf sich selbst zurückgeworfen war. Von der Krise der Architektur und von deren Ende war die Rede: „Wenn die Architektur in einer Krise steckt, so ist es eine Krise der Authentizität", so der amerikanische Architekt und Theoretiker Michael Sorkin in seinem Wiener Vortrag. „Es gibt keine große Architektur ohne Programm", lautete die Forderung von Zaha Hadid.

Allen eingeladenen Architekten ging es um neue Sichtweisen, ging es darum, die Architektur aus dem eingefahrenen, teils lokalen, teils starr modernistischen oder aus einem konservativen anti-modernen Diskurs herauszuführen. „Die Realität der Architektur muß überdacht werden [...]. Das bedeutet, die bisher gültigen Bedingungen der Architektur zu verdrängen", so die provokante Aufforderung von Peter Eisenman an die Architekten. Die Texte zur Vortragsreihe sind nachzulesen in der Publikation „Architektur im AufBruch/Architecture in Transition" (im Prestel Verlag, 1993).

Die Auseinandersetzung mit maßgebenden internationalen Vertretern der zeitgenössischen Architektur sollte die Architekturdebatte nicht lokal, sondern vielmehr international anregen. Das jüngste vom MAK betriebene Projekt, die „Wiener Architekturkonferenz" 1992 (Publikation: Architektur am Ende? Manifeste und Diskussionsbeiträge, Prestel Verlag 1993) fand in der Fortsetzung 1994 ihren konkreten internationalen Höhepunkt. Stand in der Konferenz von 1992 in Wien noch die Rolle des Architekten, sein Geschichtsbezug und Architekturprogramme im Vordergrund der Debatte, so sollten 1994 in Havanna visionäre urbane Projekte erarbeitet werden. Die städtebaulichen Interventionen von Coop Himmelb(l)au, CPPN, Thom Mayne/Morphosis, Eric Owen Moss, Carme Pinós und Lebbeus Woods wurden im April diesen Jahres in Los Angeles im neugeschaffenen MAK Center for Art and Architecture gezeigt. Eine Publikation mit dem Titel „The Havana Project. Architecture Again" ist soeben erschienen.

Die ersten Schritte zur Gründung des MAK Center for Art and Architecture wurden 1994 getan, die offizielle Eröffnung fand im April 1995 statt. Zurückgehend auf eine Anfang der neunziger Jahre ins Leben gerufene internationale Architekturinitiative zur Anerkennung des österreichisch-amerikanischen Architekten Rudolph M. Schindler und durch Kooperation mit der Organisation Friends of the Schindler House wird nun das 1921/22 erbaute Wohnhaus und Studio des Architekten, das Schindler House in Los Angeles, als öffentliches Zentrum für zeitgenössische Kunst und experimentelle Architektur vom MAK genutzt.

Magdalena Jetelova,
Domestizierung einer Pyramide, Rauminstallation in der MAK-Säulenhalle, 1992 (Foto: Werner J. Hannappel).

Die zukünftigen Aktivitäten konzentrieren sich neben einer gezielten Ausstellungstätigkeit, Workshops, Seminaren und Symposien vor allem auf theoretische Arbeit. Mit einem „artists & architects-in-residence-program", einer Stipendiateninitiative im Mackey House, einem zweiten von Schindler gebauten Haus in Los Angeles, das der Initiative eingegliedert wurde, wurde ein „think tank" zu aktuellen Fragen von Kunst und Architektur entwickelt und somit der Austausch von Ideen zwischen Los Angeles und Wien ermöglicht.

Ideenaustausch zum Nutzen aller Beteiligten

Teils experimentelle, teils radikale, teils in ihrer Umsetzung sinnliche Ausstellungsprojekte sollten auch Impulse für das Haus in Wien setzen. Ausstellungen mit räumlichen Interventionen wie die von Vito Acconci, Donald Judd, Kiki Smith, Magdalena Jetelova oder Chris Burden verdeutlichen diesen Weg. Mit rigoroser Eleganz wie Magdalena Jetelova, mit Radikalität, ohne aber zu konstruieren oder neue Formen zu erfinden wie Vito Acconci, dem Maßstab und dem Raum verpflichtet wie Donald Judd, mit logisch klar durchdachter Vermessenheit wie der „Maschinenträumer" Chris Burdens oder mit emotionalem Feingefühl auf der Suche nach dem menschlichen Körper wie Kiki Smith haben die vom MAK eingeladenen Künstler neue Orte der Auseinandersetzung und Begegnung geschaffen, die durch Vehemenz und Leidenschaft überzeugt haben. Das Anliegen dieses Ausstellungsprogramms liegt im Bemühen, den künstlerischen Interventionen einen Ort zu geben, der sich nicht nach Kriterien von Zweck und Nutzen bestimmt.

Andere von Künstlern geschaffene Installationen für Ausstellungen sind in die Sammlung Gegenwartskunst eingegangen, zum Beispiel die Köpfe der von Hans Kupelwieser für die MAK-Ausstellungshalle entworfenen „Staumauer" oder das von Ilya Kabakov für das MAK-Terrassenplateau entwickelte Glashaus für sein Werk „Der Rote Wagen". Sie sind in dem neuen Gegenwartskunstdepot im Gefechtsturm im Wiener Arenbergpark zur Schau gestellt. Der Ort ist nicht ohne Bedeutung: Dieser kontroversielle, aber aus der architektonischen Geschichte Wiens nicht mehr wegzudenkende „Bunker" wurde durch die öffentlich zugänglichen Depoträume einer neuen, offensiven Nutzung zugeführt.

Mit dem Anspruch, ein unverwechselbares Veranstaltungs- und Ausstellungsprogramm durchzusetzen, soll ein geistiges Klima

geschaffen werden, in dem Bewegung, Kritik, Kontroverse bis hin zur Infragestellung der Institution selbst möglich sind. So hat der in Los Angeles lebende österreichische Künstler Hubert Schmalix für die Gartenanlage des Geymüllerschlössel, einer Expositur des MAK in Wien, die Skulptur „Vater mit Kind" geschaffen. Auch bei der Verwirklichung dieser Skulptur hat der Künstler einen überzeugenden Dialog mit der bestehenden Bausubstanz und dem Ort hergestellt.

Ebenso ist es dem MAK endlich gelungen, mit der Installation „Stage Set" aus dem musealen Ambiente herauszutreten. Dieses wichtige Beispiel zeitgenössischer Kunst, das Donald Judd 1990 eigens für seine Ausstellung im MAK geschaffen hat, wurde im gegenüberliegenden Stadtpark aufgestellt und damit ein öffentlicher Raum mit Kunst „besetzt".

Design als Strategie

Design ist Denken, und zwar ein Denken in „percepts", nicht in Konzepten, ein Denken auf der Grundlage spontaner Wahrnehmung, auf der Grundlage des Erfühlens, des Sensorischen. Konzepte hingegen sind „Software"-Werkzeuge, die ausschließlich in vergangenen Erlebnissen wurzeln. Würden wir hingegen überhaupt oder öfter in „percepts" denken, wären wir in der Lage, die Gegenwart direkt zu sehen. Würden wir aufhören, alle unsere Gedanken definieren zu wollen, und beginnen, das Erfühlte, das Wahrgenommene für das Gestalten unserer Umwelt heranzuziehen, kämen wir zu neuen Sichtweisen. In „percepts" zu agieren heißt, unsere Gefühle zu mobilisieren, intuitiv zu verstehen, spontan und direkt wahrzunehmen und danach zu handeln. Es ist ein Denken abseits der strengen binären Logik von ja oder nein, ein Denken in ja und nein.

Kunst ist ein Prozeß der Phantasie, der Spontaneität und der Intuition. Künstler sind Perceptisten. Und gerade in der Aneignung dieser Denkweisen liegt die Chance, neue und geeignete Ansätze für die Bewältigung der Gegenwart und der Zukunft zu finden.

Die unverwechselbare programmatische Strategie des MAK ist es, diesen Prozeß in Gang zu halten. Agieren und Reagieren, ein Denken in ja und nein, ein Denken in „percepts" sollte der Kunst den notwendigen Raum geben. Mit der Schaffung von Künstlerateliers und Künstlerapartments im Zuge des Umbaus wurde für ein „art-in-progress-" und „artists-in-residence-program" die notwendige Infrastruktur bereitgestellt.

Der Versuch, den Konflikt zwischen Tradition und aktuellem Gegenwartsbezug als Strategie zu nützen, aufzulösen und gleichzeitig weiterzuführen, sollte dem Haus die für die Zukunft nötigen globalen Anstöße und Anregungen geben, um sich zeitgemäß mit den Fragen der Kunst auseinanderzusetzen und unterschiedliche Einstellungen, Haltungen oder Standpunkte zusammenzuführen. Die Position des Museumsdirektors als eine alles umfassende Designaufgabe zu begreifen, war von Beginn an mein Anliegen. Die mir selbst auferlegte Herausforderung war, mit dem Gestaltungsauftrag einen Prozeß zu initiieren, der im positiven Fall auch in Zukunft nicht in ein allgemein faßbares Konzept mündet.

Integratives
Design Management

von Margrit Wieduwilt

Von der Produktplanung
zum Design Management

Das Kerngeschäft der Keramag besteht aus der Herstellung von Badprodukten – genauer: „Großteilen vor der Wand", womit Waschtische, WCs, Badewannen, Whirlpools, Duschanlagen, Urinale usw. gemeint sind. Diese Produkte werden in Räume eingebaut, die als Bad, WC, Saunaanlagen usw. genutzt werden. Keramag fertigt in den Werkstoffen Keramik (Sanitärporzellan) und Polymer (Acryl beziehungsweise Varicor).

Diese volumenorientierten Produkte verlangen eine intensive Entwicklungsstrategie, die früher Produktplanung genannt wurde und heute als Design Management bezeichnet wird. Die Idee des Design Management ist schon ein viertel Jahrhundert alt, ihre Entwicklung soll zunächst gerafft dargestellt werden. Keramag hat viele dieser Entwicklungszüge mitgemacht.

Anfang der siebziger Jahre wurde der Aktivitätenkanon für Innovationen in der Regel in einer Zeitreihe dargestellt (vgl. die deutschsprachigen Veröffentlichungen zum Beispiel von Geyer, Bürdek u. a.). Wir zeigen auf der folgenden Seite das „Denkmodell der Produktplanung" nach Geyer. In diesem Phasenmodell führen die Inputfaktoren aus den Sphären des Marktes, der Umwelt und des Unternehmens aufgrund von Entscheidungen und vorgelagerten Arbeiten (Entscheidungsvorbereitung/Bearbeitung) eher mechanistisch zu einer Produktidee, wie die Abbildung zeigt.

Bemerkenswert sind die sequential angeordneten Entwicklungsstufen, die der fixierten Produktidee folgen: Grundanalyse, Produktvorschlag, Produktstudie, Produktdefinition, Produktentwicklung, Produktspezifikation, Serienproduktion und Markteinführung

Veröffentlichungen der achtziger Jahre (Felber, Kicherer, Wieselhuber usw.) verfeinern die Entwicklungsstufen, lösen die star-

Margrit Wieduwilt (1952) ist seit 1992 Mitglied des Vorstandes der Keramag AG in Ratingen. Nach dem Studium der Volkswirtschaft in Kiel absolvierte sie ab 1977 ein Marketing Trainee-Programm bei der Effem GmbH Verden, Aller. 1979 wechselte sie zu Colgate Palmolive, zunächst als Marketing Manager nach Hamburg, 1987 nach New York, wo sie schließlich Director Global Marketing wurde. 1989 ging sie als Geschäftsführende Direktorin zur KKB Bank/Citibank in Düsseldorf, zuletzt als Generalbevollmächtigte.

ren Zeitbezüge (Rückkopplungen und Warteschleifen) und integrieren im nun „Design Management" genannten Ansatz alle Unternehmensaktivitäten von der Unternehmenskultur bis zum Unternehmensdesign. Wir illustrieren unsere Ausführungen mit einer Synoptik nach Rummel (vgl. Seite 190).

In den neunziger Jahren erfährt das Konzept des Design Management eine weitere Evolution: die Idee des „Total Quality Management" (TQM) (vgl. Wieduwilt 1995). Das Ziel dieses Ansatzes ist es, die Kundenbedürfnisse optimal zu befriedigen. Hierzu werden interne Prozesse und marktbezogene Aktivitäten miteinander verbunden.

Im Gegensatz zur Marketingphilosophie, die marktbezogen ausgerichtet ist, und zum traditionellen Design Management, welches Produktentwicklung systematisch anlegt, versucht das Qualitätsmanagement, beide Aktionsfelder (Innen- und Außenorientierung) zu integrieren.

Ihre gemeinsame Klammer und Richtschnur ist die Produktqualität. Diese ist jedoch nicht objektiv, auch nicht subjektiv zu interpretieren, sondern immer „teleologisch" zu sehen.

Die Verwendungszwecke, die Einsatzbereiche geben die Produktanforderungen vor. Realisiert wird die Finalqualität vom Design Management, marktbezogen wirksam jedoch durch das Marketing. Hier wird also deutlich, daß TQM zentrale Führungsaufgabe des Management ist und Design Management beziehungsweise Marketing spezialisierte Subsysteme sind.

Das Denkmodell der Produktplanung (nach Geyer).

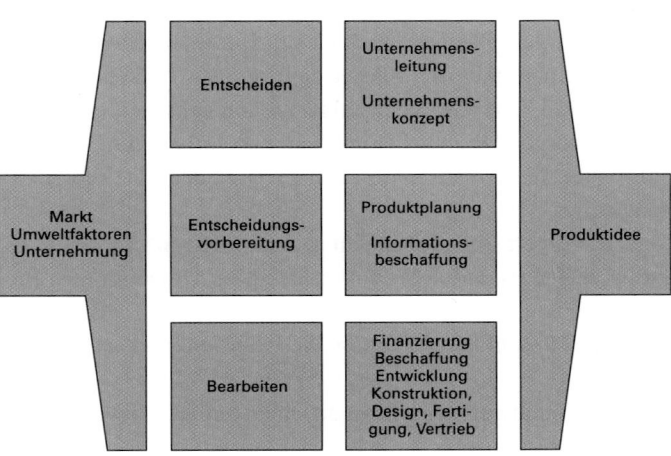

Um zu verstehen, wie Keramag heute seine Designentscheidungen handhabt, ist es nötig, kurz auf das Design von Sanitärkeramik einzugehen.

Die Herstellung insbesondere von Sanitärkeramik – und das ist der historisch stärkste Anknüpfungspunkt – ist ein schwer zu automatisierender Prozeß: Gießvorgänge, Trockenphasen, Sinterprozesse, Glasuraufbringungen verlangen ein eher herstellungsorientiertes Design. Bis in die siebziger Jahre gaben die Modelleure die Form vor, und nicht der „Vertrieb" – Marketing war damals noch nicht implementiert. Daher ist es auch nicht verwunderlich, daß erst Anfang der siebziger Jahre das erste Designprodukt der Sanitärgeschichte, der Waschtisch Preciosa, auf den Markt kam. „Werksdesign" nannte man das, was ein Modelleur entsprechend den Vorstellungen des Funktionalismus (Rams, Gugelot usw.) in Form gebracht hatte.

Durch den großen Erfolg von Preciosa – das auch nach seinem 25. Geburtstag noch ein außerordentlich umsatzstarkes Produkt ist – ermutigt, stieg Keramag in die Ära des Design Management ein.

Keramag-Produkte:
Design für ein komplexes Ambiente.

**Design Management
als umfassende
Unternehmensaufgabe**
(nach Rummel).

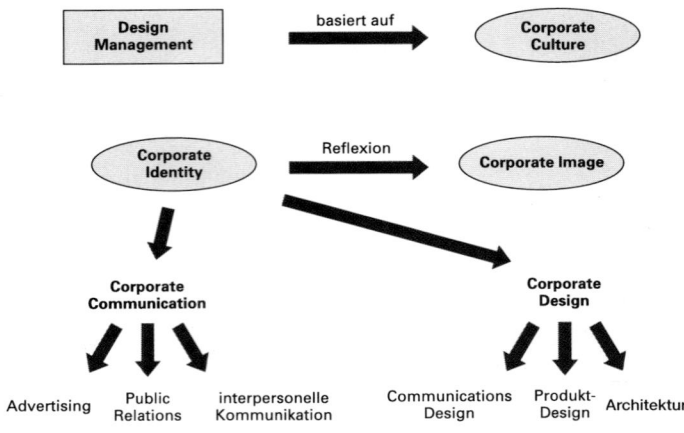

Keramag erkannte bald, daß die Kunden zunehmend Ansprüche an das Design stellen, und lancierte den Seriengedanken (alle Badteile haben gleiche Formparameter) sowie die erste echte „Designer-Serie": Courrèges.

Die Erfolge der Badserien brachten es mit sich, daß Keramag begann, die Produktplanung zu verfeinern: Früherkennungssysteme, Designziele, Designgrundsätze, Briefinggrundsätze, Designerauswahl usw. wurden formalisiert. Anfang der neunziger Jahre wurden sie in ein Konzept übertragen, welches wir „ganzheitliches Design Management" nannten. Für diese Arbeiten erhielt die Keramag 1992 den Staatspreis für Design Management.

**Eine ausgeklügelte
Produktplanung bei Keramag**

Heute ist – durch die organisierte Integration des ursprünglichen Design Management in die Unternehmensstrategie (Marketingstrategie), die Markenpolitik (Markenstrategie) sowie die Produktstrategie (inclusive Corporate Identity, Public Relations und Kundendienst) – dieses Konzept weiterentwickelt und auch komplexer. Der Grund hierfür: Die Designentscheidungen sind einerseits in fraktalen, überentwickelten Märkten diffiziler geworden; sie müssen zusätzlich in Hinblick auf die Marke abgestimmt werden. Andererseits werden die Reaktionszeiten, innerhalb derer Produkte lanciert werden können („time to market"), immer kürzer. Die Entwicklungszeiten haben sich in den letzten Jahren quasi halbiert.

Die Designentscheidungen verlangen darüber hinaus nach Methoden, die im Design Management bisher so nicht angedacht wurden. Die Markenpolitik verlangt, daß das Design der Einzelserien und der funktionsoptimierten Einzelprodukte in einen ganzheitlichen Markenauftritt integriert wird. Zudem sind in einem logistikorientierten Umfeld die Komplexitätskosten der Sortimentspolitik bis hin zur Farbpolitik zu berücksichtigen.

Die Produktentwicklung muß die gesamtstrategische Unternehmensausrichtung bis zur Produktionsplanung in den verschiedenen Werken reflektieren. Eingebettet sind alle Entscheidungen stets – wie dargestellt – in das Prinzip des Total Quality Management. Aus diesem Grund geht die Keramag von folgender Grundstruktur des integrativen Design Management aus.

Unternehmensstrategie und Design Management

Keramag definiert seine Badprodukte zuerst einmal – und hier wird der TQM-Gedanke sichtbar – für drei Verwendungszweckbereiche, die sich signifikant unterscheiden:

■ private Badwelten (Käufer = Nutzer),
■ professionelle Badangebote (Investoren und Bauträger),
■ öffentlich gewerbliche Nutzungsbereiche (Hotel, Transit usw.).

Grundheuristik
des Design Management
bei Keramag aus 1992.

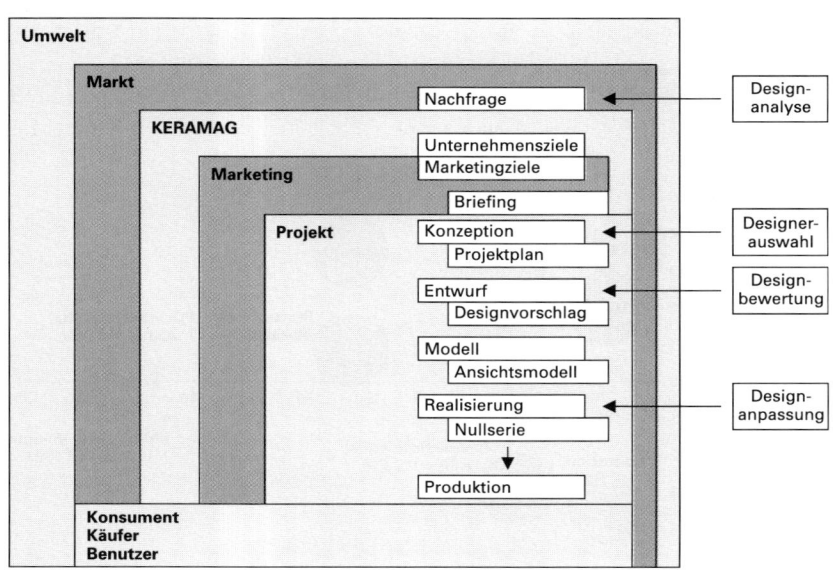

Diese Bereiche sind so gewählt, daß sie einen jeweils definierten Produktnutzen zulassen.

- Für den privaten Nutzer: Design, Wertsteigerung und Hygiene.
- Für den Investor: Markensicherheit, Raumoptimierung und „pay out".
- Für den ÖGM-Bereich: Problemlösung, Reinigungsfreundlichkeit und Langlebigkeit.

Man erkennt also, daß es Keramag nicht darauf ankommt, designorientierte Produkte zu lancieren oder Imageprodukte zu vermarkten. Keramag ist hingegen bestrebt, für definierte Verwendungszweckbereiche „optimierte" Produkte zu entwickeln. Produkte, die durch ihre teleologische Qualität ihren Wert erhalten.

Die Unternehmensstrategien haben ihren produktorientierten Ausgangspunkt in einem Portfolio, welches das Volumen und die Wachstumsrate der verschiedenen Anwendungsbereiche berücksichtigt.

In diese Wachstumszentren hinein werden nun Neuprodukte definiert. Man erkennt den Unterschied zum Design Management-Ansatz der siebziger Jahre, der Markt-, Umwelt- oder Unternehmensimpulse aufnahm und daraus Produktideen formulierte.

Keramag beobachtet jedoch systematisch die realen Verwendungszweckbereiche und arbeitet in und mit diesen Feldbezü-

Strategieportfolio für die Keramag-Designaktivitäten.

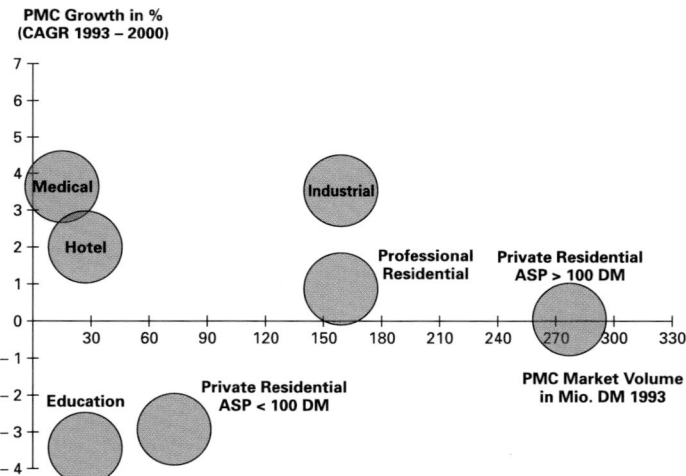

Preciosa, Werksdesign im Sinne des Funktionalismus.

gen. Insofern ist für Keramag das traditionelle Design Management nicht attraktiv. Nur innerhalb der „core markets" werden Markenstrategien kommunizierbar und Produktstrategien verständlich.

Markenstrategie und integratives Design Management

Ziel der Markenstrategie ist es, einen „monopolistischen Spielraum" in der Psyche des Verbrauchers zu erreichen (Domizlaff). Hat man diesen Spielraum durch Vertrauen, Sicherheit, Bekanntheit, Designführerschaft, Größe usw. erreicht, ist der Käufer bereit, vom Preis als kaufentscheidendem Merkmal abzusehen.

Marken machen nur dann Sinn, wenn der Käufer geneigt ist, für das Markendesign mehr zu bezahlen. Marken verhelfen dem Anbieter dazu, aus dem Preislagendenken auszusteigen und in Preisschwellen auszuweichen. Je prägnanter ein Markendesign ist, um so größer sind die preispolitischen Spielräume.

Design schafft preispolitische Spielräume

Markenpolitik bedeutet zuerst einmal die gezielte Ansprache psychologischer Kategorien. Damit aber diese Kategorien überhaupt wirksam angesprochen werden können, muß der Qualitätssockel der Marke fundiert werden. Qualität ist hier nicht teleologisch oder objektiv gemeint – sondern naiv. So wie schon Theodor Heuß dieses Phänomen definierte: Qualität ist das Anständige, das Gute.

Die Qualität einer Marke hat zwei Facetten: eine rationale und eine emotionale; man könnte auch sagen einen pathischen (tragenden) und einen konatischen (hervordrängenden) Markensockel. Die Rationalqualität des Markendesign muß nun das Anständige, das Gute einer Marke fixieren. Dabei ist darauf zu achten, daß dieser Teil der Markenbasis auch wirklich mental zu fassen ist. Für die verschiedenen Verwendungsbereiche wurde die Produktleistung optimiert. Die emotionalen, eher figurativen Markenfeatures modifizieren und differenzieren den Markengrund im Sinne eines Feintunings.

Der rationale Markensockel

Sanitärprodukte in Form von Keramik und Polymer sind langlebige Gebrauchsgüter, welche installiert und damit immobil sind – deshalb muß der Kauf in jeder Beziehung rational entschieden werden.

Keramag hat sich bei der Formulierung der Markensubstanz für die „Leistungsoptimierung aller Produktdetails" entschieden. Es stehen damit nicht mehr das vordergründige Design, das elegante Styling oder die verführerischen Badmilieus im Mittelpunkt. Keramag übermittelt bei allen Serien zuerst einmal die „überlegenen Features". Es sollen hier nur einige genannt werden:

Angebot	Technische Lösung	Nutzen
abnehmbare WC-Sitze	werkzeuglose Demontage	fugenlose Reinigung – Hygienevorteile
„Kerafix"	Exzenterbefestigung für Halbsäulen	einfache Demontage
„Clou"	Überlaufsystem nach dem Gesetz der kommunizierenden Röhren	kein sichtbares Überlaufloch, elegantere Kummenformen möglich
„Boxette"	integriertes Staumöbel	intelligente Raumnutzung unter dem Waschtisch

Die Käufer aller drei Verwendungszweckbereiche erleben hierdurch einen „harten" Markenkern, der faßbar ist und nicht nur visuell als Formalkonstrukt auf Wirkung bedacht.

Neben die produktbezogenen Features treten gleichzeitig die Kriterien des Designs wie Abmessung, Art der Funktionserfüllung, Ergonomie, Hygiene und Kombinationsmöglichkeit.

Jede Serie ist also durch eine spezielle Mischung von Features und Designkriterien in der rationalen Markensubstanz definiert.

Bei den Produkten der Keramag wird das „Markengesicht" in einem starken Maß durch die Kummenform und ihre Begrenzung vorgezeichnet. Als Kumme bezeichnet man den wasserführenden Hohlraum von Waschtisch oder Wanne.

Wir wissen aus kulturhistorischen Studien, daß den möglichen Kummenformen jeweils ganz bestimmte Stimmungswerte zukommen.

Rechteckige Figurationen wirken tradiert und symbolisieren einen historisierenden Wert. Runde Formen wirken modern und symbolisieren einen kontemporären Wert. Dreieckige Formen und auch solche, die aus Kreisausschnitten entstehen, wirken progressiv und symbolisieren avantgardistische Züge.

Wir benutzen die drei Grundformen, um den emotionalen Qualitätssockel zu fixieren. Wir ordnen diese Formen gegenüberliegend als Triangel an (vgl. die Abbildung rechts) und können nun jede Art von Formmetamorphose symbolisieren. Diese Matrix kann nun auf dreifache Weise genutzt werden.

- Man kann eine Serienform definieren, die sich möglichst eng an die Grundform anlehnt. Man erhält dann Markenpersönlichkeiten mit einem hohen Maß an formaler Prägnanz. Die oberste Abbildung auf Seite 196 zeigt Keramag-Produkte mit einem hohen Maß an Grundformenkonformität.
- Man kann aber auch eine Form wählen, die zwei Grundformen miteinander verbindet. Beispiel: Rechteck und Halbkreise ergeben ein Oval. In diesem Fall definieren wir konstruktive Formen.(Siehe mittlere Abbildung auf Seite 196.)
- Integriert man Formmerkmale aus allen Grundformen, wird die Mittelfläche des Designtriangels ausgefüllt. Wir nennen diese Formensprache „lebendige Formen", weil die starren geometrischen Zwänge hier wegfallen. Die unterste Abbildung zeigt Keramag-Produkte, die ihre Markenpersönlichkeit aus diesen Formüberlegungen gewinnen.

Grundformen der Kummen
in einer Triangelmatrix.

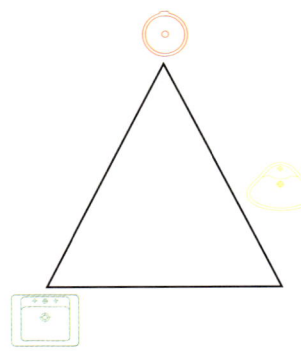

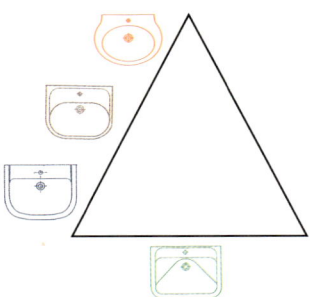

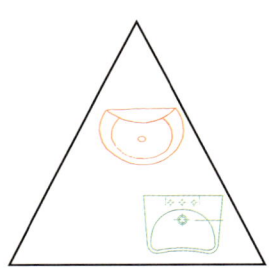

Diese Designkoordinaten helfen uns, beim Designbriefing einen Stilmangel zu vermeiden oder uns in zu kleinen Formalunterschieden zu verlieren. Die Marke Keramag benötigt eben eine große Stilbreite sowie Authentizität und Expressivität als emotionale Markenfacette.

Nachdem die Markensubstanz festgelegt ist, geht es darum, diese in Markenprägnanz umzusetzen. Als zentrales Medium fungiert *Das Bad Journal*, welches die Qualitäten der Markensubstanz transportiert. Das umfangreiche Magazin beinhaltet alle Serien. Mit diesem auf den privaten Nutzer ausgerichteten Medium unterscheidet sich Keramag signifikant von der Konkurrenz. Diese bevorzugt eher serienbezogene Einzelprospekte. Mit dem Badjournal jedoch wird – gleichgültig für welche Serie auch immer – die Marke Keramag immer ganzheitlich präsentiert.

Die Gestaltung dieses *Bad Journals* ist so gewählt, daß für jede Serie genau festgelegte Badwelten realisiert werden. So steht das romantische Bad neben dem funktionalen, das klassische Bad neben dem Landhausambiente.

Durchsichtig wird die Markenstrategie durch eine einheitliche Fotoauffassung sowie eine firmentypische Produktbeschreibung. Obwohl sich der private Käufer für differenzierte Badwelten entscheiden kann, bleibt die Keramag-Identität unterschwellig immer erhalten.

Ein letzter Hinweis zur Markenstrategie: Alle Hersteller von Sanitärprodukten sind in eine Pipeline eingebunden. Der direkte Produktkontakt für den Endnutzer ist nur über Ausstellungen im Sanitärgroßhandel möglich. Die Markenpräsenz hängt also von der Zahl der Ausstellungskojen und den ausgewählten Serienangeboten des Großhandels ab. Um langfristig zu einem eindeutigen Markenimage zu kommen, ist es also unverzichtbar, die Ausstellungsplanung zentral durch die Keramag zu betreuen. Nur so kann das Ziel einer Markenidentität erreicht werden.

System der Grundformen, der konstruktiven Formen, der lebendigen Formen, alle eingelöst mit Keramag-Produkten.

Produktstrategien und integratives Design Management

Wir haben bereits dargestellt, daß Keramag drei Verwendungszweckbereiche als eigenständige Geschäftsfelder definiert. Es leuchtet ein, daß jede „Sparte" ihre eigene Produktstrategie ver-

Keramag Bad Journal,
zentrales Medium
der Markenpolitik.

folgt. Im folgenden wollen wir die Design Management-Bezüge nur im Rahmen des privaten Bades skizzieren, weil hier die ästhetisch determinierten Marktfelder sowie die Trendbezüge eine besondere Rolle spielen.

Wir haben schon darauf hingewiesen, daß die herkömmlichen Systematiken in der Literatur zum Design Management für die praktische Arbeit viel zu starr und darüber hinaus eindeutig zu wenig methodenorientiert sind. Für die Neuproduktplanung benötigt man ein umfangreiches Arsenal an Verfahren und Methoden, mit denen die Probleme überhaupt sichtbar gemacht werden können. Erst die Visualisierung von zuerst leisen Signalen führt zu Maßnahmen. Es läßt immer leicht schmunzeln, wenn in der Literatur von Impulsen, Ideen, Anknüpfungspunkten usw. für Designinitiativen die Rede ist: Wie sollen diese entstehen, wenn die Marktforschung aufgrund der Fraktalisierung der Märkte heute tendenziell versagt und die Konkurrenzbeobachtung zeitlich zu spät kommt?

Aus diesem Grunde ist Trendbeobachtung für die Keramag ein zentrales Verfahren. Wir wollen deshalb hier erklären, wie mit diesem Instrument umgegangen wird.

Portfolioanalyse als Programm-Monitoring

Portfolios sind ein generelles Marketinginstrument der Keramag. Im Rahmen der Unternehmensstrategie arbeitet die Keramag – wie dargestellt – mit Verwendungszweckportfolios. Bei den Markenstrategien dient ein Triangelportfolio dazu, signifikante Markensemantik durchzuführen. Bei der Fundierung von Produktstrategien (hier beispielhaft für den privaten Markt) arbeiten wir mit sogenannten „Windrosenportfolios".

Die Keramag bietet zur Zeit zwölf Keramikserien an. Die Gestaltung der einzelnen Angebote erfolgt jedoch – zumal die Entstehung meist mehrere Jahre zurückliegt – oft nach singulären Entscheidungen.

Heute muß streng darauf geachtet werden, daß sich die einzelnen Serien zu einem Gesamtprogramm ergänzen, sich gegenseitig nicht „kannibalisieren" und vor allem im Hinblick auf den Wettbewerb genügend „Prägnanzpotential" aufweisen.

Aus diesen Gründen ist es unverzichtbar, die ästhetischen Leistungen der Produkte zu visualisieren. Es muß auf einen Blick deutlich werden, nach welchen Globalkriterien (nicht Formalkriterien wie zum Beispiel im Triangelportfolio) sich die Produkte unterscheiden. Immer noch wichtigstes Globalkriterium

Windrosenportfolio für Produktstrategien.

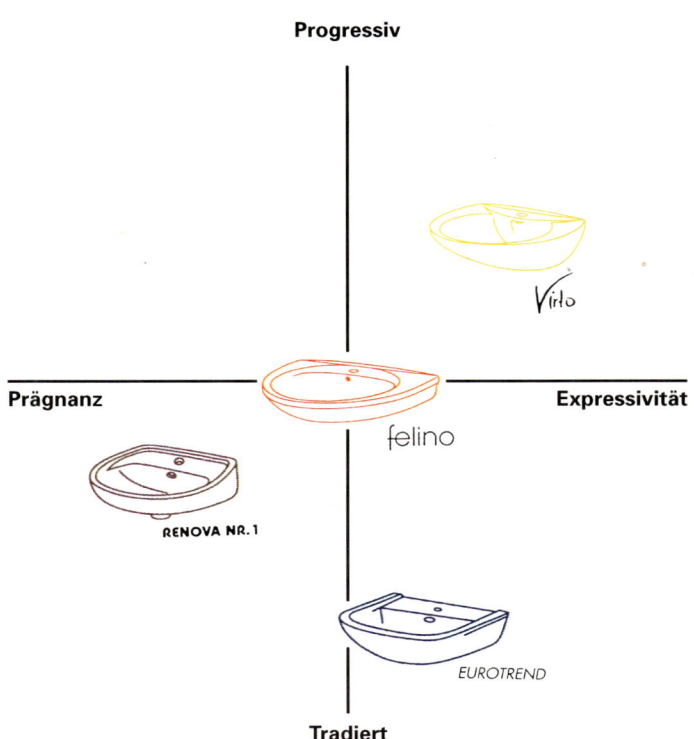

der Unterscheidung ist der Preis. Die klassische Dreiteilung in Premium-, Mengen- (Mitte-) und Massenprodukte wird auch von uns als Ausgangspunkt benutzt.

Kombiniert mit dem Merkmal „Menge" ergeben sich die bekannten Marktstrukturen, die in der Literatur beschrieben wurden. Mit diesen Niveau-Mengen-Portfolios lassen sich besonders genau Verschiebungen der Preisbewilligungsbereitschaft ausloten. Die Ausbildung der sogenannten „neuen Mitte" oder der „Mitte der Mitte" konnte von uns auf diese Weise frühzeitig erkannt werden. Für ausgefeilte Positionsansätze beziehungsweise Geschmackswandlungen der Kunden sind diese Marktfeldportfolios natürlich ungeeignet. Wir wissen aus Kaufanalysen, daß die Preislage eine zentrale Restriktion ist, daß dann aber innerhalb der Preisbarrieren nach Geschmackskriterien entschieden wird.

Wie kann man mit schwer faßbaren Geschmackskriterien arbeiten?

Die Produktsemantik, die „Gefallensbezüge" jedoch erst ausmacht, ist schwer zu modellieren. Nach vielen Versuchen mit Matrizen, Morphologien und Polarkoordinaten sind wir dazu übergegangen, mit hochaggregierten polaren Begriffen zu arbeiten.

Wir benutzen die Formalkriterien „Prägnanz" versus „Expressivität" auf der einen und die Zeitgeistkriterien „tradiert" versus „progressiv" auf der anderen Seite. Wir wollen hier davon absehen, diese Begriffe im einzelnen zu erklären. Wir zeigen als Anmutungsportfolio ein Beispiel mit typisch keramagspezifischen Produkten.

Waschbecken der Serien Courrèges und Preciosa.

Interessant an diesem „Windrosenportfolio" ist die Mittelposition des „Weder-noch", die es bei anderen Ansätzen nicht gibt. Die Definition dieser „Normalanmutung" läßt es zu, die anderen Positionen verläßlich auszufüllen. Eine Dynamisierung, das heißt eine Anpassung beziehungsweise Nachführung der anderen Produkte kann dadurch im Zeitablauf vorgenommen werden. Verändert sich die Mittenposition zum Beispiel dadurch, daß expressive Formen „normal" werden, verschieben sich alle anderen Produktpositionen im Anmutungsportfolio.

Somit gelingt es der Keramag, Zeitreihenanalysen für den Geschmackswandel zu erstellen und sofort Designmaßnahmen zu initiieren, wenn sich größere Anmutungslücken auftun.

Marktportfolios (als zweidimensionales Mengen-Preis-Feld) und Anmutungsportfolios (als Vier-Felder-Konstrukt) sind also die zentralen Instrumente des Keramag Programm-Monitoring.

Trendaudits

Wie dargestellt geht es einmal darum, permanent die „Normalität", die Position der Mitte, zu überwachen. Aber auch Präferenzwandlungen im Premiumbereich oder Akzeptanzverschiebungen im Massenmarkt müssen beobachtet werden.

Wenn es für unseren Bereich GfK-Zahlen geben würde – sie kämen für Designentwicklungen der Keramag immer zu spät. Wir arbeiten deshalb mit speziell zur Früherkennung eingesetzten Verfahren: dem Scouting, dem Scanning usw.

Um jedoch zu verstehen, wie wir arbeiten, soll folgendes System der Trendbegriffe klären, „was" wir im Hinblick auf die Zukunft untersuchen:

Trendfacetten

In nahezu allen Medien werden zu fast allen Themen In-Out-Listen veröffentlicht. Diese geben einen Überblick über das, was „cool" ist und was „sucks". Hier können so verschiedene Dinge wie „Lotto boykottieren", „traurig sein", „Erdbeeren" und „Innenarchitektur" nebeneinander in „Lebenswert-Listen" genannt werden. Und in der nächsten Ausgabe der Magazine gibt es dann auch wieder neue „outgeschriebene" und „ingesagte" Meinungsgegenstände. Von „out" bei Ausländerfeindlichkeit bis zu „in" bei Negerküssen.

Es leuchtet ein, daß diese Informationen nicht zur längerfristigen Trendentscheidung genutzt werden können, sie geben aber Auskunft über aktuelle Befindlichkeiten der privaten Käufer.

Trendinhalte

Zeitlich langfristiger angelegt sind Neuerungen, die beispielsweise auf technischen Innovationen beruhen. Gleiches gilt für die „Reprise", die Wiederaufnahme bekannter Lösungen in anderen Bereichen. Ein Hit solcher Art ist die Übertragung des Materials „unbehandelter Stahl" aus der Architektur in den Wohnstil „Junges Wohnen".

Genauso schnell, wie dieser Hit in den „Trendshops" auftauchte, war er auch wieder verschwunden. Für eine langfristige Designfundierung sind auch diese Stylingavancen wenig hilfreich, sie helfen jedoch, Form- und Farbvorlieben zu verdeutlichen.

Trendfaktoren (Zeitgeschmack)

Langfristiger ausgerichtet sind im Gegensatz hierzu die „Wandlungen des Zeitgeschmacks". Zeitgeschmack bezieht sich auf die generelle Stimmung und die Vorlieben in einer Periode. Prototypisches Beispiel manifestierten Zeitgeschmacks sind die Wohnstile. Während in den sechziger Jahren die „Konventionelle Gemütlichkeit" und „Bürgerliche Tradition" (Stil-Einrichtung) die Majorität der Bevölkerung begeisterte, waren die beiden begehrtesten Einrichtungen in den achtziger Jahren „Rustikalität" (mit 40 Prozent) und „Bürgerliche Tradition". „Rustikalität" war noch in den sechziger Jahren einer der weniger beliebten Einrichtungsstile. Interessant ist auch der Wandel bezüglich der „Klassischen Moderne", die noch in den sechziger Jahren gewöhnungsbedürftig erschien, aber in den achtziger Jahren zu hoher Verbreitung avancierte.

Der Zeitgeschmack ergibt überaus standfeste Trendfaktoren. Es handelt sich um eindeutige Gestaltungsvorgaben, die sich über mehrere Jahre hinweg nicht verändern. Genau diese Trendfaktoren benötigt Keramag, um neue Marktfelder (Gefühlswelten, Geschmackswelten usw.) zu definieren.

Es wurde deutlich, daß Keramag besonders die Trendfaktoren beobachtet. Hierzu dienen das Scanning und das Scouting. Dokumentiert werden die Ergebnisse des Zeitgeschmacks dann mit der Methode des Mapping.

Nach seinem englischen Ursprung bedeutet Scanning in etwa: absuchen, prüfen, in der Sprache der Drucktechnik auch rastern. Genau hier liegt der Beginn unserer Produktplanung. Auf der Suche nach Produktideen werden alle irgendwie zugänglichen Umweltinformationen, Marktinformationen und betriebsinternen Informationen bemüht. Allgemeine Informationsdienste werden konsultiert, Datenbanken werden angelegt und vor allem qualitative Lösungsmethoden der Datenaufbereitung angewendet.

Scanning

Die Durchsicht („desk research") dieser Daten verlangt jedoch einen speziellen Blickwinkel, ein Auswahlprinzip. Diese „Rastergesichtspunkte" sind bei Keramag fest definiert. Wir analysieren Formalausprägung, Farbe, Materialien und Stile. Die dabei gesichteten Faktoren benötigen wir, um Marktfelder eindeutig zu bestimmen.

Als Scouts fungieren eigene Mitarbeiter, jedoch auch firmenfremde Berater. Keramag bemüht sich, die systematische Beobachtung branchenübergreifend (zum Beispiel auf Möbelmessen, Keramikmessen) und „vorlauforientiert" zu gestalten. So genügt es zum Beispiel oft nicht mehr, Möbelmessen zu besuchen – es müssen die Zulieferer der Möbelhersteller (also die Flächenwerkstoffproduzenten) und ihre Produktpolitik beobachtet wer-

Scouting

den. Insbesondere die Hausmessen der Pipeline-Akteure sind von großem Interesse.

Die Beschäftigung des Produktmanagement mit den Ergebnissen des Scouting und Scanning fördert zuerst einmal das Problembewußtsein und das kategoriale Denken.

Mapping

Es entstehen qualitative Denkstrukturen, die wir „mental maps" nennen. In regelmäßigen Sitzungen wird versucht, diese Denkweisen in Sprachspiele und Akkumulationscollagen umzusetzen. Die schriftlichen Aufzeichnungen sind ästhetische Szenarien, die Collagen entstehen durch unbearbeitetes Nebeneinanderplazieren von geeignetem Bildmaterial.

Basis der Designentscheidungen: die Marktfelder

Badprodukte werden nicht singulär gekauft wie zum Beispiel Designerware. Sanitärkeramik wird in Räume integriert, die dann einer bestimmten Wohnwelt entsprechen müssen. Käufer denken in Gefühlswelten, Themenwelten, Geschmackswelten und natürlich auch in Erlebniswelten.

In diese komplexen Zusammenhänge, die wir „Welten" genannt haben, müssen Keramag-Produkte hineinpassen. Deshalb kann es auch nicht um vordergründiges Design gehen, sondern um Design für ein komplexes Ambiente.

Gefühlswelten

Ein „Gefühl" ist eine eindimensionale Empfindung. Man kann ein Badezimmer kühl, fröhlich, wohnlich usw. gestalten. „Gefühlswelten" sind relativ stabil, sie dienen als einfache Auswahlheuristik, insbesondere für Farben, und als Gestaltungsrichtlinie.

Bei der Produktplanung ist es unverzichtbar, diese vom Zeitgeschmack beeinflußten endothymen Stimmungen der Kunden zu berücksichtigen. So kann es zum Beispiel aufgrund von Trendfaktoren nötig werden, romantische Produkte zu entwerfen, verspielte Muster zu entwickeln oder warme Weißtöne zu lancieren.

Geschmackswelten

Von den Gefühlswelten unterscheiden sich die Geschmackswelten durch ihre „mentale Tönung". Gefühle haben ihren Ursprung im emotionalen Tiefenbereich. Geschmack ist an die aktivierende Motivstruktur gekoppelt, die ihre Entsprechung immer in der Warenwelt hat. Geschmackswelten kann man thematisieren, man kann (man muß geradezu) Begriffe dafür finden und vor allem: Geschmackswelten lassen sich positionieren und damit gegen Nachbarwelten abgrenzen.

Es gibt zwei unterschiedliche Möglichkeiten, Geschmackswelten zu positionieren: als lineare Konfiguration oder als zweidimensionale Konfiguration (Portfolios).

Für eine lineare Konfiguration kann man zum Beispiel die Dimension „Zeit" benutzen, um Geschmackswelten zu kreieren. Dann ist man im Bereich der sogenannten Stile beziehungsweise der Designrichtungen, die chronologisch von historisierenden über moderne zu avantgardistischen Geschmackswelten reichen. Es ist darüber hinaus möglich, auch den „Wert" als Ausgangspunkt für Geschmackswelten zu benutzen:

Marginalität   –   Normalität   –   Hochwertigkeit
(minimal)   –   (basic)   –   (Luxus)

Führt man beide Ansätze zusammen und bildet Geschmacksfelder auf zweidimensionaler Ebene, ergeben sich Matrizen oder Portfolios.

Man kann sich nun „vergewissern", auf welchem Niveau die einzelnen Geschmacksfelder angesiedelt sind. Sehr wahrscheinlich sind historisierende Geschmacksfelder hochwertiger angesiedelt als moderne usw. Hat man – durch welche Methode der Positionierung auch immer – Geschmacksfelder entwickelt, kann man diese mit der Methode der Collage ausgestalten.

Geschmackswelten schmeicheln durch ihre stimmige Komposition den Sinnen; sie erzeugen ohne weiteres Zutun Emotionen. Themenwelten verlangen eine mentale Leistung: die Verbindung von Begriff und Deutung.

Dazu ein Beispiel: Keramag versuchte, ein Waschtischensemble zu entwickeln, welches folgende Themen bearbeitete:

■ Hotel de Paris,
■ Beauty Parlour,
■ Santa Monica.

Für WCs experimentierten wir mit den Themen:

■ Paradise,
■ Aquagym,
■ Integral.

Wir zeigen auf der folgenden Seite einige Skizzen zu diesen Themen (nach M. Thun).

Ein **„Farbklecks"** in der Keramag-Produktpalette.

Themenwelten

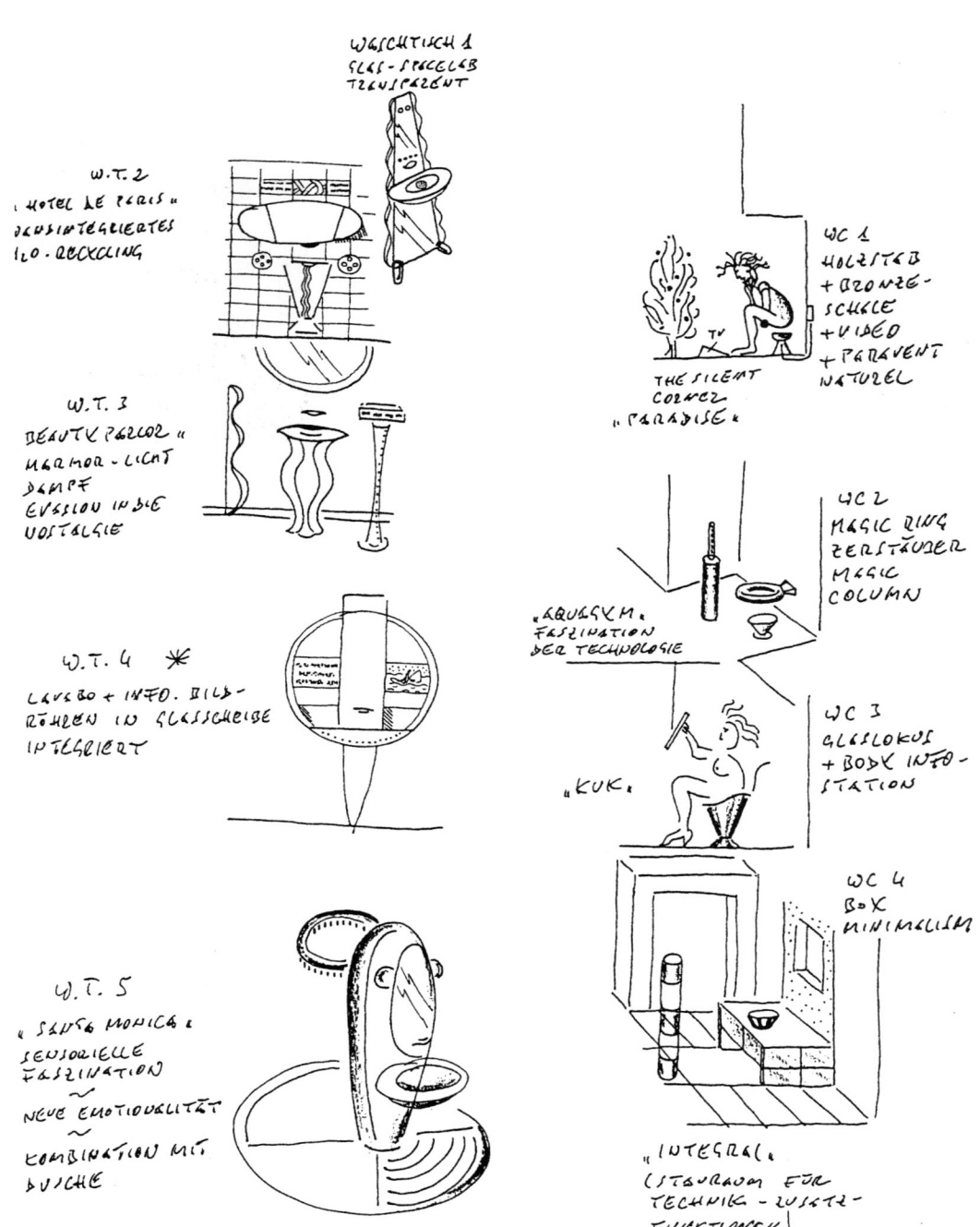

WASCHTISCH 1
GLAS-SPIEGLER
TRANSPARENT

W.T. 2
„HOTEL DE PARIS"
DESINTEGRIERTES
H2O-RECYCLING

W.T. 3
BEAUTY PARLOR „
MARMOR - LICHT
DAMPF
EVASION IN DIE
NOSTALGIE

W.T. 4 ✳
LAVABO + INFO. BILD-
RÖHREN IN GLASSCHEIBE
INTEGRIERT

W.T. 5
„SANTA MONICA"
SENSORIELLE
FASZINATION
~
NEUE EMOTIONALITÄT
~
KOMBINATION MIT
DUSCHE

WC 1
HOLZSTEB
+ BRONZE-
SCHALE
+ VIDEO
+ PARAVENT
NATUREL

THE SILENT
CORNER
„PARADISE"

„AQUARIUM"
FASZINATION
DER TECHNOLOGIE

WC 2
MAGIC RING
ZERSTÄUBER
MAGIC
COLUMN

WC 3
GLASLOKUS
+ BODY INFO-
STATION

„KUK"

WC 4
BOX
MINIMALISM

„INTEGRAL"
(STAURAUM FÜR
TECHNIK - ZUSATZ-
FUNKTIONEN)

Erlebnisse unterscheiden sich von Emotionen (Gefühlen) durch ihren motivierenden Charakter. Erlebnisse haben Antriebscharakter in Form von Teilhabe und Teilnahme. Darüber hinaus sind sie angenehm, man gibt sich ihnen gerne hin. Die Wechselwirkung zwischen dynamisch und statisch macht den besonderen Charakter von Erlebnissen aus.

Im Gegensatz zu den Themenwelten bestehen die Erlebniswelten immer aus zwei Polen, die auch widersprüchlich sein können. Erlebniswelten spiegeln auf der einen Seite zum Beispiel die Ängste und Befürchtungen der Zeit, besitzen aber auf der anderen Seite auch das Potential der Freude und Hoffnung. Erlebnisse ergeben sich auch durch Verzicht und Prunk, Naivität und Kultur, Rustikalität und Künstlichkeit usw. Kurzum: Erlebniswelten sind faszinativ. Sie leben vom gewollten Appetenz-Aversions-Konflikt.

Erlebniswelten

Mit Erlebniswelten haben wir Erfahrungen bei der Marktfeldbestimmung gemacht, indem wir Ferienwelten definiert haben. Von TUI bis Club Méditerranée ergeben sich jeweils völlig andere Anmutungen und Anordnungen.

Designbriefing und Designerauswahl

Vielleicht wird schon die Frage aufgetaucht sein, wie wir diese Marktfelder eigentlich definieren. Was ist ein „fröhliches" Bad, was ein „Super-Tech"-Bad, wie will man die Unterschiede zwischen den unterschiedlichen Ferienstilen definieren?

Darüber hinaus: Die Produktleistungen dürfen sich nicht überlappen; die Wettbewerbsdifferenzierung muß signifikant sein – man benötigt ein eindeutiges Briefing.

In einer mit Produkten übersetzten Situation wird es für jeden Hersteller unabdingbar, sein Angebot abzugrenzen, zu bestimmen, zu differenzieren – eben genau zu definieren. Dieses Definieren bezieht sich auf alle Stufen des Produktmanagement: Produktplanung, Produktpolitik, Produktvermarktung. Bisher steht im Mittelpunkt des Marketingmanagement die Kategorie, der Begriff oder schlicht: das Wort. Der Designer bekommt sein Briefing als Pflichten- oder Lastenheft. Der Werbeagentur wird das Positioning durch imagebezogene Begriffe vorgegeben.

Je nach Sachlage wird die Begriffswelt dann noch „geometrisiert", indem man zum Beispiel Positionsmodelle entwickelt.

Ganz links:
Themenwelten für Waschtische und WCs (nach M. Thun).

Diese Positionierungen haben zwar den Vorteil, die Angebots-palette „topologisch" zu bestimmen, sie erklären dabei jedoch nicht die Emotionalqualität eines Produkts (das Image), sondern grenzen lediglich begriffliche Vorteile in visualisierter Form ein. „Semantische Differentiale" etwa formalisieren dabei Begriffe, zum Beispiel „modern" versus „traditionell", ohne sichtbar zu belegen, was „das Moderne" einer Ästhetik überhaupt auszeichnet.

Da Produkte in übersättigten Märkten aber gerade von ihrer ästhetischen Emotional- oder Anmutungsleistung leben, müssen wir versuchen, diese „weichen" Aussagen zu beschreiben. Hier endet die Welt des Begriffs, hier beginnt eine neue ästhetische Methode: das Prinzip „Collage" (Küthe/Thun 1995).

Die Welt der expressiven Bilder läßt sich jedoch nur erschließen, wenn man nicht einzelne Bilder auf den Grad ihrer Aussagen-fundierung hin analysiert, sondern „sein" Bild aktiv gestaltet. Die neue Bilderwelt, die aus Bestehendem zusammengebaut wird, hat eine lange Tradition, das Vorgehen hat Methode und das Prinzip einen Namen: die Collage.

Wer sich als Ökonom auf die Collagetechnik „einläßt", verläßt die Ebene der tradierten Wissenschaftslogik. Die „Logik der Forschung" (sofern das Design Management als Fachdisziplin sich überhaupt damit beschäftigt) zum Zwecke des Prognostizierens und Erklärens wird aufgegeben: Die Collage als Methode führt in eine fraktale Wirklichkeit ein, die von Zufällen, Brüchen und Zwangskorrelationen lebt. Es gibt in der Welt der Collage keinen Vollendungszwang mehr – falsch oder richtig werden durch „plausibel oder nicht" ersetzt, Erklärungen durch Visionen. Doch keine Angst, das alles hat nichts mit dem zu tun, was wir von Trendgurus hören, die über Zukünftiges inhaltslos fabulieren und sich strikt weigern, „ad concretum" zu arbeiten.

Collagen eignen sich hervorragend für die Marktfeldbestim-mung des Designer-Briefing. Wie man diese Methode fach-gerecht im Marketing einsetzt, ist hinreichend beschrieben. Wir haben schon darauf verwiesen, daß der Serienumfang, die Pro-duktfunktionen sowie die ergonomischen Notwendigkeiten je-weils als Pflichtenheft geführt werden.

Keramag wählt seine Designer nach zwei Gesichtspunkten aus: Art des Verwendungszweckbereichs und anvisierte Badwelt. So entstand zum Beispiel eine neue Serie für den ÖGM-Bereich

(„Public Line") unter Federführung des firmeneigenen Design-Centers. Für ein neues Premiumprodukt im Luxusbereich versichert sich Keramag dagegen der Entwurfskompetenz eines bekannten italienischen Designers.

Clinics

Dieser Begriff stammt aus der medizinischen Fachsprache. Die „clinic" nimmt die Auffälligkeiten auf, die ein Krankheitsbild definieren. Die Automobilindustrie versuchte schon sehr früh, die Gestaltungsmerkmale, die den Produkterfolg schmälern könnten, zu erkennen. Diese Auffälligkeitssitzungen nannte man „car-clinics" – die Clinics sind heute ein verläßliches Instrument der qualitativen Marktforschung.

Keramag arbeitet in Workshop-Form mit ausgewählten Partnern der Vertriebsschiene zusammen. Als Konzept-Clinic (als Dummy) und als Trimm-Clinic (am fertigen Keramik-Objekt) wird vor dem Einstieg in die Serie das Design optimiert.

Prüfung: Ist das gewählte Design mehrheitsfähig?

Wir haben ein ausgefeiltes Layout für diese Clinics entwickelt. Die Teilnehmer bekommen – als Einführung – Hinweise zu den neuesten Designbezügen im Markt, meistens aus dem Bereich der Farbberatung, der Designanalyse oder der Innenarchitektur. Danach wird in festgelegter Form über das zu beurteilende Produkt diskutiert oder auch eine schriftliche Beurteilung initiiert. Das wichtigste Ziel dieser Workshops ist es, die Mehrheitsfähigkeit des Designs zu überprüfen. Je nach Briefing und definiertem Zielumsatz muß vermieden werden, daß die Entwürfe zu individuell sind.

Integratives Design Management und ökonomische Relevanz

Das Design Management der Keramag ist integrativ, weil Unternehmensstrategien, Markenstrategien und vor allem Teile der TQM-Philosophie in ein System eingebracht werden. Die Integration von harten und weichen Methoden der Forschung ist ebenfalls vollzogen. Besonders wichtig erscheint es uns, darauf hinzuweisen, daß die Produkte jeweils eine technische, das heißt detailoptimierte Grundqualität besitzen und darüber hinaus für bestimmte ästhetische Welten konzipiert werden. Also auch hier eine konsequente Integration von Funktion und Semantik. Deutliche Marktanteilsgewinne in den vergangenen Jahren und eine solide Firmenprofitabilität geben dem Konzept des praktizierten integrativen Design Management seine ökonomische Relevanz.

Literatur

AW Design (Hrsg. Geyer): Grundlagen, Falllstudien, Arbeitsunterlagen, 2. Auflage, Stuttgart 1970.

Bürdek, B. E.: Design Management, Teil 1, Koordination und Kultur, in: *Absatzwirtschaft*, Nr. 12, 1989, S. 32–34.

Bürdek, B. E.: Design Management in der Bundesrepublik Deutschland: Renaissance nach Jahren der Stagnation, in: *BddW*, Nr. 164, 1989, S. 7.

Bürdek, B. E.: Design Management, Teil 2, Das Produkt ist das Medium, in: *Absatzwirtschaft*, Nr. 1, 1990, S. 56–61.

Felber, U.: Systematisches Designmanagement in der Unternehmung: Grundlagen und Konzepte, Marburg 1984.

Farr, M.: Design Management, London 1966.

Kicherer, S.: Industriedesign als Leistungsbereich von Unternehmen, Bd. 2 der Reihe „Produktforschung und Industriedesign", hrsg. von E. Leitherer, München 1987.

Küthe, E./Thun, M.: Marketing mit Bildern, Köln 1995.

Rummel, C.: Designmanagement, Wiesbaden 1995.

Spies, H.: Integriertes Designmanagement, Köln (Fördergesellschaft Produktmarketing) 1993.

Wieduwilt, M.: Keramag – TQM mit Collagen, in: Küthe, E./Thun, M.: Marketing mit Bildern, Köln 1995.

Wieselhuber, N.: Konzeption und Realisation von Produkt-Design in der Konsumgüterindustrie, Berlin 1981.

Design Management bei der Weltausstellung Expo 2000

von Theodor Diener

Die erste Weltausstellung in Deutschland

Am 1. Juni 2000 wird in Hannover die erste Weltausstellung auf deutschem Boden eröffnet. Rund 20 Millionen Menschen werden während der fünfmonatigen Dauer dieser Mega-Show (bis zum 31. Oktober) in der niedersächsischen Landeshauptstadt erwartet. Während dieser Zeit sollen sich Menschen mit ihren Ideen, Produkten, Lösungen, aber auch mit ihren Hoffnungen und Fragen begegnen können.

Noch immer wird diskutiert, ob es richtig war, daß sich Deutschland um dieses Ereignis beworben hat. Denn erstens kosten derartige Veranstaltungen Geld. Zum zweiten, und das scheint viel gewichtiger zu sein, fragen Kritiker dieser Ausstellungen, ob denn eine Weltausstellung heute überhaupt noch in die politische, soziale, ökologische und ökonomische Welt paßt.

Im Zeitalter der totalen Kommunikation, der globalen Daten- und Informationsnetze, die erlauben, daß alle gravierenden Geschehnisse „real time" per Wort und Bild miterlebt werden können, wo selbst Kriege und Revolutionen per Bildschirm in die Heime der Menschen weltweit getragen werden und wir uns unsere Wirklichkeiten am Computer digital und virtuell gestalten können, sei es überholt, so sagen die kritischen Stimmen, höchstpersönlich vor Ort in Augenschein zu nehmen, was jederzeit per Mausklick auf jeden Monitor der Welt geholt werden kann. Ein Anachronismus, der Ressourcenverschwendung im Namen der Ressourcenrettung auslöst, heißt es immer wieder.

Trotz der Kritik, die ernst genommen werden sollte, muß aber festgestellt werden: Die Expo ist eine einmalige Chance für Deutschland, sich 50 Jahre nach der Gründung der Bundesrepublik und zehn Jahre nach der Wiedervereinigung als ein Land zu präsentieren, das Lehren aus der Geschichte gezogen hat und ein wichtiger Teil des zusammenwachsenden Europas, und damit der demokratischen, freien Welt, geworden ist. Die Bundesrepublik kann sich aber auch als Nation zeigen, die bereit ist, Ver-

Theodor Diener (1936) ist seit 1995 Vorsitzender der Geschäftsführung der Expo 2000 Hannover GmbH, Gesellschaft zur Vorbereitung und Durchführung der Weltausstellung Expo 2000 in Hannover. Von 1960 an war er in unterschiedlichen Positionen zunächst für BB & C, dann für Fried. Krupp tätig, dort seit 1979 als Direktor. 1982 wechselte er in die Geschäftsführung des Büromöbelherstellers Wilkhahn, Bad Münder. Seit 1993 ist er Geschäftsführer bei Pohlschröder, Dortmund.

antwortung für die Staaten zu tragen, in denen Diktatur, Krieg und Not noch die Tagesordnung bestimmen.

Die Expo 2000 in Deutschland soll auch erstmals eine Weltausstellung neuen Typs sein: Sie will und soll nicht mehr nur eine Addition von unabhängigen Beiträgen der teilnehmenden Staaten sein, keine nationale Leistungsschau wie in den 150 Jahren, die seit der ersten Weltausstellung 1851 in London vergangen sind. Sie hat sich das Leitthema „Mensch – Natur – Technik" gegeben. Sie will Lösungsansätze für die Probleme der Menschen dieser Einen Welt („one world") für das nächste Jahrhundert liefern. Unter dieses Thema sind alle Beiträge zu stellen, auch die der ausländischen Teilnehmer. Ein hochkarätig besetztes Kuratorium wacht über die Einhaltung und wird, falls notwendig, Beiträge, die nicht zu dem Thema passen, ablehnen.

Das Leitthema der Expo 2000: Mensch – Natur – Technik

Da wir Deutschen angeblich dazu neigen, der Welt mit dem Zeigefinger gegenüber zu treten, ist eine wichtige Forderung an die Veranstalter, daß die Expo 2000 auch unterhalten muß. Sonst wird es wohl auch kaum gelingen, zwanzig Millionen Menschen nach Hannover zu locken. Und so ruht die Gesamtkonzeption der Expo 2000 im wesentlichen auf vier Säulen:

- Beiträge der Nationen (es wird mit 130 bis 140 Ländern gerechnet),
- Themenpark (das Wahrzeichen dieser Expo, hier sollen Lösungsansätze gezeigt werden, die das Leben der Menschheit an der Schwelle zum 21. Jahrhundert bestimmen – auf der Basis der Agenda 21 des UN-Weltgipfels von Rio 1992),
- Kunst, Kultur, Entertainment, Sport,
- dezentrale Projekte in Deutschland und international (registrierte Expo-Projekte, die nicht auf dem Ausstellungsgelände stattfinden).

Für die operative Veranstaltergesellschaft Expo 2000 Hannover GmbH, an der neben dem Bund, dem Land Niedersachsen sowie Stadt und Region Hannover auch die deutsche Wirtschaft Anteile hält (über eine Expo Beteiligungsgesellschaft), gilt es, dieses Ereignis zu vermarkten. Das Budget sieht Einnahmen und Ausgaben von jeweils rund drei Milliarden Mark vor. Gut die Hälfte der Einnahmen soll dabei aus dem Verkauf von Eintrittskarten kommen. Eine Milliarde Mark, ein Drittel also, sollen Sponsoring, Werbeeinnahmen, Konzessionen und Veranstaltungen bringen – eine gewaltige Herausforderung.

Entscheidend für die Vermarktung – und dabei unterscheidet sich das Marketing für eine Weltausstellung nur unwesentlich von dem für ein Produkt oder eine Dienstleistung – ist, daß Aufmerksamkeit erweckt, Interesse erregt, ein Bedürfnis bewußt gemacht und schließlich Aktivitäten ausgelöst werden, dieses Bedürfnis auch zu befriedigen. Das klassische AIDA-Konzept also: „awareness", „interest", „desire", „activity". Und „activity" kann für uns nur heißen: bei unseren Zielgruppen die Entscheidung auszulösen, zur Weltausstellung zu kommen, zu staunen, zu genießen, beziehungsweise bei den Sponsoren und Partnern den Wunsch zu wecken, sich zu engagieren, mitzumachen, das Ereignis Weltausstellung Expo 2000 in Hannover für so wertvoll, wertschöpfend zu halten, daß es einfach unmöglich ist, nicht dabei zu sein. Und hier beginnt die Aufgabe für die Kommunikation, für das Design.

Das Logo: Mittelpunkt des Corporate Design

Am Anfang stand das Logo. Die relativ kurze Geschichte der Weltausstellung Expo 2000 begann mit einer bemerkenswerten Anzeige. Dort war ein ebenso schlichter wie einprägsamer Werbeslogan zu lesen: „Die Expo hat begonnen. Logo."
Neun Agenturen waren 1994 angesprochen und eingeladen worden, der ersten Weltausstellung in Deutschland das richtige, zeitgemäße „Aushängeschild" zu geben. Es wurden interessante Ideen eingereicht. Der Entwurf der Düsseldorfer Nachwuchs-Agentur Qwer aber war von der internationalen Jury einstimmig gewählt worden. Zu Recht, wie wir es heute wissen. Die gewünschte Imageprofilierung für dieses Mega-Ereignis zur Jahrtausendwende ist vor allem in Hannover und Niedersachsen schon erreicht und wird täglich intensiver. Dies ist geschehen, ohne daß bisher viel in Imagewerbung investiert wurde. Partnerverträge mit der Deutschen Lufthansa und der Deutschen Bahn werden ein übriges tun, sobald das Expo-Logo an den Flugzeugen und den ICE-Triebwagen prangt.
Im Mittelpunkt des Corporate Design der Weltausstellung, das den Anforderungen der „klassischen Lehre" entspricht, steht das Logo. Es ist wichtiges Element, wenn nicht gar das wichtigste Element der Corporate Identity der Expo 2000 geworden. Es gibt uns die Basis eines einheitlichen und in sich widerspruchslosen

Für ein „abstraktes" Produkt
ist das Erscheinungsbild
besonders wichtig

visuellen Auftritts, auch wenn über das Logo selbst nach wie vor diskutiert wird – und das hoffentlich noch lange.

Design hatte für die Weltausstellung Expo 2000 Hannover von Anfang an einen sehr hohen Stellenwert und hat ihn natürlich noch immer. Das noch abstrakte Produkt mit der „Marke", dem Namen „Expo 2000" verkauft sich, darüber gab es nie einen Zweifel, nur über nachhaltige Kommunikation und Information – und dabei ist das Erscheinungsbild entscheidend für den späteren Erfolg. Außerdem will und muß die Expo 2000 mit dem Erscheinungsbild auch Geld verdienen: Ein Drittel der geplanten und erwarteten Einnahmen in Höhe von drei Milliarden DM soll, wie gesagt, aus Sponsoring, Werbeeinnahmen, Konzessionen und ähnlichem kommen. Und dieses anspruchsvolle Ziel kann nur erreicht werden, wenn unsere Konzeption einschließlich Erscheinungsbild auch von unseren Partnern akzeptiert wird.

Und hier zeigt sich bereits das, was sicherlich der Grund für dieses Buch über Design Management ist: Der Erfolg eines Unternehmens – und das gilt auch für eine Weltausstellung – hängt zunehmend von anderen als rein betriebswirtschaftlichen Faktoren ab. In den USA hat man zuerst registriert, daß der kulturelle, soziale und politische Auftritt ganz entscheidend für die Identität eines Unternehmens im Bewußtsein der Konsumenten ist, daß die Corporate Identity des Produzenten zum primären Orientierungswert bei der Beurteilung eines Produktes geworden war. So ist es wahrscheinlich auch kein Zufall, daß heute – daran anknüpfend – „business ethics" an den Wirtschaftsfakultäten US-amerikanischer Universitäten immer mehr an Bedeutung gewinnen. Auch in Deutschland gibt es dafür inzwischen den ersten Lehrstuhl.

Da das Corporate Design letztlich die Visualisierung der Corporate Identity einer Unternehmung ist, ist es auch so wichtig, diesem Bereich in der strategischen Unternehmensführung eine zentrale Rolle zukommen zu lassen.

Bei dem Büromöbelhersteller Wilkhahn, bei dem ich viele Jahre Gesellschafter und verantwortlicher Geschäftsführer war, ist die Übereinstimmung von Produktgestaltung und Produktkommunikation wesentlicher Erfolgsfaktor gewesen. Dafür haben wir 1992 den Deutschen Marketingpreis verliehen bekommen. Meine Devise lautete: „Botschaft vor Produkt, aber das Produkt muß Beweis dieser Botschaft sein." Dies führt zu einer scharfen

Profilierung. Profilierung ist die beste Zukunftssicherung für ein Unternehmen – und Design ist eine hervorragende Möglichkeit der Profilierung. Design war für uns ein Ausdruck der Geisteshaltung der Menschen im Unternehmen – und das gilt in gleichem Maße für die Veranstalter einer Weltausstellung, zumal wenn diese unter dem anspruchsvollen Leitthema „Mensch – Natur – Technik" antritt.

Deswegen auch dieses Logo, das kein statisches Logo im klassischen Sinne ist. Präzisierend heißt es in unserem Corporate Design Manual dazu: „Es ist ein prozeßhafter Impuls, der heute schon die Ideen und dynamischen Entwicklungen der Weltausstellung begleitet. Die ständig wechselnden Farben und Formen beschreiben einerseits die fließende Ausdehnung von Zeit und Raum, andererseits bildet die phantasievolle Struktur ein unverwechselbares Kraftfeld. Dieses läßt bewußt eine Vielzahl von Bildassoziationen zu, die sich inhaltlich und formal mit dem Thema der Weltausstellung Expo 2000 ‚Mensch – Natur – Technik' verbinden."

Das Logo weist weit über den Horizont linearen Denkens und Handelns hinaus und steht für den Anspruch der Expo 2000, ein Impuls für das 21. Jahrhundert zu sein.

Die Segmente des Produkts Weltausstellung

„Design ist Lust und Vergnügen", sagt der bekannte italienische Designer und Architekt Alessandro Mendini. Design ist aber auch harte Arbeit, dann nämlich, wenn es strategisch in einem Unternehmen eingesetzt werden soll. Und im Grunde ist auch die Expo 2000 ein Unternehmen. Sie ist aber auch ein Abenteuer.

Nachdem die Entscheidung für die Ausrichtung der ersten deutschen Weltausstellung in der einhundertfünfzigjährigen Geschichte dieser Veranstaltung gefallen war, herrschte zwangsläufig erst einmal Ratlosigkeit. Ideen waren da. Das Motto „Mensch – Natur – Technik" war ebenfalls vorgegeben. Definiert war auch der Wille, eine Weltausstellung neuen Typs zu präsentieren. Das sollte vor allem bedeuten, daß keine von Wirtschaft und Technologie geprägte Leistungsschau der teilnehmenden Nationen entstehen sollte. Die Idee war vielmehr, Lösungsansätze für die Probleme dieser Einen Welt, der „one

Die Weltausstellung

Die Weltausstellung

Die Weltausstellung

world", zu finden und zu präsentieren. Weltausstellung war in den Köpfen der meisten Bundesbürger vom Bild her der Eiffelturm in Paris, vielleicht noch das Atomium in Brüssel, das zur Weltausstellung 1958 entstanden war.

Das Problem bei der Analyse der Gesamtkonzeption war und ist aber für die Kreativen, daß die Expo 2000 nicht ein einziges Produkt ist. Das Corporate Design muß so verschiedene Dinge integrieren wie

- Themenpark,
- Kultur, Kunst, Entertainment, Sport,
- Präsentationen der Nationen,
- Präsentationen des Bundes,
- Präsentationen der Wirtschaft,
- Präsentationen der Organisationen,
- Präsentationen der Institutionen,
- Projekte in Deutschland,
- internationale Projekte,
- internationale Veranstaltungen,
- Verkehrskonzeption,
- Besucher, Touristik,
- Expo-Siedlung,
- Stadt und Region als Exponat,
- Nachnutzung.

Als erstes mußte die Akzeptanz der Bevölkerung Hannovers gewonnen werden. Die kritische politische Öffentlichkeit, die vor allem von den Grünen Hannovers angeführt wurde, hatte in einer erzwungenen Volksabstimmung nur ganz knapp das Ziel verfehlt, die Expo 2000 zu kippen.

Ihre Argumentation stellte die negativen Begleiterscheinungen einer solchen Mega-Show in den Mittelpunkt: Verkehrsstaus und die damit verbundene zusätzliche Umweltbelastung, knapper Wohnraum und deswegen höhere Mieten und Lebenshaltungskosten. Inzwischen steht die Mehrheit der hannoverschen Bevölkerung hinter ihrer Expo, wohl inzwischen um die einmalige Chance wissend, die die Weltausstellung für die Region bedeuten kann.

Immerhin beziffert eine Untersuchung der Nord/LB und der Universität Hannover die „Regionalökonomischen Wirkungen der Weltausstellung Expo 2000" mit mehr als 15 Milliarden Mark. Der Großteil davon entfällt auf die Bauindustrie.

Design als Aufgabe des Top-Management

Das Projekt, eine Gestaltungsstrategie für ein Ereignis wie die Weltausstellung im Jahre 2000 zu entwickeln, kann und darf nicht im Zitieren gewohnter Vorgehensweisen und Wege enden. Hier müssen Zeichen gesetzt, Denkanstöße gegeben und ein Blick in die Zukunft ermöglicht werden. Die Expo 2000 – so war die Vorgabe – soll in einem positiven und unterhaltsamen Umfeld für ein breites Publikum eine Zukunftsvision aufbauen.

Der inhaltliche Ansatz der Expo 2000, der sich zunächst unpräzise und undefiniert in den Köpfen weniger zu formen begann, wurde später – quasi frei Haus – nachgeliefert. Der Umweltgipfel, an dem 1992 in Rio de Janeiro 179 Länder teilnahmen, verabschiedete einstimmig die sogenannte Agenda 21. In dieser „Tagesordnung für das 21. Jahrhundert" wurde die nachhaltige Entwicklung („sustainable development") aller Länder unter gleichrangiger Berücksichtigung von sozialen, ökonomischen und ökologischen Gesichtspunkten verbindlich festgeschrieben. Diese Agenda 21 hat die wesentlichen Themen für die Expo 2000 in Hannover definiert.

Die moderne Unternehmens- und Managementtheorie lieferte die weiteren Vorgaben. Es galt, die erwähnte Corporate Identity mit den drei Säulen Corporate Culture/Behaviour, Corporate Communication und nicht zuletzt Corporate Design zu definieren und zu schaffen.

Unternehmensidentität und -kultur sind ja in der Regel gewachsene Größen, die sich aus der Historie entwickelt haben. Nur gibt es bei einem Ereignis wie der einmaligen Weltausstellung solche Entwicklungen nicht. Es kann bestenfalls auf die Länder geschaut werden, die ähnliches bereits hinter sich haben. Sevilla, Standort der letzten großen Weltausstellung 1992, wurde im Vorfeld denn auch bevorzugtes Reiseziel vieler Expo-Verantwortlicher.

Die Zielrichtung dieser speziellen Expo im Jahre 2000 in Hannover bedeutete einmal mehr, die Quadratur des Kreises zu versuchen. Das ganze Ausmaß des Problems und die Schwierigkeiten am Anfang wurden bei Formulierungen wie dieser deutlich: „Das Design muß im Spannungsfeld der neuen Medien und der alten Medien eine Funktionalität und Aussagekraft haben, die den Menschen auf der Weltausstellung nicht allein läßt, ihn lei-

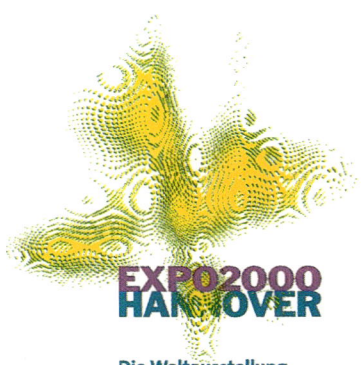

Logo der Expo 2000:
Strukturvarianten.

tet, ihm Halt gibt, aber auch durch Innovation in Technik und Gestaltung verblüfft, fasziniert und unterhält."

Fazit: Wenn aus dem Nichts etwas geschaffen werden muß, gibt es zwei Aspekte. Zum einen braucht nicht auf irgendwelche Traditionen Rücksicht genommen werden. Zum anderen aber mußte ein Corporate Design geschaffen werden, das dem Ereignis – und das ist ja hier das Produkt – ein unverwechselbares Erscheinungsbild garantiert. Die Anforderungen an das Corporate Design einer Weltausstellung wie der in Hannover geplanten sind genauso einmalig, wie es das Ereignis in der Regel ist: Es muß für einen zeitlich begrenzten Raum unbeschränkt zur Verfügung stehen, unterhaltsam, einprägsam sein, dem Zeitgeist entsprechen und gleichzeitig die Phantasie ansprechen, Zukunftsvisionen anregen. Es muß über seine Wiedererkennbarkeit für das Ereignis stehen und eindeutige positive Signalwirkung haben. Es ist schon ein bemerkenswerter Katalog, der hier erfüllt werden muß.

„Ein guter Schlachtruf ist die halbe Schlacht!" (G. B. Shaw)

Das Logo der Expo zeigt, daß diese Anforderungen einlösbar sind, obwohl es in seiner Formen- und Farbenvielfalt eigentlich allen Regeln des üblichen Logogebrauchs widerspricht. Es ist für die neuen elektronischen Medien genauso geeignet wie für die alten. Es ermöglicht trotzdem eine klare Leitfähigkeit und die Wiedererkennung für den Betrachter.

Corporate Design jenseits der klassischen Printmedien

Dieses Logo ist aber auch der Gradmesser für alle weiteren Maßnahmen der Expo 2000 in den Bereichen Gestaltung und Kommunikation. Denn alle Entwicklungen in diesen Bereichen sollten nicht nur ihre ursprüngliche Pflicht in Form von Information, Leitung und Präsentation erfüllen, sondern auch mit Blick auf das nächste Jahrtausend gestaltet sein. So reicht das Corporate Design heute schon weit über die klassischen Medien des Drucks hinaus: das bewegte Bild hat die Ebene der Dokumentation und Unterhaltung verlassen und ist bereits zum Informationsträger auf interaktiver Ebene geworden. Und diese Möglichkeiten zu erkennen, sie positiv einzusetzen und zu nutzen, das ist Managementaufgabe. Ein Leitsystem, das in der Regel bisher von Tafeln und Hinweisschildern dominiert ist, muß für die Expo 2000 noch entwickelt werden. Es erhält nun eine Bereicherung durch interaktive Informationsmedien wie Infoterminals, CD-Rom und CD-I oder das Internet, in dem sich die Expo 2000 bereits von Anfang an für Zufalls-Online-Surfer bereithält. Seit der Neugestaltung der Seiten im Juni 1996 loggen sich wöchentlich fast 40 000 Internet-Nutzer aus der ganzen Welt ein, insgesamt eine halbe Million in den ersten acht Monaten. Die Computer-Zeitung *DOS* wählte die Expo-Seiten zu den TOP fünf Prozent der deutschen Webseiten.

Der Auftritt in den Neuen Medien, beispielsweise im Internet, funktioniert bereits mehr als erfolgreich. Allein in den ersten vier Wochen nach der Einführung informierten sich Zehntausende von Interessenten, ohne daß wir über unseren Auftritt in irgendeiner Form informiert hatten. Die Experten sparten nicht mit Lob für die Web-Seiten. „Im Dschungel der Web-Server ein digitaler Lichtstrahl," war zum Beispiel ein Kommentar aus Japan. Das fand offensichtlich auch die Jury des Industrie Forum Design. Sie verlieh der Expo-Gesellschaft für ihre Präsentation im Internet das begehrte iF-Zeichen. Internet-User können unter folgender Adresse die aktuellen Informationen zur Weltausstellung Expo 2000 erfragen: www.expo2000.de.

Großer Erfolg des Internet-Auftritts

Auf der Basis von interaktiven, elektronischen (Besucher-)Informationssystemen mit allen virtuellen Möglichkeiten werden die Expo-Gäste bereits zu Hause ihren Besuch optimal vorbereiten können. Für Besucher der Weltausstellung im Jahre 2000 wird natürlich neben dem Erlebnis des Neuen in Kommunikation und Gestaltung auch Altgewohntes gedruckt zur Verfügung stehen.

Das ist im übrigen ein Grundprinzip dieser Weltausstellung neuen Typs im Jahre 2000: Uns ist klar, daß letztlich nur ein zeitlich limitierter Ausschnitt aus einem permanent auf unserem Raumschiff Erde stattfindenden Prozeß namens „Leben" gezeigt werden kann. Die meisten Prozesse haben schon begonnen. Im Prinzip hat auch die Expo 2000 bereits angefangen.

Für uns ist Corporate Design ein wichtiges Element der Unternehmenskommunikation. Es ist die Basis eines einheitlichen und in sich widerspruchslosen, visuellen Auftritts. Konsequente und bereichsübergreifende Umsetzung des Corporate Design dient der Imageprofilierung nach außen. Design ist heute in einer Zeit, in der sich die Produkte immer ähnlicher und Qualitätsunterschiede aufgrund der immer hochwertigeren Technologien kleiner werden, die einzige Möglichkeit, sich zu profilieren. Und deswegen gehört Design für mich auch eindeutig zu den ganz entscheidenden Aufgaben, die ein modernes Top-Management zu erledigen hat.

Design Management als Strategie

Das Design Management eines Unternehmens ist nach dem üblichen Verständnis verantwortlich für den konsequenten, planvollen und strategisch orientierten Einsatz von Designressourcen. Darin besteht der Unterschied zu der früher üblichen Praxis, daß eine Designabteilung für mehr oder weniger akzeptable Entwürfe und Gestaltungen zuständig war, daß sie aber nur selten mit all den Daten der Zielgruppen konfrontiert wurde, die für jede Marketingoffensive Voraussetzung sind. Die heute fast selbstverständliche Kundenorientierung hatte in diesen Abteilungen selten höchste Priorität, eher der Wunsch, es dem Designerkollegen, der Branche einmal zu zeigen. Dabei ging bisweilen auch der eherne Grundsatz „form follows function" verloren.

Die geeigneten Strukturen in den Betrieben, die Vernetzungen, ohne die es heute nicht geht, müssen aufgebaut werden. Bei der Expo 2000 Hannover GmbH wurde die Position eines Art Director geschaffen, die im Geschäftsbereich Kommunikation angesiedelt ist. Bei Rainer Schilling liegt heute die Verantwortung für die gesamte Planung, Abwicklung und Kontrolle der kreativen Vorgaben der Expo 2000 Hannover GmbH. Das geschieht in enger Abstimmung und Zusammenarbeit mit dem Vorsitzenden der Geschäftsführung.

Die Aufgaben des Art Directors

Dem Art Director obliegt auch die kreative Führung der Agenturen, mit denen die Expo-Gesellschaft zusammenarbeitet, in erster Linie also mit der für die Werbung zuständigen K.N.S.K./BBDO in Hamburg und der für PR angeheuerten Agentur Kothes & Klewes in Düsseldorf. Auf den Gebieten des Sponsoring, der Partnerschaften und der Vermarktung ist Dentsu, Tokio, tätig geworden. Diese Agentur wird in Deutschland von H.F. & P., ebenfalls in Düsseldorf, vertreten.

Gerade aus dem Bereich der Lizenzvergabe für die Logonutzung wird beträchtliche Arbeit auf den Art Director und seine Mitarbeiter zukommen. Hier gilt es, mit den Nutzern einen gemeinsamen Auftritt zu definieren, der Raum für die Erscheinungsbilder, für das Corporate Design beider Partner zuläßt. Beim ersten Partnerschaftsvertrag, den die Expo-Gesellschaft mit der Deutschen Lufthansa im März 1996 schloß, waren die entsprechenden Verantwortlichen beider Unternehmen involviert.

Netzplan-Matrix und Aufgabenstruktur

Die Aufgaben, vor die sich das Design Management gestellt sieht, sind in einer Netzplan-Matrix am besten deutlich zu machen. Festliegend ist der Endpunkt, also der Beginn der Weltausstellung am 1. Juni 2000, dem Eröffnungstag des Spektakulums. Und von diesem Datum ist alles zurückzurechnen – wobei angemerkt werden muß, auch wenn es sich pharisäerhaft anhört: Manche Versäumnisse und Unterlassungen der Vergangenheit sind nicht mehr aufzuholen. Trotzdem: Noch liegt die Weltausstellung auf der Zeitachse, auch wenn einige geplante Bauvorhaben wie zum Beispiel die Expo-Plaza noch nicht in Angriff genommen wurden.

Die Basiselemente des Corporate Design lagen Anfang 1996 vor. Dazu gehört unter anderem das Logo in den festgelegten Farben. Wir haben in dem Expo 2000 Corporate Design Manual sechs Grundformen und neun Farbkombinationen definiert. Dabei kann der Impuls als dynamische, fließende Struktur des Expo 2000 Logos durchaus auch andere Formen annehmen. Je nach den technischen Gegebenheiten kann das Logo aber auch vielfarbig oder schwarz-weiß eingesetzt werden.

Auf der Suche nach einer Schrift, die allen Ansprüchen der alten und neuen Medien entspricht und dabei auch die globale und zukunftsorientierte Ausstrahlung einer Schrift für die Weltausstellung hat, wollten wir zunächst einen eigenen Entwurf anfertigen lassen. Bei unserer Arbeit mit dem Büro Metadesign in Berlin stießen wir jedoch auf eine Schriftfamilie, die unseren Ansprüchen gerecht wurde und jung genug für die Weltausstellung war: Die Thesis von Lucas de Groot. Nun haben wir den Vorteil, jederzeit mit dem Gestalter der Schrift diese unseren Ansprüchen folgend weiterzuentwickeln.

Wir gehen nach dem Grundsatz vor, daß man gutes Design nicht nur sieht, sondern auch fühlt. Dazu gehört im übertragenen Sinn,

Ein wichtiges Element: die Schrift

daß wir ein eigenes Papier haben mußten. Die Auswahl des Papiers für die Werbe- und Kommunikationsmittel der Weltausstellung ist von ökologischer Bedeutung, nicht zuletzt wegen des zukunftsweisenden Anspruchs der Expo 2000. Deswegen versuchen wir, nach folgenden ökologischen Grundsätzen zu handeln:

1. „Computer to plate" – das heißt, so oft wie möglich werden die Daten von Entwürfen und Reinzeichnungen direkt zur Druckerei übertragen, um die Lithografierung zu sparen.
2. Es werden moderne Recyclingpapiere eingesetzt, die wie normale Papiere verarbeitet werden können, also genauso wenig an Reinigungs- und Lösungsmittel beanspruchen.
3. Es werden Farben auf ökologischer Basis verwendet, die lösungsmittelfrei arbeiten.

Die umweltbewußte Botschaft der Expo 2000 soll auch auf diese Art und Weise ihren passenden Auftritt bekommen. Auch das gehört zum Corporate Design!

Das CD-Handbuch lag bis Mitte 1996 endgültig vor. Die Geschäftspapiere waren als erstes verfügbar. Dann wurden das Layout und die Titelgestaltung für das Informationsmaterial festgelegt. Wegen des hohen Informationsbedarfs fließt hier bereits Material in großem Umfang ab.

Bei Ausstellungen und Messen, so bei der ITB, der Internationalen Tourismusbörse in Berlin, und bei der Büro- und Informationstechnikmesse CeBIT '96 in Hannover, waren wir mit eigenen Exponaten vertreten. Neben einer permanenten Videopräsentation, die Schlaglichter von Hannover und ein dezentrales Projekt in Kanada zeigt, war beispielsweise auf der CeBIT '96 in einem abgedunkelten Holographie-Raum eine Logoanimation dreidimensional und in wechselnden Farben zu sehen.

Für Auftritte bei Pressekonferenzen wurden eigene Stellwände in verschiedenen Formen und Farben entwickelt. Trotz der Farb- und Formenvielfalt ist der Wiedererkennungseffekt bereits jetzt sehr hoch. Mobile Präsentationswände gibt es auch für Mini-Expo-Ausstellungen. Die Personenkennzeichnung mit Expo-Badges ist abgeschlossen. Auch so ist ein einheitliches Auftreten nach außen gewährleistet.

Die Signalisierung mit Schildern und Fahnen ist im vollen Gange. Während großer Messen sind diese Fahnen zunächst in der hannoverschen Innenstadt zu finden. Später werden sie auch an anderen zentralen Punkten innerhalb und außerhalb Deutschlands installiert werden. Die erwähnten Abkommen mit der Deutschen Bahn und der Deutschen Lufthansa werden ein übriges tun, um die Durchdringung des öffentlichen Raums mit unserem Logo zu beschleunigen.

Die Orientierungs- und Leitsysteme sind genauso wie die Bekleidung und Ausstattung des Servicepersonals erst für 1998 geplant. Die Partner hierfür haben wir noch nicht festgelegt.

Der Einstieg ins Internet mit Homepage und eigenem Screendesign ist inzwischen auch vollzogen. Eine Bilddatenbank wird installiert, so daß Visionen und Ansichten der Expo online abgerufen werden können. Diese in Hannover ansässige Datenbank verwaltet Bild, Video, Film, Text und kann sie in digitalen Print- und Videoformaten wieder ausgeben.

Der Einsatz der modernsten digitalen Technik für Computeranimationen, -simulierungen erlaubt auch, daß neben der realen Expo 2000 in Hannover eine virtuelle in den Datennetzen dieser Welt stattfinden wird. Das hat natürlich auch einen nachhaltigen Einfluß auf das Design und vor allem auf das Management des Corporate Design. Diese Ebene ist bisher kaum erfaßt und praktiziert. Auch hier wollen wir Vorreiter sein.

Gerade bei den zuletzt genannten Segmenten des Corporate Design wird das Prinzip unserer Arbeits- und Vorgehensweise deutlich: die Expo 2000 Hannover GmbH hat sich ein eigenes Design-Center eingerichtet. Von diesem Center aus wird der gesamte öffentliche Auf- und Antritt gesteuert. Hier finden auch die Abstimmungen mit den potentiellen Logonutzern statt – übrigens ein Tätigkeitsfeld, dessen Arbeitsintensität noch unterschätzt wird.

Ansonsten holen wir uns viele Arbeitskräfte von außen. Auch Visionen, die wir präsentieren wollen, werden teilweise extern zugeliefert. Zusätzlich bestehen zur Expo gehörende „think tanks" in Form der Beiräte. Auch deren „Produktion" muß integriert und der Corporate Identity angepaßt werden.

Wichtigstes Arbeitsgebiet und wichtigster Ansatz für das Design Management ist die Anstrengung, die notwendige Kommunikation in die richtigen Designkategorien zu bringen. Dieses Problem gab es bei den bisherigen Weltausstellungen in dieser Form noch nicht. Es wurde, wenn überhaupt, bestenfalls bei der Gestaltung der einzelnen Nationen- oder Unternehmenspavillons sichtbar.

Logo der Expo 2000:
Farbvarianten.

Das Corporate Design „liefert" natürlich auch die Basis für die Werbung. Da unsere Marke „Expo 2000" nur fünf Jahre Bestand hat, muß auch die Kommunikation im werbenden Sinne Konstanten aufweisen, die das Kommunikationskonzept bis ins Jahr 2000 begleiten. Auch das ist eine zentrale Aufgabe für das Design Management.

Einzelprojekte

Das, was bisher für das gesamte Spektrum der Weltausstellung entwickelt wurde, gilt natürlich auch für die anstehenden begleitenden Einzelprojekte der Expo 2000. Die Einzelbereiche, etwa Themenpark, müssen auch in isolierten Auftritten als signifikanter Teil der Expo identifizierbar sein. Das gleiche gilt für die dezentralen Projekte, deren Anerkennung auch eine Regelung des Logogebrauchs notwendig machte.

Entsprechende Richtlinien müssen auch bei der Selbstdarstellung der Expo 2000 im öffentlichen Raum beachtet werden. Die ersten Auftritte dieser Art wird es zunächst auf dem Bahnhof und dem Flughafen Hannover sowie dem Frankfurter Rhein-Main-Flughafen geben. Ab 1997 sollen Expo-Präsentationen auf allen Flughäfen und Bahnhöfen der deutschen Landeshauptstädte folgen. Von 1998 an ist die Selbstdarstellung der Expo im öffentlichen Raum auch international vorgesehen.

Eine Sonderstellung nimmt das Maskottchen der Expo ein. Es ist eine von dem Spanier Javier de Mariscal entwickelte Phantasiefigur, für die im Rahmen eines internationalen Wettbewerbs noch ein Name gefunden werden muß. Dieses Maskottchen ist genau wie das Logo in vielen Formen, Farben und Gestalten denkbar. Für das Merchandising der Expo ist das die zweite Säule des Geschäftes.

Expo-Partner

In die Weltausstellung Expo 2000 sind viele Parteien involviert. Dazu gehören Veranstalter und Gestalter der Expo ebenso wie die potentiellen Partner der Weltausstellung. Letztere sind nationale und internationale Unternehmen aus allen Wirtschaftszweigen, nationale und internationale Verbände, Organisationen und Institutionen. Sie sollen sich einbringen. Denn um die Finanzierung der Expo abzusichern ist es auch wichtig, möglichst viele zahlungskräftige Partner zu finden, die sich einen konkreten geschäftlichen Vorteil durch die Mitwirkung an der Weltausstellung ausrechnen.

In einem „Expo Partner Directory" sind die Möglichkeiten der Partnerschaft und Mitwirkung sowie die Spielregeln dafür festgeschrieben. Es werden zehn Kategorien der Partnerschaft definiert. Die wichtigste Gruppe bilden dabei die „official partner", von denen es lediglich zehn bis zwölf geben wird. Dieser Titel soll mindestens 25 Millionen Mark von jedem Partner bringen. Denen wird dafür unter anderem Branchenexklusivität, visuelle Präsenz auf dem Gelände, Auftritt bei offiziellen Expo-Veranstaltungen und Pressekonferenzen sowie komplette Logoverwendung zugesichert.

Daneben gibt es „Hoflieferanten" („official supplier"), deren Gegenleistung für die Logonutzung auch „in kind", also in Sachwerten, geleistet werden kann. Über Trademarketing/Lizenzen und Konzessionen bis hin zu der Einbindung der Medien als Partner ist alles in dem Directory geregelt. Auch wenn der Agentur die Hauptarbeit der Akquisition zufällt, ist es Sache unseres Management, zu prüfen, ob sich die verschiedenen Nutzungswünsche auch mit dem Corporate Design der Expo 2000 vertragen.

Ein differenziertes Partnerschaftsmodell: zehn verschiedene Kategorien

Impulse für das Design Management

Ähnlich wie die Weltausstellung im Jahre 2000 in Hannover selbst ein Prozeß ist, so ist auch die Arbeit der Expo 2000 Hannover GmbH am besten mit „work in process" zu kennzeichnen. Es gibt keine Strukturen, an denen die Vorgehensweise festzumachen ist. Vieles entsteht aus der bekanntesten Management-Maxime „trial and error". Vieles entsteht aus kreativer Improvisation. Die Bedingungen sind auch sonst nicht mit dem Arbeiten in einem normalen Unternehmen zu vergleichen, einfach weil es keine „Zeit danach" gibt, egal wie gut oder wie schlecht die abgelieferte Leistung auch sein mag.

Für viele Mitarbeiter des Teams ist das aber gerade das Reizvolle an der Tätigkeit, für die es kein Vorbild hierzulande gibt. Die Expo ist für sie ein Abenteuer, eine persönliche Chance und Herausforderung. Das Durchschnittsalter der Mitarbeiter liegt bei

Mitte Dreißig. Da auch Design Management eine Disziplin der Unternehmensführung ist, die ihre endgültige Form noch nicht gefunden hat, können sicherlich auch auf diesem Gebiet von der Expo fruchtbare Impulse ausgehen.

Neue Strategien in Produktion und Marketing bei Schindler

von Harald Joachim Joos

Das Unternehmen Schindler Aufzügefabrik

Die Schindler Aufzügefabrik GmbH mit Sitz in Berlin ist eine Konzerngesellschaft des Schweizer Unternehmens Schindler, das als Hersteller von Aufzügen und Fahrtreppen in mehr als 120 Ländern vertreten ist und rund 34 000 Mitarbeiter beschäftigt. Bei Aufzügen belegt das Unternehmen den zweiten Platz in der Spitzengruppe der global operierenden Hersteller, im Produktsegment Fahrtreppen ist es seit Jahren auf dem Weltmarkt führend. 1995 lag der Umsatz im Konzern bei annähernd 4,7 Milliarden Schweizer Franken. Die deutsche Gruppe, die seit 1906 in der Hauptstadt Berlin ihren Sitz hat, erwirtschaftete 1995 mit fast 3700 Mitarbeitern einen Umsatz von über 750 Millionen Mark.

Wie auch in anderen Sparten der Investitionsgüterindustrie hat sich die Situation durch die Globalisierung des Marktes und einen verschärften Preiswettbewerb innerhalb Deutschlands dramatisch gewandelt. Schindler hat in der Bundesrepublik die führende Position im Aufzugs- und Fahrtreppengeschäft zu verteidigen.

Der Gesamtmarkt für Aufzüge liegt in Deutschland bei etwa 14 000 Neuanlagen jährlich. Dabei konnte die gesamte Branche von der deutschen Einheit profitieren. Der Nachholbedarf in Ostdeutschland und der Ausbau Berlins zur Hauptstadt haben einen großen Auftragsschub zu Beginn der neunziger Jahre ausgelöst. Die geschäftliche Entwicklung hängt sehr eng mit der Baukonjunktur zusammen. Folglich ist Schindler auch von allen Höhen und Tiefen des Baugeschehens direkt betroffen. So hat der Einheitsboom zwar einerseits die Bautätigkeit insgesamt stark angekurbelt, doch drängten zunehmend Anbieter von Komponenten auf den deutschen Markt und lösten einen über die letzten Jahre hinweg andauernden Preisverfall aus. Überdies erhofften große Hersteller aus anderen Kontinenten, sich ebenfalls neue

Harald Joachim Joos (1952) ist Vorsitzender der Geschäftsführung der Schindler Aufzügefabrik GmbH in Deutschland. Nach dem Studium der Luft- und Raumfahrttechnik in Stuttgart war er von 1981 an in verschiedenen Funktionen bei IBM tätig, zuletzt als Direktor der IBM-Niederlassung in Berlin. 1993 trat er in die Geschäftsführung der Schindler Aufzügefabrik GmbH ein, deren Vorsitz er 1994 übernahm.

Absatzmärkte erobern zu können. Da sie sich zum Teil aggressiv in eine vom Volumen her rückläufige Nachfragesituation drängten, trieben sie das Preisniveau zusätzlich nach unten.

Da sich die skizzierten Tendenzen verstärkten, stellte sich für Schindler nach einer relativ langen Phase ausgewogener Marktverhältnisse die Notwendigkeit, mit neuen Strategien in der Produktion und im Marketing von Aufzügen und Fahrtreppen den Platz am Markt zu festigen oder sogar auszubauen. Es mußten Lösungen für drei Fragestellungen gefunden werden:

- Mit welchen individuellen Wünschen der Kunden wird aller Voraussicht nach zukünftig zu rechnen sein?
- Wie können – bei gleichzeitig verbesserter Qualität – Kosteneinsparungen in der Produktion und der Montage von Aufzugsanlagen und Fahrtreppen erreicht werden?
- Welche Dienstleistungsangebote und Marketinginstrumente binden bestehende Kundenbeziehungen dauerhaft und helfen, neue Kunden zu gewinnen?

Neue Konzepte für neue Baureihen

Die grundlegende Idee für die Bewältigung der gestellten Aufgaben war die Produktlinie Schindler 300, die Anfang 1995 auf dem Markt eingeführt wurde. Das Konzept der völlig neuartigen Baureihe sieht vor, einerseits möglichst viele Komponenten von Technik und Design zu standardisieren, zugleich aber mittels vieler, wahlweise kombinationsfähiger Design-Elemente 90 Prozent aller kundenindividuellen Bedürfnisse abzudecken. Im Ergebnis kann die Linie mit über 1500 verschiedenen Varianten montiert werden. Für die Produktstrategie ist es außerdem wichtig, daß die Anlagen das unterschiedliche Nachfrageverhalten aller europäischen Märkte befriedigen können – ein Aufzug für Europa.

Auch produktionstechnisch ist die Baureihe zum „europäischen Kind" geworden und hat damit die Kosten erheblich gemindert. Die Aufgaben zwischen den Schindler-Komponentenwerken in den Staaten, der europäischen Gemeinschaft und der Schweiz sind für die Fabrikation der standardisierten Komponenten geteilt worden und haben damit den Aufwand für die Montagelogistik vereinfacht. Die Lieferfristen haben sich ebenfalls reduziert.

Blick in die **Aufzugskabine** eines Schindler 300.

Der modulare Aufbau der Anlagen läßt zudem ein effektiveres Qualitätsmanagement zu. Neue Montageabläufe, damit einhergehend kürzere Montagezeiten, haben Schindler 300 zum Kernstück der Unternehmensphilosophie werden lassen: Qualität und Service – Made by Schindler.

Das wichtigste Element für das Marketing dieser Produktreihe ist die hohe Flexibilität bei der äußeren Gestaltung der Anlagen. Neben der Aufgabe als Verkehrsmittel spielen Aufzüge auch für die bauliche Konzeption eines Gebäudes häufig eine wichtige Rolle. Sie sind ein Teil der Architektur und damit per Definition schon ein Produkt, dessen Gestaltung eine besondere Sorgfalt erfordert. Denn ein Lift steigert den Wert eines Gebäudes, wird mitunter – etwa bei Panoramaaufzügen, die an Außenwänden angebracht sind – zur eigenständigen Attraktion und damit zum Imageträger einer Immobilie.

Das wichtigste Element der neuen Produktfamilie: Flexibilität

Im Verlauf der gesamten Entwicklungszeit für Schindler 300 standen die Wünsche der Kunden im Zentrum aller Innovationen, die für diese Aufzugfamilie erarbeitet wurden. Dafür wurde das Know-how des gesamten Konzerns in Pools zusammengeführt: Arbeitsgruppen mit Ingenieuren aller europäischen Konzerngesellschaften betrieben diese gemeinsame Entwicklung.

Der Basisüberlegung – Standardfertigung und flexible Gestaltung – lagen Marktforschungen zugrunde. Danach beeinflußt das Design der Anlage die Kaufentscheidung der Kunden wesentlich. Die Bedeutung dieses Kaufarguments nimmt tendenziell weiter zu, nicht nur für neue Anlagen: Immer wichtiger wird es, die Aufzüge nach den Wünschen der Kunden umrüsten und umgestalten zu können, ohne die gesamte Anlage neu montieren zu müssen.

Die Produktstrategie war geeignet, die dargelegten Aufgaben zu erfüllen. Die veränderten Fertigungsweisen haben sowohl qualitativ als auch unter Kostenaspekten die Unternehmenserwartungen erfüllt. Die erfolgreiche Markteinführung vollzog sich sehr rasch. Innerhalb eines guten Jahres ist Schindler 300 zu den am meisten bestellten Produkten der deutschen Konzerngesellschaft herangewachsen. Mit der hohen Zahl gestalterischer Varianten können nahezu alle kundenindividuellen Wünsche für einen preisgünstigen Aufzug erfüllt werden.

Neben den betriebswirtschaftlichen Vorteilen bei der Fertigung des Produktes ergeben sich zusätzliche Effekte im Service-

Panoramaaufzug
in den Schadow-Arkaden,
Düsseldorf.

geschäft. Mehr als die Hälfte seines Umsatzes erwirtschaftet das Unternehmen mit Dienstleistungen rund um Aufzüge und Fahrtreppen. Bei Schindler 300 konnten zum Beispiel die Montageabläufe verändert und die dafür veranschlagten Zeiten reduziert werden – bei gleichbleibend hoher Qualität der Serviceleistung. Diese Rationalisierungseffekte sind für Kunden und Unternehmen von Vorteil.

Im Verkaufsgespräch überzeugt die Konzeption der Produktlinie, da das Verhältnis von Gestaltung, Qualität und Preis sehr günstig gehalten werden kann. Vor allem aber ist es Schindler gelungen, sich mit einer gemeinsamen Innovationsanstrengung im Segment hochwertiger Anlagen im Wettbewerb einen Vorsprung zu verschaffen.

Natürlich gelten die bei dieser Aufzugfamilie betonten Schwerpunkte der Unternehmensarbeit auch bei den anderen Produkten des Hauses. Mit einer ausschließlich kundenorientierten Angebotsplanung hat Schindler sich auch in den anderen wirtschaftlich interessanten Sparten des Marktes gut behaupten können.

Erfreulich entwickelte sich 1995 trotz eines insgesamt schon rückläufigen Gesamtmarktes für Neuanlagen die Nachfrage bei hochwertigen Personenaufzügen. Dies ist ein weiteres Anzeichen dafür, daß die strategischen Überlegungen des Unternehmens richtig sind. Denn die Verbindung von anspruchsvollem Design und Qualität verspricht in einem insgesamt schrumpfenden Markt die derzeit besten Aussichten.

Die Panoramaaufzüge der Produktlinie Schindler 800 erfüllen die vielfältigen individuellen Wünsche unserer Kunden in diesem Segment mit drei repräsentativen Varianten:

- Die Kabinen können die Form des Kundenlogos erhalten.
- Die Werbesujets können durch ein spezielles Befestigungssystem ausgetauscht werden.
- Als Rollo-Aufzug kann eine Werbebotschaft je nach Fahrtrichtung auf- oder abgerollt werden.

Auch für die Nachrüstung bestehender Gebäude mit Aufzügen hat der Konzern eine erfolgreich eingeführte Produktlinie konzipiert: Der 1995 mit dem iF-Siegel (Industrie Forum Design Hannover) für gutes Design und 1996 mit dem Bundespreis Produktdesign ausgezeichnete Schindler 200. Dieser Aufzug kann – je nach Bedarf – im Treppenauge oder an der Fassade installiert werden und hebt den Gebäudewert beträchtlich. Durch den modularen Aufbau der Anlagen läßt er sich sehr gut in bestehende Gebäudestrukturen integrieren.

Natürlich besteht nicht allerorten ein Bedarf an besonders hochwertigen Anlagen. Zum Beispiel werden die Aufzüge in einfachen Wohnhäusern nicht so häufig frequentiert wie in einem Büro- oder Einkaufszentrum. Dementsprechend fragen Kunden nach Anlagen, die einfach, sicher und kostengünstig arbeiten.

Ein differenziertes Angebot für unterschiedliche Bedürfnisse

Für dieses Marktsegment ist seit Januar 1996 die Produktlinie Schindler 100 E auf dem Markt. Sie zeichnet sich durch kurze Lieferzeiten und eine einfache Installation aus und ist für Wohn- und Geschäftshäuser mit einfachen oder mittleren Ansprüchen konzipiert, ebenso für kleinere Gewerbebauten oder Hotels.

Design als Marketinginstrument

Das Design spielt für die Vertriebschancen eines Aufzugs eine bedeutende Rolle. Für den Architekten ist der Lift oft ein wichtiges Gestaltungsmoment in seinem Gebäudeentwurf. Für einen Bauherren fördert eine anspruchsvolle Ästhetik am Bau – zumindest bei Geschäftsimmobilien – dessen Vermarktungsmöglich-

keiten und damit auch seinen Wert. Der Anteil, den das Design an der Kaufentscheidung des Kunden hat, ist individuell sehr verschieden. Deshalb hebt die Schindler-Produktstrategie darauf ab, die unterschiedlichen Bedürfnisse abdecken zu können.

Zugleich erfüllt Design eine wichtige Aufgabe für das Image der Marke. Schindler ist ein Markenname, der für High-Tech-Standards und Dienstleistungen mit sehr hoher Qualität steht. Da die meisten Anlagen auf dem Markt sehr ähnliche technische Ausstattungsmerkmale aufweisen, unterscheiden das Design und der Service das „bessere" vom „schlechteren" Label. Die Gestaltungsflexibilität hilft Schindler, sich als Marke im gewünschten Sinne zu positionieren.

Zu einer glaubwürdigen Corporate Identity des Konzerns gehört es, die eigenen Qualitätsansprüche auf vielfältige Weise mit Leben zu erfüllen. Ein Beispiel dafür ist die sorgfältige Gestaltung der Produkte. So arbeiten renommierte Industriedesigner wie der Münchner Hans-Joachim Krietsch im Auftrag des Unternehmens. Der Designer hat die äußere Hülle der Produktreihen Schindler 300 und Schindler 200 entworfen und damit in der Fachwelt Aufsehen erregen können: 1995 wurde Schindler 200 vom Industrie Forum Hannover e.V. mit dem iF-Siegel für gutes Design ausgezeichnet und zusätzlich zu einem der zehn besten Industrieprodukte des Jahres gewählt. Schon im Jahr zuvor bekam Schindler 300 das Siegel.

Wer hohe Ansprüche hat, muß auch für sie eintreten. In diesem Sinne beteiligt sich Schindler stark an der Diskussion über die Maßstäbe heutiger und künftiger Architektur. Als eines der weltweit führenden Unternehmen der Aufzugs- und Fahrtreppenbranche muß es Verantwortung übernehmen: für höchstmögliche Standards in der Technik, im Kundendienst und in der Entwicklung neuer Lösungen. Bauherren, Architekten und Ingenieure – unsere Kunden und Geschäftspartner – treiben mit ihrem unternehmerischen oder künstlerischen Engagement das Bauwesen voran. Damit wandeln sich laufend die Anforderungen an die Fördertechnik, das Design und den Service rund um das Produkt. Das bedeutet für Schindler auch, vorauszudenken, Lösungen für Aufgaben zu entwickeln, die manchmal noch gar nicht gestellt wurden.

Zum Beispiel engagiert sich das Unternehmen in dem am 1. Juli 1995 in Berlin eröffneten Deutschen Architektur-Zentrum (DAZ).

Mit dem DAZ ist ein neuer Mittelpunkt der Baukunst entstanden, initiiert vom Bund Deutscher Architekten (BDA), der seine Zentrale in ein aufwendig restauriertes Gebäude in Berlin-Mitte verlegt. Das DAZ fungiert als Kommunikationszentrum für Architekten, Planer, Ingenieure, Bauherren, Baubetriebe und Unternehmen. In Gesprächskreisen werden die richtungsweisenden Trends und Anforderungen an die Zukunft wirtschaftlichen Bauens vorgezeichnet. Wo Kunst und Markt aufeinander zugehen und voneinander lernen, entsteht eine fruchtbare Symbiose – zugunsten von Qualität, Ästhetik und Wirtschaftlichkeit.

Schindler ist Mitglied im Förderkreis DAZ. Ein besonderes Anliegen ist es, den Dialog zwischen der Wirtschaft und der Architektur in einem Gesprächskreis zu unterstützen, um hohe Qualitätsansprüche zu sichern. Gerade in Berlin, wo mit gewaltigen Anstrengungen aller am Bauwesen Beteiligten die neue Hauptstadt aufgebaut wird, ist diese Kommunikation von besonderer Bedeutung: Gemeinsam soll eine gewichtige Lobby zugunsten von Güte und Leistungsfähigkeit Einfluß nehmen.

Der Standort Berlin ist noch auf einige Jahre hinaus das wichtigste Bauexperimentierfeld Deutschlands mit einer weltweiten Ausstrahlung. Schindler, seit nunmehr 90 Jahren mit seiner deutschen Zentrale in der Hauptstadt ansässig, begreift die Neugestaltung der Metropole und des künftigen politischen Zentrums des Landes als große Herausforderung.

Teilverglaste Kabine eines Schindler 200.

Innovationsfähigkeit als Voraussetzung

Über Anzeigen, Direct Mails und Beiträge in der Fachpresse hat der Konzern seine Strategie „Produkte und Service – made by Schindler" verbreitet. Die Verkaufserfolge zeigen, daß die Kundenbedürfnisse richtig eingeschätzt wurden. Der Markenname Schindler konnte mit den hohen Ansprüchen der Kunden an das Preis-Leistungs-Verhältnis verbunden werden.

Zahlreiche Großaufträge bestätigen Schindler auf dem eingeschlagenen Weg. Besonders stolz ist das Unternehmen in diesem Zusammenhang auf den 1995 erteilten größten Einzelauftrag der Firmengeschichte. Die Konzerngesellschaft der Daimler Benz AG, die Daimler-Benz-Interservices (debis), Bauherr auf der größten Baustelle Europas am Potsdamer Platz in Berlin, bestellte insgesamt 113 Aufzüge.

Die aufgezeigten Marktstrategien gelten natürlich ebenso im Fahrtreppengeschäft. Hier kann Schindler seit Jahren seine Position als Marktführer verteidigen. Einer der vielen bemerkenswerten Aufträge der letzten Jahre kam aus München. Dort installiert das Unternehmen zwölf 93 Meter lange Anlagen für die „Neue Messe München" auf dem Gelände des ehemaligen Flughafens Riem.

Die ständige Arbeit an Verbesserungen hat – neben den vorgestellten Produktreihen – auch bei verschiedenen Komponenten Früchte getragen. Diese Innovationsfähigkeit ist auf den bewegten Märkten dieser Jahre zu einer Überlebensnotwendigkeit geworden. Auch hier wird Schindler seinen Ansprüchen gerecht. Zum Beispiel wurde eine Außenzielsteuerung, die Miconic 10, entwickelt, um die Fahrwege eines Aufzugs optimal zu gestalten und die Fahrzeit zu verkürzen. Ein erwünschter Nebeneffekt ist dabei die Energieeinsparung. Dies zeigt exemplarisch, wohin der Erfolgsweg führen muß: Im Mittelpunkt allen Denkens und Handelns muß der Kundennutzen stehen, sonst geht das Angebot am Markt vorbei. Dieser Prozeß ist niemals abgeschlossen. Er wird künftig in allen Planungen von Produkten und Serviceleistungen die zentrale Rolle spielen.

„La Ola" – Be Open, Learn, Act

Schneller, höher, weiter – das war das Motto, unter das der Baron von Coubertin vor 100 Jahren die ersten Olympischen Spiele der Neuzeit gestellt hat. Auch hier hat ein Wandel eingesetzt. Immer mehr Menschen fragen sich, ob allein die Quantität der Leistungen entscheidend ist, zumal die Ressourcen der Welt begrenzt sind.

Heute jubeln die Zuschauer in den Sportstadien bei außergewöhnlichen Leistungen zwar weiterhin enthusiastisch. Aber zugleich gewinnt auf den Zuschauerrängen der Spaß am Ereignis an Gewicht. Man feiert sich selbst, zum Beispiel mit der „Welle". „La Ola", wie die Mexikaner ihre spielerische Erfindung nannten, ist ein Zeichen der Bewegung, in der sich die Weltgemeinschaft derzeit befindet. Man kann sich entscheiden: Mache ich mit und treibe die Sache voran? Oder lasse ich die Begeisterung vorbeiziehen, verschlossen für ein vielleicht neues Erlebnis?

Schindler hat sich für die „Welle", „La Ola", entschieden, als Leitmotiv im Zentrum der Arbeit. Es ist den jeweils besonders wichtigen Aufgaben gewidmet. OLA steht für „be open, learn, act", die Begeisterung, in gemeinsamer Sache aktiv zu werden. Dabei geht es freilich nicht nur um die Herstellung von Fahrtreppen und Aufzügen. Diese Philosophie umfaßt mehr: Flexibilität im Umgang mit den Wünschen der Kunden, Offenheit für unkonventionelle Lösungen und die schnelle Ausführung aller Aufträge bei gleichbleibend hoher Qualität.

Ein gutes Beispiel aus der Praxis ist die Arbeit des Schindler-Kundendienstes. Denn unsere Serviceleistungen werden immer stärker nachgefragt. Wo und wann immer es gewünscht wird,

Aufzug in den Schadow-Arkaden, Düsseldorf.

sind die Fachleute von Schindler vor Ort. Das dichte Netz von Stützpunkten – bundesweit sind es mehr als 100 – sichert die schnelle Erledigung aller Arbeiten. A propos Schnelligkeit: Seit dem Frühjahr 1995 sind alle Kundendienstberater in den alten Bundesländern mit einem Laptop ausgestattet. So können Angebote und Kalkulationen von jedem beliebigen Ort aus direkt abgerufen werden.

Zusätzlich zum guten Produkt: ein guter Service

Die Serviceangebote werden zudem ständig erweitert. Bei der Ausgestaltung der Unterhaltsverträge kann jeder Kunde zum Beispiel exakt auf seine Ansprüche zugeschnittene Leistungspakete vereinbaren. Diese kundenindividuelle Gestaltung erhöht die Wirtschaftlichkeit der Anlagen.

Das Sicherheitssystem Servitel, von dem inzwischen weit über 14 000 Einheiten installiert sind, ist zum festen Bestandteil des Kundendienstes geworden. Es ermöglicht auf Knopfdruck den Notruf aus der Kabine direkt in die rund um die Uhr besetzte Leitwarte bei Schindler. Die Mitarbeiter in der Leitwarte können mit den Fahrgästen in der Kabine sprechen. Servitel arbeitet computergestützt, das heißt Fehler können unverzüglich analysiert und schnellstmöglich beseitigt werden. Effektivität und Sicherheit können kaum besser miteinander verbunden werden.

Alles zusammengenommen – hohe Qualität, bester Service, innovative Produkte und dauernde Arbeit an der Verbesserung der eigenen Leistung – bildet den Kern der Unternehmensphilosophie von Schindler. Damit ist das Unternehmen für die enormen Herausforderungen gewappnet, die durch die Globalisierung der Märkte entstanden sind. Gestalten bedeutet in diesem Kontext weit mehr, als ein Produkt äußerlich zu formen. Dazu zählen auch optimierte Abläufe in der Technik, beim Einsatz von Menschen und in der Erfüllung der Kundenwünsche. Ingenieurwissen allein sichert keinem Industrieunternehmen mehr die Zukunft. Nur die ständige Bewegung hin zu neuen Zielen ermöglicht die dauerhafte Wettbewerbsfähigkeit.

Produktstrategien bei Sony: der modische Walkman

von Theo Backx

Das Unternehmen Sony wurde im Mai 1946, damals unter der Bezeichnung Tokyo Kogyo Kabushikakaika, gegründet. Im Jahre 1950 wurde das erste japanische Tonbandgerät hergestellt, und 1955 kam das erste Transistorradio, TR55, unter dem Markennamen „Sony" heraus. Einer der Firmengründer hatte festgestellt, daß kurze Namen den Verkauf von Produkten begünstigen und „Sony" sowohl das lateinische Wort für „Klang" suggeriert wie auch die Koseform des englischen Wortes für „Sohn" darstellt. 1958 schließlich änderte die Firma ihren Namen in „Sony".

Da Sony kleiner als die meisten japanischen Elektrokonzerne war, sah man sich schon damals gezwungen, zur Erhaltung seiner Wettbewerbsfähigkeit nicht nur die Produktpalette seiner Rivalen zu ergänzen, sondern sich auch auf die besondere Sprache erfolgreicher Konsumgüter zu konzentrieren.

Sony legte besonderen Wert auf seine Research & Development-Arbeit und entwickelte damit einige äußerst innovative Technologien. So entstanden zum Beispiel das erste Transistorfernsehgerät (1959), das erste Triniton-Fernsehgerät (1968), der Walkman (1979), der erste CD-Player (1982) und erst vor kurzem die Minidisc (1992).

Heute ist die Sony Corporation mit einem Kapital von 41 Milliarden Dollar (1994) eine der weltweit führenden Firmen auf dem Gebiet der Heim- und Industrieelektronik wie auch der Unterhaltungsindustrie. Sony nimmt ebenso eine führende Stellung bei der Entwicklung neuer Technologien ein, wie sich zum Beispiel im äußerst rasch vollzogenen Schritt von der Analog- zur Digitaltechnik in den Bereichen der Elektronik und der Unterhaltungsindustrie zeigt.

Die gegenwärtigen Geschäftsbereiche sind unter anderem die Videotechnik (Heimvideorecorder, Laserdisc-Player), Audiotechnik (CD-Player, MD-Systeme), Fernsehgeräte, Musik und Bildtechnik.

Theo Backx (1944) ist seit 1993 Managing Director Audio Europe und Legally Authorized Representative Director von Sony Europa B.V. Nach dem Studium an der Business School Rotterdam trat er 1969 bei Sony Netherlands als Manager Audio Products ein. 1974 wurde er Sales Manager Consumer Products. 1978 wurde er zum Marketing Director Audio Consumer Products Division ernannt. Seit 1990 bekleidete er die Positionen des General Manager Consumer Products Group und des Deputy Director Sony Netherlands.

Die Firmenphilosophie

Vierzig Jahre nachdem die Unternehmenssatzung aufgestellt wurde, bekräftigte der derzeitige Vorstand von Sony, Akio Morita, die Unternehmensphilosophie in einer einfachen, prägnanten Erklärung mit dem Titel „Sony Pioneer Spirit":

„Sony leistet Pionierarbeit und wird niemals andere kopieren. Durch Innovationen möchte Sony der ganzen Welt dienen. Wir werden immer danach trachten, das Unbekannte zu erforschen [...] Sony hat es sich zum Grundsatz gemacht, die Fähigkeiten seiner Mitarbeiter zu achten und zu fördern [...] und immer das Beste aus einem Menschen herauszuholen." Diese Unternehmensphilosophie wird direkt in konkrete Strukturmerkmale und Verfahrensweisen umgesetzt, beispielsweise in eine ausgesprochen individualistische Betriebskultur und eine relativ dezentrale Struktur sowie in Methoden der Produktentwicklung, die bewußt auf traditionelle Marktforschung verzichten. Statt umfassende Marktforschung zu betreiben, bemüht Sony sich um die Verbesserung eines Produktes und um die Förderung der Nachfrage, indem es die Öffentlichkeit informiert und beeinflußt.

Jeder, der mit japanischen Firmen zu tun hatte, weiß, wie umständlich und langsam sie wirken können. Der Leitungsprozeß scheint sich schneckenhaft zu einer gemeinsamen Entscheidung vorzutasten. Japanische Firmen nehmen sich Zeit, die Märkte zu erforschen, bevor sie sie offensiv erschließen – ein Prozeß, der dann um so schneller voranschreitet. Einige japanische Unternehmen besitzen die phänomenale Fähigkeit, ein innovatives Produkt nach dem anderen auf den Markt zu werfen. Die japanischen Firmen bringen neue Produkte derart schnell auf den Markt, um langsamere Konkurrenten zu überrunden. Jedes Jahr wächst der japanische Markt um etwa 20 000 neue Produkte an. Im Jahre 1985 lag diese Zahl um ein Drittel höher als zwei Jahre zuvor. Wir werden uns noch genauer damit befassen, wie Sony Produktinnovationen herbeiführt. Hier soll es zunächst einmal darum gehen, daß Sony bestrebt ist, dieses hohe Innovationstempo zu halten.

Eine außergewöhnliche Konsequenz der sich stetig verkürzenden Produktlebensdauer ist, daß Sony nun nicht mehr bestrebt ist, möglichst viele Produkte herzustellen, sondern möglichst wenige! Es soll vermieden werden, in Überschußproduktionen zu versinken. – Am Fallbeispiel des YPPY wird im folgenden eine Möglichkeit zur Spezialisierung und Differenzialisierung aufgezeigt werden. Eine weitere Konsequenz ist eine neuartige Flexibilität in der Produktplanung.

Wir haben es also mit einer zweifachen Herausforderung zu tun: Erstens müssen Produkte entwickelt werden, für die eine Nachfrage besteht, und zweitens müssen diese Produkte noch schneller, als wir es bisher gewohnt waren, entwickelt werden. Entscheidend ist, daß erfolgreiche Firmen wie Sony für den Kunden glaubwürdig sind. Jede Firma behauptet, sich um ihre Kunden zu kümmern und die bestmöglichen Produkte herzustellen. Was Sony auszeichnet, sind die Intensität und Ausschließlichkeit dieser Anstrengungen.

Produkte und Produktphilosophie

Als Produzenten mit internationalem Vertrieb haben japanische Firmen bemerkenswerte Leistungen in der Verbraucherpsychologie vollbracht: Sie wissen, wie Produkte die Konsumenten ansprechen können.

Man erkannte schon früh die Notwendigkeit des Design: Konsumenten treffen ihre Kaufentscheidung nicht mehr allein aufgrund der ehedem wesentlichen Kriterien wie Funktionalität, Wirtschaftlichkeit und Sicherheit. Gegenwärtig tendiert man in wachsendem Maße dazu, die Produkte nach „zweitrangigen" Maßstäben wie Komfort, Wärme, Eleganz, Humor und einer über das Leben des Individuums und seinen Geschmack vermittelten persönlichen Aussage auszuwählen.

Sony hat vielleicht mehr als alle anderen Produzenten den Verbraucher mit der äußeren Erscheinung der Produkte „geködert". Sony war die erste japanische Firma und der erste Massenproduzent, der erkannte, wie attraktiv und wichtig die Semantik der Technik für den Konsumenten ist. Sony wurde zum Vorreiter beim Verkauf unüblicher neuer Produkte, um daraufhin diese Marketingstrategie mit Innovationen beim äußeren Erscheinungsbild abzurunden. Diese Innovationen erzeugten den Eindruck einer gewissen technischen Mystik und ließen die Produkte von Sony gegenüber denen anderer Hersteller besonders hervorstechen.

Sony stellte zum Beispiel Lautstärkemeßgeräte für das erste Heimstereotonbandgerät her, wodurch man ein Wohnzimmer in der Vorstadt ein bißchen wie ein Tonstudio aussehen lassen konnte. Gleichzeitig erfand Sony den matt eloxierten Hi-Fi-Verstärker aus Aluminium mit seiner bekannten Reihe von Drehknöpfen, Schiebe- und Kippschaltern, Tasten und Skalen, die das Bedürfnis des Kunden nach Symbolgehalt voll und ganz befriedigten – der Mechanik im Inneren des Gerätes hingegen widmete er oftmals überhaupt keine Aufmerksamkeit. Richtungsweisende Sony-Produkte werden in großem Maße kopiert; die Produktpalette „My first Sony" beispielsweise diente vielen anderen Herstellern als Vorbild.

Die Designer bei Sony verstehen es, die Wünsche des Kunden zu wecken. Die in ihrer Kultur begründete Tradition, der Miniaturform besondere Aufmerksamkeit zuzuwenden, hat dazu geführt, daß Sony den kleinen Details seiner Produkte eine fast besessene Beachtung schenkt, bei kleinen und bei großen Objekten. Manche Konkurrenten von Sony benutzen die technische Bildsprache dagegen als barocke Dekorationsform. Die scheinbar professionellen Details auf vielen Hi-Fi-Produkten besitzen oft keinerlei funktionelle Notwendigkeit.

Marktforschung bei Sony

Sony betreibt keine herkömmliche Marktforschung, sondern versucht, den Markt in anderer Weise zu betrachten. Sony studiert soziale Entwicklungen und bleibt dem Kunden immer auf der Spur. Firmenchef Akio Morita zum Beispiel meidet auf Reisen teure Diners und sucht mit Vorliebe lokale Diskotheken auf – er geht dorthin, wo sich seine Kunden zusammenfinden. Bei Sony gibt es eine Gruppe, die sich speziell mit der Zufriedenheit der Kunden befaßt und das technische Flair der Entwicklungslabors mit Untersuchungen der gegenwärtigen und zu erwartenden Verhaltensweisen der Menschen verbindet. Diese Mitarbeiter sind Meister des „Lifestyle" und der Voraussage sozialer Entwicklungen.

Junge, relativ gut betuchte, kosmopolitische, audiovisuelle Informationsjunkies der Jahrtausendwende bilden den Markt für neue Produkte. Bei ihnen steht Unterhaltung höher im Kurs als Arbeit. Die „freeters" (Kurzwort für „free" Arbeiter oder Job-Springer) ziehen eine gut bezahlte Teilzeitarbeit einer langfristigen Karriere vor, und sie verbringen ihre Freizeit in kleinen Freundeskreisen. Dabei stellen sie ihre Zugehörigkeit zu einer Gruppe durch

Die YPPY-Kollektion:
„YPPY magic blue",
„YPPY black berries",
„YPPY red cherry".

einheitlichen Geschmack und Erscheinung zur Schau. Ein bestimmtes Produkt zeigt eine bestimmte Zugehörigkeit an – dem Stil wird ein größerer Wert als der Funktionalität beigemessen. Demzufolge mußte Sony seine Prioritäten ändern, um der plötzlichen Geschmacksdiversifizierung zu entsprechen. Mode ist im eigentlichen Sinne ein Prozeß des Informationsmanagement, eines Systems, das die sich permanent entwickelnden Bedürfnisse des Marktes überwacht. So bestimmt nicht mehr die große zentralisierte Wirtschaft, welche Produkte hergestellt werden, sondern kleine, äußerst bewegliche Marketingorganisationen.

Das Lifestyle-Forschungszentrum von Sony entwickelt eine Strategie für das Design der Produkte von morgen. Die Konsumenten werden nach dem klassifiziert, was sie kaufen, um sodann sicherzustellen, daß sie immer noch mehr davon haben wollen. In „Laboratorien" werden Testpräsentationen neuer Produkte durchgeführt, anhand derer Sony das sprunghafte Verhalten der Konsumenten aus kürzester Distanz verfolgen kann.

Zudem wird in sonyexternen Design Studios konzeptionelle Produktentwicklung betrieben. In diesen Studios arbeiten die Konstrukteure unbeeinflußt von den Leuchtanzeigen des Montagebandes und unabhängig von den Produktplanern, den Ingenieuren und den Verantwortlichen für Marketing und Absatz. In Japan bezeichnet man dies als „line design". Die gesamte japani-

**Die Arbeit des
Lifestyle-Forschungszentrums**

sche Industrie wird derzeit um effizientes Informationsmanagement zentriert. Man träumt davon, Japan in eine sogenannte „Softwaregesellschaft" zu verwandeln mit schnell verfügbaren Informationsmengen und spezialisierter Produktion anstatt der herkömmlichen Produktion für Massenmärkte.

Sony, eine bekanntermaßen wettbewerbsbewußte und geradezu pathologisch verschwiegene Firma, vertritt jetzt den Standpunkt, daß ein offener Austausch von Designtrends von Vorteil ist. Der Markt ist zwar gesättigt, dennoch setzte das Unternehmen seine Versuche fort, zumindest noch ein klein wenig mehr Wachstum aus ihm herauszupressen. Das tat man zunächst mittels einer nervenaufreibenden Gieskannenmethode, bei der man die Verbraucher mit schier unendlichen Varianten anerkannter Bestseller überschüttete. Der selbstzerstörerische Charakter dieser Attacke jedoch hat Sony dazu gezwungen, seine Prioritäten neu zu definieren und das Design als Differenzierungsfaktor an die erste Stelle zu setzen.

Organisation von Forschung & Entwicklung

Yasuo Kuroki, der Leiter des Product Planning Centres von Sony äußert sich folgendermaßen zu der Rolle des Designers:

Die Rolle der Designer im Unternehmen

„Designer sollten keine Künstler sein. Insbesondere Industriedesigner sollten schöpferische Menschen sein, welche die ihnen von der Firma zur Verfügung gestellten Möglichkeiten voll und ganz erkennen. Sie sollten Märkte schaffen, indem sie auf der Grundlage der Verbindung sozialer Entwicklungen mit den inneren Faktoren ihrer eigenen Firma neue Produkte kreieren. Die Dynamik, durch die alle diese Faktoren tatsächlich organisiert werden, würde ich als ‚Design Management' bezeichnen."

In den siebziger Jahren arbeiteten die Designer in den verschiedenen Geschäftsbereichen, in den achtziger Jahren wurden sie in die Marketingzentren zurückgeholt. Dadurch wurden 470 Leute auf eine horizontale Struktur von Marktforschung, Konstruktion, Verkaufsförderung und Industriedesign verteilt.

Designer müssen die Dinge mit einem gewissen Abstand betrachten können. Bis 1995 erfolgte die Produktplanung, beginnend mit dem konzeptionellen Brainstorming bis hin zum Bau der Modelle und dem Design, in Tokio. 1996 nehmen erstmals neue Product Planning Centres ihre Tätigkeit in Europa und andernorts auf, um kulturelle Unterschiede stärker beachten zu können und die Entwicklung der Produkte zu beschleunigen.

Die Arbeit der Tokioter Zentrale umfaßt neben der Produktplanung und dem Feindesign der Produkte die Firmenphilosophie, die Verpackung, die Präsentation, CAD und „Zufriedenheit der Kunden". Dieses Team untersucht, was am meisten benötigt wird und welche Eigenschaften akzeptiert oder abgelehnt werden. Seine Mitglieder befragen die Kunden, führen Gesprächsrunden und Testverkäufe durch, um die Akzeptanz des Produktes zu prüfen. Die Bedürfnisse des Marktes, die Entwicklungstrends und Gutachten werden analysiert und die Daten für die Designer abgeglichen.

Weitergabe technischer Lösungen

Die Bereitschaft, technische Lösungen weiterzugeben, wird immer wichtiger, wenn man einen anderen Weg einschlagen will. Sony entwickelte als erster den Videorecorder. Sein System Betamax galt als dem VHS-System überlegen. Sony aber teilte seine Erfindung nicht mit anderen, im Gegensatz zu den Firmen, die VHS verwenden. Heutzutage sind mehr als neun Zehntel der über 100 Millionen verkauften Videorecorder mit VHS ausgerüstet. Sony zog daraus seine Lehren und verständigte sich mit 127 anderen Firmen in der ganzen Welt über eine 8-mm-Norm, als der „Camcorder", die Videokamera mit Recorder, entwickelt wurde.

Bei Sony schlagen die Konstrukteure zukünftige Produkte vor, ohne sie in Verbindung mit der bestehenden Technik zu bringen. Sie schauen drei Jahre voraus und geben ihre Ideen und Informationen an ihre R&D-Abteilungen. Der wirkliche Erfolg entsteht aus der Verbindung von Technik und Design. Bei Sony entstand die Idee sowohl für den „Walkman" als auch für das Taschenfernsehgerät „Watchman" bei den Designern. Sony wurde vorgeworfen, den Watchman zu früh auf den Markt gebracht zu haben, aber so lernt das Unternehmen: Das Produkt auf den Markt werfen, die Reaktion testen, sich einen Marktanteil verschaffen und Erfahrungen sammeln, daraufhin das nächste Produkt in der Kette herstellen. Der fünfzehn Monate später erschienene umkonstruierte und leichtere Watchman von Sony war immer noch dem Taschenfernseher der Konkurrenz voraus.

Technik und Design – das erfolgreiche Paar

Geschwindigkeit und Qualität

Nach Aussage von Yasuo Kuroki dauert die Entwicklung eines neuen Produkts vom Konzept bis zur Markteinführung bei Low-Tech-Erzeugnissen einige Monate, bei High-Tech-Produkten ein Jahr. Dies gilt als Maßgabe für die Produktionsvorbereitung.

Um auf kurzfristige Veränderungen in der Technologie reagieren zu können, wurde eine neue Leitungsstruktur in den Forschungslabors von Sony eingeführt. Anfang des Jahres 1994 wurden im neuen Research Centre die wichtigsten Firmenlabors einer gemeinsamen Leitung unterstellt. Die Zentralisierung soll das Zusammenwirken der verschiedenen Bereiche für Research & Development (R&D) fördern. Das Research Centre hat zur Aufgabe, Basistechnologien zu entwickeln und neue Geschäftschancen auf Gebieten wie Materialforschung, Speicher- und Anzeigegeräte, digitale Signalverarbeitung und Telekommunikations- und Informationssysteme zu erkunden.

Technische Stärke und Verbrauchernähe durch internationale Zusammenarbeit

Der Technologietransfer von den R&D-Abteilungen zu den Geschäftsbereichen wird erleichtert, so daß sich Sony im Zeitalter der neuen Geschäftschancen auf Gebieten wie Materialforschung, Speicher- und Anzeigegeräte usw. besser positionieren kann. Forschung und Entwicklung wird bei Sony von jedem Geschäftsbereich sowohl innerhalb als auch außerhalb Japans ausgeübt. Um die technischen Stärken vor Ort und die größere Nähe zum Endverbraucher zu nutzen, plant Sony, seine Forschungs- und Entwicklungstätigkeiten weiterhin zu internationalisieren. Neben dem zentralen R&D-Centre von Sony in Japan ist noch eine ganze Reihe von R&D-Centres über die ganze Welt verteilt, die eng mit dem zentralen Design-Centre zusammenarbeiten. Die europäischen Vertriebsorganisationen stehen mit Tokio bezüglich der Produktanforderungen, des Design, des Geschäftsplans, der Verkaufsförderung und der Geschäftsstrategien in ständiger Verbindung.

In der Produktplanung wird den ökologischen Innovationen eine große Bedeutung beigemessen. So wurde in Japan durch Sony ein Umweltprogramm ins Leben gerufen. Die Überwachung der Umweltfaktoren wurde den Environmental Conservation Committees (Umweltschutzkommissionen) von Sony und der Audit Group (Kontrollgruppe) übertragen. Außerdem wurde in jeder produzierenden Einrichtung ein interner Umweltprüfer benannt, der auf freiwilliger Basis Umweltfaktoren kontrolliert. Um seine Erzeugnisse noch umweltschonender zu machen, hat Sony ein System der Produktbewertung eingeführt und Richtlinien der Produktplanung in sämtlichen Erzeugniskategorien erarbeitet.

In Europa steht das Sony Europe Stuttgart Technology Centre jetzt als Projektmanager an der Spitze eines Eureka-Projektes mit der Bezeichnung „Euroenviron Care Vision 2000". Bei der Konstruktion und Herstellung von Fernsehgeräten hat Sony Produktionsprozesse eingeführt, die ein effizientes Recycling der Materialien erlauben.

Insgesamt betrugen die Ausgaben für Forschung und Entwicklung 1994 2232 Millionen Dollar (4000 Millionen Mark), wodurch sich der Anteil dieses Postens am Konzernumsatz auf 6,2 Prozent erhöhte.

Fallbeispiel YPPY

Seit Beginn der Industrialisierung verfolgte Japan den Weg der Imitation, indem das Aussehen ausländischer Modelle nachgeahmt wurde und man gleichzeitig versuchte, sie technisch zu verbessern („cop-improve-paste"). Die ersten japanischen Kameras waren Kopien der deutschen 35-mm-Leica, und bei Uhren imitierte man exklusive Schweizer Modelle.

Die Geschichte der Personal-Hi-Fi-Technik und des Walkman

„YPPY Battery tube".

Die äußere Erscheinung der meisten dieser Produkte war aber auch von der Technik beeinflußt, was eher als Vor- denn als Nachteil zu sehen ist, denn ein Großteil ihrer Attraktivität bestand in der Art und Weise, wie die technische Verfeinerung zur Schau gestellt wurde. Es entwickelte sich ein High-Tech-Look, der zum Markenzeichen japanischer Produkte wurde.

Der Drang zu immer kleineren Geräten in der Heimelektronik wurde zu einem der wichtigsten Charakteristika des japanischen Design: Je kleiner ein Produkt war, desto verfeinerter waren die technischen Leistungen und desto stärker bildeten Form und Funktion eine Einheit. Sony stellte als erste Firma ein besonders kleines Radio her, das man in die Tasche stecken konnte. Diese Tendenz des japanischen Design erreichte mit einem Taschenrechner ihren Höhepunkt, der so klein ist, daß man nicht einmal mehr eine Taste allein berühren kann.

In den sechziger und siebziger Jahren wurde die Miniaturisierung tatsächlich zu einer der Stärken japanischer Elektronik. Eine weitere Stärke des japanischen Design war die Verknüpfung verschiedener Funktionen, wie beispielsweise Tonbandgerät und Plattenspieler, in einem Gerät. Kleine Bauteile wurden so gebündelt, daß aus der Summe der Teile ein bestimmter visueller Eindruck entstand.

Wie bereits dargestellt, nahm die Variation von Produkten am Ende der siebziger Jahre zu. Deshalb stellte der von Sony 1978 herausgebrachte Walkman einen Scheidepunkt für das japanische Produktdesign dar. Mit dem transportablen Walkman wurde das Styling, das heißt die gesamte Idee der persönlichen „Kleidung", besonders wichtig. In dieser Weise wurde ein vorhandenes Stück Technik in einer zweiten Produkt- und Gewinngeneration wiederverwertet.

Ende der achtziger Jahre orientierte sich das Produktdesign mehr und mehr an dem Gedanken, Erzeugnisse mit einer persönlichen Anmutung für alle Lebensbereiche und -situationen anzubieten. Sony ging mit dieser Idee so weit, 1989 ein Duschradio zu entwickeln, ein mit einer Uhr kombiniertes Radio, das mit unter die Dusche genommen werden kann.

In den vergangenen Jahren wurde aus dem Produktionsprozeß als System der Massenproduktion durch verstärkte Automatisierung ein Lieferant „vieler Versionen in kleinen Mengen". Beim Produktdesign legte man größeren Wert auf das Konzept der

Vom persönlichen Audiogerät zur persönlichen Unterhaltung: Your Personal PropertY

„kulturellen Vielfalt": Variables Design soll in erster Linie dazu dienen, daß ein bestimmtes Produkt auf einem bestimmten Markt oder einem seiner Segmente sicher ankommt.

Als die ehemals überschäumende japanische Wirtschaft abflaute, hat Sony aggressiv das Ideal der „Ausschußbegrenzung" verfolgt. Sony und seine Verkaufseinrichtungen konzentrieren sich jetzt darauf, nur den Verkauf der begehrtesten Produkte zu fördern. Auch andere japanische Firmen handeln jetzt nach dem Motto „wahrhaftiges Produkt" und „ernsthaftes Denken", wenn sie das herstellen, was gewünscht wird. Dazu soll im folgenden ein gutes Beispiel angeführt werden.

Wie bereits dargestellt, hat Sony mit dem Walkman einen neuen Maßstab für die technische Entwicklung bei den persönlichen Stereogeräten gesetzt. Nach dem Verkauf von 135 Millionen Walkmans hat Sony dem Gerät jetzt in Europa ein neues, hochmodisches Outfit verpaßt, das die jüngeren Käufer ansprechen soll.

Die neue Marketingidee, die auf den ersten Blick so einfach und natürlich erscheint, war in Wirklichkeit das Ergebnis einer detaillierten Sony-Studie des sich verändernden europäischen Marktes. Ihre Umsetzung wurde behutsam mit dem Ziel organisiert, ein maximales Ergebnis mit minimalen Kosten zu erlangen. Allem, von der Anpassung der Farbgebung an die Herbstmode des Jahres bis hin zu einer neuen Preis- und Vertriebspolitik, wurde Beachtung geschenkt.

Das Ziel bestand darin, den Markt der persönlichen Stereogeräte neu anzukurbeln, eine neue Generation von Walkman-Fans zu gewinnen und diesem Wahrzeichen der Sony-Produkte eine neue Identität als Accessoire der Musikmode zu geben. Dies ist ein europäisches Konzept, das vom European Design Centre mit Unterstützung der International Marketing Division und des Corporate Design Centre in Tokio entwickelt wurde. Die Bezeichnung YPPY, eine Abkürzung des Slogans „Your Personal Property", ist kurz, hat keinen bestimmten Sinn, spricht die Zielgruppe an und stärkt seine Position als trendgemäßer, modischer Gegenstand und nicht nur als Maschine, mit der man Musik hören kann. Symmetrie und Klang der Buchstaben des Anagramms boten sich geradezu an, ein eigenständiges Signet zu entwickeln, das in seiner Vielseitigkeit in fast allen Formen der Promotion, von „point of sale" bis Fernsehwerbung, wirksam eingesetzt werden kann.

Wahrhaftige Produkte

„YPPY air conditioned" (links) **und „YPPY red cherry"** (unten).

Die zehn YPPY-Modelle erschienen in limitierter Auflage, was sie noch attraktiver machen und einen Sonderpreis rechtfertigen soll. Weitere zehn neue Designs erschienen im Frühjahr dieses Jahres, gleichzeitig mit der Frühjahr/Sommer-Kollektion. Nur 60 000 Stück der ersten Serie werden über einen Zeitraum von sechs Monaten bei Top-Adressen der Verbraucherelektronik, in Kaufhäusern, beliebten Softwaregeschäften und Modeboutiquen zum Verkauf angeboten. Sony Personal Audio Europe beschloß auch, YPPY nicht nur über eine begrenzte Anzahl von 1250 Geschäften in ganz Europa, sondern auch über unkonventionelle Kanäle zu verkaufen. Dadurch sollen die Anhänger des Young Style erreicht werden, die nicht regelmäßig Elektronikfachgeschäfte aufsuchen, sondern viel Zeit in Bekleidungs-, Musik- und Accessoiregeschäften zubringen. Der Vertrieb der YPPYs über diese beliebten Geschäfte abseits der Elektronikbranche ermöglichte die Positionierung des Produkts auf dem Markt als Modeaccessoire für eine bestimmte Zielgruppe.

Um die Vorbereitung der Verkaufseinrichtungen zu erleichtern, gab Sony Personal Audio Europe das sogenannte Blaubuch heraus. Es enthält detaillierte Richtlinien für den Vertrieb, die festlegen, daß die Händler sich untereinander über die Präsentationsfläche, die Mindestbestellung, die Verwendung von POP-Material, die Überwachung und andere Aspekte einigen, bevor sie „offizielle YPPY-Händler" werden können.

Der typische YPPY-Käufer ist ein sechzehnjähriger Junge, der im allgemeinen glücklich und optimistisch ist. Er macht sich um Dinge wie die Umwelt Sorgen, wird aber selbst bezüglich solcher Probleme nicht aktiv. Er ist sehr stark auf sich selbst fixiert.

Die Familie ist für ihn wichtig, er unterscheidet sich aber von seinen Eltern. Er steht den meisten Dingen tolerant gegenüber, geht aber seinen eigenen Weg. Er hat Freunde, gehört aber keiner Gruppe an. An erster Stelle ist er ein Individuum.

Das Blaubuch behandelt alles, von der Strategie bis hin zu aktenkundigen Berichten. Die Zielgruppe wird, wie oben dargestellt, bis hin zu ihrer musikalischen Geschmacksrichtung und der bevorzugten Kleidung beschrieben.

Das Blaubuch beschäftigt sich auch mit der Faszination dieser Gruppe für Markenartikel, obwohl sie andererseits kein Vertrauen in die konventionelle Werbung hat. Die Designer bei Sony ließen sich von der Kleidung dieser Gruppe inspirieren und entwickelten auf dieser Grundlage das entsprechende äußere Erscheinungsbild des YPPY-Modells. Neben der abgestimmten Farbgebung verwendeten die Designer von Sony unterschiedliche Textilien, Aluminium und andere Materialien und fügten Schnallen, Borten und Verschlüsse hinzu.

Ein traditioneller Walkman ist funktionsorientiert, während der YPPY modeorientiert ist. Vor dem Hintergrund dieser Differenzierung positionierte Sony den YPPY als einen Extra-Walkman, den man zu besonderen Anlässen trägt, nicht aber als Ersatz.

Auch die Marketingstrategie unterscheidet sich von der herkömmlichen. Anstelle intensiver Werbe- und Promotionkampagnen, wie sie bei persönlichen Audioprodukten üblich sind, verläßt man sich beim YPPY auf die Mund-zu-Mund-Propaganda und den Verkauf im Geschäft. Dabei hofft Sony auf den Schneeballeffekt, der nicht allein den Verkauf der YPPY ankurbelt, sondern auch den Absatz des herkömmlichen Walkman unterstützen soll.

Kundenfragebögen vermitteln Sony exakte Informationen über die Kunden, die von ihnen bevorzugte Musik und Kleidung wie auch über ihre Lieblingszeitschriften, Lieblingsrundfunk- und -fernsehstationen.

Die Namen der verschiedenen Modelle sind genauso einzigartig wie die anderen Aspekte der Kampagne: Sicherheitsgurt, Strangler, Batterieröhre, Time-Bandit und Rote Kirschen zum Beispiel. Diese Herangehensweise unterstreicht die hinter dem Produkt stehende „totale Planung" und Sonys Geschick, das Objekt zur Botschaft werden zu lassen. Indem es den Lifestyle und die Neigungen seines Zielpublikums widerspiegelt, wird es zu einem Produkt, das sich selbst verkaufen kann, was allerdings nicht bedeutet, daß Sony YPPY nicht aggressiv vermarktet hat.

In den Niederlanden beispielsweise entschied sich Sony dafür, über ein Viertel der für persönliche Audioprodukte vorgesehenen Werbemittel für die Unterstützung des neuen Produktes zu verwenden. YPPY wurde in einem einzigartigen Händlerhandbuch vorgestellt. Das Layout dieses Handbuches war genauso radikal wie die Produkte selbst. YPPY wurde bei Tanzveranstaltungen in Top-Discos, bei einer speziellen Kick-off-Party im bekanntesten Kaufhaus der Stadt und bei einer stadtweiten Party in Amsterdam, die von den jungen Leuten an zwanzig verschiedenen Plätzen besucht werden konnte, präsentiert. Auf dieser von einer intensiven Promotion begleiteten und von einem großen Softdrinkproduzenten mitgesponsorten Party traten Disc-Jockeys auf, die YPPY-T-Shirts und -Mützen trugen, an die Gäste wurden abziehbare YPPY-Tattoos und -Sticker verteilt.

In Frankreich verfolgte Sony eine andere Strategie, indem man YPPY auf den Laufstegen von Paris vorstellte. Zur Präsentation von YPPY gegenüber den Medien und der Öffentlichkeit führte Sony France auf der Prêt-à-Porter-Ausstellung in Paris seine eigene Modenschau durch. Auf Sonys Show wurden die Schöpfungen zehn junger Designer gezeigt, wobei jeder von ihnen den Auftrag erhalten hatte, ein Outfit zu entwerfen, zu dem er sich von einem der zehn YPPY-Modelle der ersten Generation inspirieren lassen sollte. Zu Original-YPPY-Musik traten Tänzer und Tänzerinnen auf, die verschiedene YPPY-Modelle vorführten.

**Modedesign –
alles andere als flüchtig**

Die Verbindung zwischen YPPY und vielversprechenden jungen Designern wie auch die Präsentation von YPPY als Kollektion und nicht als einzelne Produkte hat diesem sofort Glaubwürdigkeit in der Modewelt verschafft.

Die Einheit von Produkt und Kampagne ist von zentraler Bedeutung. Der gewählte Schrifttypus lehnt sich deshalb an das von Sony zusammen mit einer Corporate Design Agentur entwickelte Signet an. Give-away-Aufkleber und Tatoos sollen dem Markenzeichen zu Eigenleben verhelfen. YPPY soll den Walkman nicht ersetzen. In der Zukunft werden Walkman, Minidisk und YPPY nebeneinander bestehen und verschiedene Geschmacksrichtungen und Budgets ansprechen. YPPY steht für zukunftsweisendes Design und soll als Designkompetenz auf die Dachmarke Sony abstrahlen.

Industrielle im Westen würden möglicherweise ihre Zweifel äußern, wenn von einem auf Mode basierenden Design die Rede ist. Die Japaner aber sind Ästheten – ihrer Meinung nach ist das Äußere genauso aufschlußreich wie das Innere. Demzufolge verstehen sie auch Stil oder Bildsprache nicht in einem abwertenden „oberflächlichen" Sinne. Die gesamte japanische Gesellschaft wird durch in höchstem Maße sichtbare Zeichen und Symbole, die das Verhalten und die Reaktionen der Menschen vorschreiben, diszipliniert. Ein weiterer Aspekt des Lebens in Japan, der die Dynamik der Mode erklärt, besteht im Glauben der Japaner an die Flüchtigkeit der Dinge. Sie glauben an die Vergänglichkeit alles Irdischen, was bei der Betrachtung der japanischen Ästhetik immer zu beachten ist. Denn sie akzeptieren die Vergänglichkeit nicht nur, sondern verherrlichen sie sogar. Schönheit gilt in Japan als etwas Zerbrechliches, das immer Gefahr läuft zu verschwinden.

Indem dem Walkman dieses neue persönliche YPPY-Signet gegeben wird, ist Sony einen weiteren Schritt auf dem Weg zu einer bei einer Generation bevorzugten Marke, die beim Auftauchen des ersten Walkman sozusagen noch „in den Windeln" lag. Sony ist überzeugt, daß der kurzfristige Erfolg von YPPY zum Nutzen aller Beteiligten sein wird. Dennoch liegt seine wirkliche Bedeutung im langfristigen Ergebnis. Indem an junge Verbraucher verkauft und so eine beständige Markentreue gegenüber Sony geschaffen wird, bildet sich die Firma einen Kundenstamm heran, der in den kommenden Jahren ganz selbstverständlich auch zum digitalen Handycam und Triniton greifen wird.

Corporate Revitalising bei Philips Electronics

von Don Croonenberg und Jos Jansen

Das Design ist für Philips auf der Unternehmensebene eine der essentiellen Kernqualitäten: ein Faktor, der für das Unternehmen und seine Aktionäre bei der Werteschaffung für das folgende Jahrzehnt eine wesentliche Rolle spielt. Daher wird das Design bei Philips vollständig in den Prozeß der Produktentwicklung integriert, von der frühesten Entscheidungsphase bis zur Markteinführung des Produktes. Es ist somit auch nicht verwunderlich, daß Design Management innerhalb des Unternehmens eine ganz neue Bedeutung bekommen hat.

Wie viele andere multinationale Konzerne hat auch Philips Electronics in den vergangenen fünf Jahren einen Prozeß von tiefgreifender Neuorientierung und Veränderung durchlebt. In diesem Beitrag wird beschrieben, wie neue Ansichten über die Rolle von Design und Design Management zur Gestaltung eines neuen Corporate Image und einer neuen Produktgeneration beigetragen haben. Der allgemeine Design Management-Prozeß soll im folgenden anhand eines Beispiels erläutert werden: die Entwicklung einer Serie von vier Haushaltsgeräten, die Philips-Alessi-Reihe.

Der „Centurion Prozeß"

Das Jahr 1990 endete für Philips dramatisch. Die finanzielle Situation des Unternehmens hatte sich derartig verschlechtert, daß sich Jan Timmer, der Mitte des Jahres angetretene neue Präsident des Konzerns, gezwungen sah, unter dem Namen Centurion ein einschneidendes Umstrukturierungsprogramm bekanntzugeben. Ein Bestandteil davon war die weltweite Verringerung des Personalbestandes um ca. 45 000 Personen. Doch der neue Präsident wußte, daß eine Kostenreduzierung allein nicht genügte. Der Personalabbau war zwar ein notwendiges Element dieses Prozesses, es mußte jedoch viel mehr geschehen. Und es geschah viel mehr: Konzernweit wurde ein Umgestaltungsprogramm eingeleitet, das

Don Croonenberg (1959) studierte an der Universität Tilburg Philosophie, Naturwissenschaften und Theologie. Er ist bei Philips in der Abteilung für Corporate External Relations tätig und mitverantwortlich für Public Relations and Affairs.

Jos Jansen (1950) studierte in Nijmwegen Psychologie. Er ist Mitglied in der Geschäftsführung von Philips Corporate Design, zuständig für Human Resources, Public Relations und Design Promotion.

aus der Sanierung derzeitiger Aktivitätenportfolios, der Aktiva-
reduzierung, der Schuldentilgung, einer verbesserten Einkaufs-
politik, der Umstrukturierung der Organisation, der Anpassung
von Kommunikations- und Kooperationsmustern, der Schaffung
eines neuen Elans und einer neuen Unternehmensausstrahlung
bestand. Es wurde eine große Anzahl von Task Forces gebildet,
die sich mit diesen Themenkomplexen beschäftigten.

Eine neue Designaufgabe

Ein entscheidender Faktor in diesem gesamten Veränderungsprozeß war der feste Vorsatz von Philips, ein innovatives Unternehmen zu sein, das einen wesentlichen Beitrag zur Verbesserung der Lebensqualität der Menschen leistet. Eine ehrgeizige
Zielsetzung, zu der jeder Bereich des Unternehmens seinen eigenen Beitrag liefern konnte, einschließlich der Corporate Design-Abteilung.

Stefano Marzano, erst kurz zuvor als Direktor dieser Abteilung
angetreten, wurde zum Mitglied der zwei wichtigsten Centu-
rion-Plattformen innerhalb des Konzerns berufen. Das sind Gremien, in denen sich der Vorstand regelmäßig mit den Mitglie-
dern der Direktionen aller Product Divisions und den wichtigsten Corporate Staff-Abteilungen über die Philips-Politik berät.
Marzano bekam in diesen Gremien als Vertreter der Design-
abteilung die Gelegenheit, seine Ansichten über neue Formen
der Produktentwicklung vorzutragen. Parallel zu den Entwicklungen auf Konzernebene schuf er in seiner eigenen Abteilung
eine Designphilosophie, die den neuen Unternehmenskurs
wirksam unterstützte. Gemeinsam mit seinem Managementteam entwickelte er zunächst eine neue Designvorgabe: die Designabteilung von Philips stellte sich die Aufgabe, durch ein
neues Designkonzept, das den Namen High Design erhielt, für
die Kunden, die Aktionäre von Philips und für die gesamte Gesellschaft Werte zu schaffen.

**Von High Complexity
zu High Design**

Der Ursprung des High Design-Konzeptes ist in Marzanos Vortrag auf dem ICSID-Kongreß 1992 in Ljubljana, der unter dem
Titel „Flying over Las Vegas" veröffentlicht wurde, festgehalten. Darin erläutert er, wie die Welt um uns herum in einem
schnellen Tempo immer komplexer wird. Die Informationsgesellschaft entartet seiner Meinung nach immer mehr in eine

Art Bombardement von Botschaften, die längst nicht immer das erwünschte semantische Niveau erreichen. Das Ergebnis dieser Entwicklungen sei eine „mentale Luftverschmutzung".

Des weiteren beschreibt er das Phänomen Hyperchoice, der Umstand, daß die Produkte immer mehr Möglichkeiten bieten – die Waschmaschine mit 20 Programmen ist dafür ein bekanntes Beispiel – und sich immer ähnlicher werden. Auch die Menschen in ihrer Eigenschaft als Kunden werden für die Unternehmen immer schwerer zu durchschauen: Die Zeit der bedeutungsvollen Marktsegmentierung ist vorbei und der Trend geht hin zu Individualisierung. Die Menschen zeigen in zunehmendem Maße ein sogenanntes transversales Verhalten, das heißt, daß sie an einem Tag verschiedenste Verhaltens- und Lebensstile miteinander kombinieren können. Ein bekanntes Beispiel dafür ist die Rolle der Frau, die zwischen sorgender Mutter, effizienter Managerin, Geliebter und Küchenprinzessin wechselt.

Zum Schluß beschreibt Marzano das Umweltproblem und das Bedürfnis nach Veränderung in Richtung einer Gesellschaft, in der Hilfsquellen bewußter eingesetzt werden als es jetzt noch der Fall ist.

Laut Marzano gibt es auf diese in sehr hohem Tempo anwachsende Komplexität nur eine einzige mögliche Antwort: ein Designansatz, der primär auf den Menschen ausgerichtet und so umfassend ist, daß bestehende Probleme wirksam in Angriff genommen werden können. In Analogie zu dem Begriff „High-Tech" wurde als neuer Begriff „High Design" gewählt.

Der Prozeß der Organisationsumwandlung

Zunächst wurde die eigene Designabteilung in die weitere Ausarbeitung und Einführung der neuen Ansätze einbezogen. Innerhalb des Philips-Konzerns ist die Corporate Design-Abteilung das Know-how-Zentrum für alle Designaktivitäten. Das Hauptquartier befindet sich in den Niederlanden (Eindhoven). Darüber hinaus gibt es in Europa, den Vereinigten Staaten und Südostasien noch etwa 25 sogenannte Satellitenstudios. Insgesamt arbeiten dort ungefähr 350 Fachspezialisten 25 unterschiedlicher Nationalitäten. Das bedeutet aber gleichzeitig, daß die interne Kommunikation über das faszinierende Konzept des High Design an sich bereits eine komplizierte Angelegenheit darstellt

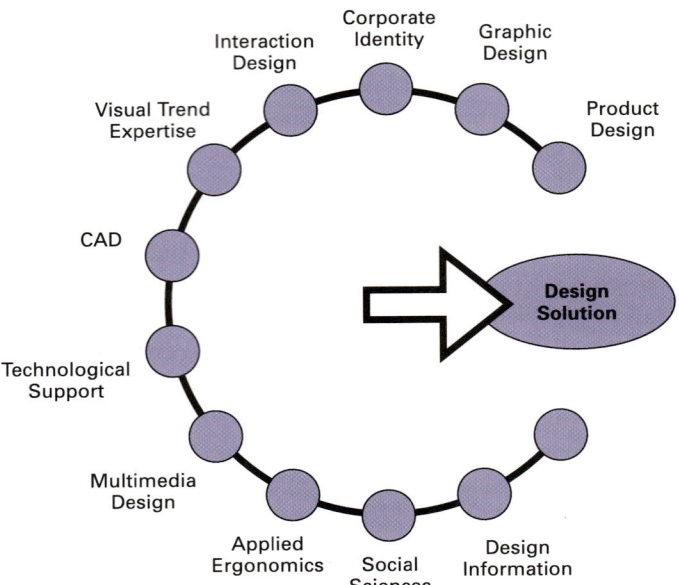

Das Philips-Modell
der **multidisziplinären**
Herangehensweise
an Designprobleme.

und einige Zeit in Anspruch nimmt. Zu diesem Zweck wurden Town Meetings veranstaltet, große Abteilungsversammlungen, auf denen den Mitarbeitern die neuen Ideen einschließlich ihrer Einführung nahegebracht wurden. Parallel dazu wurden Task Forces aus dem mittleren Management zusammengestellt. Diese Projektgruppen erhielten den Auftrag, das High Design-Konzept weiter auszuarbeiten und mit konkreten Inhalten auszufüllen. Auch diese Gruppen erstatteten dem Managementteam und den Kollegen regelmäßig Bericht. Auf diese Weise wurde ein Umgestaltungsprozeß eingeleitet, an dem fast jeder Mitarbeiter auf irgendeine Weise beteiligt war.

Von der Monodisziplin zur Multidisziplin

Mit der Zeit nahm die neue Verfahrensweise Gestalt an. Im Wesentlichen ist High Design ein Konzept, das auf die „Versöhnung" aller Möglichkeiten der modernen Technologie mit den Wünschen, Werten, Träumen und Ambitionen der Menschen ausgerichtet ist. Um dieses Ziel erreichen zu können, mußte ein anthropologischer Fokus angelegt werden, der die traditionelle

Annäherungweise des Design bei weitem überschreitet. Das bedeutet, daß neue Disziplinen in die Corporate Design-Abteilung Eingang fanden. Neben den „akzeptierten" Gruppen von Produktdesignern und Grafikdesignern gab es zwar bereits Gruppen von kognitiven Psychologen, Ergonomen und Trendforschern, aber das reichte nicht aus. Festgestellt wurde, daß die Skill Base der Abteilung durch zusätzliche anthropologische Disziplinen wie kulturelle Anthropologie, Soziologie und Verbraucherpsychologie erweitert werden mußte. Es wurde ein Werbeplan entwickelt, um außer Interaktionsdesignern und Multimediaspezialisten auch Vertreter der genannten Disziplinen einzustellen. Durch die Einführung der nicht traditionellen Disziplinen entstand gleichzeitig eine vollkommen neue Herangehensweise an die Lösung von Designproblemen: Das Philips Modell der multidisziplinären Herangehensweise an Designprobleme

Research neben Intuition

Der neue Ansatz konnte nur erfolgreich sein, wenn die gewählten Lösungen eine solide, empirische Grundlage haben würden. Intuition kann zwar bei der Problemlösung eine erfrischende Rolle spielen, eine Vorgehensweise, die zu einseitig auf diesen Aspekt ausgerichtet ist, ist allerdings nicht ausreichend. Aus diesem Grund wurde mit Research- und Kompetenzentwicklungsprogrammen in Bereichen wie Ergonomie, menschliches Verhalten im allgemeinen, Produktdesign, Grafikdesign, Interaktionsdesign, Trendanalysen, Multimediadesign, umweltfreundliches Design und natürlich dem High Design-Prozeß selbst begonnen.

Der letztgenannte Aspekt mündete in eine Aktivität, die sich zu einem eigenständigen Projekt entfaltete: Für die gesamte Abteilung wurde ein strukturierter Designprozeß entwickelt, der den neuesten Auffassungen von Projektmanagement entsprach und der bereits seit einiger Zeit von den Philips Designgruppen in allen Teilen der Welt angewandt wurde. In diesem Prozeßmodell (siehe Abbildung auf Seite 256) ist deutlich erkennbar, daß jedes Projekt verschiedene Phasen durchläuft. Zwischen den einzelnen Phasen wird jeweils ausgewertet, ob die gesetzten Ziele erreicht wurden. Von wesentlicher Bedeutung bei einer derartigen Vorgehensweise ist, daß ein entsprechendes Instrumentarium vor-

Der strukturierte Designprozeß

handen ist, das die Entscheidungsfindung unterstützt. Um dies zu bewerkstelligen, wurde eine High Design-Toolbox entwickelt, die Methoden und Hilfsmitteln sowohl für professionell-inhaltliche Themen als auch für die Prozeßführung enthält. Zusätzlich wurde ein internationales Trainingsprogramm gestartet, mit dem die erworbenen Kenntnisse und Fertigkeiten an alle beteiligten Mitarbeiter weitergegeben werden konnten.

Fluidity Management

All diese in Gang gesetzten Veränderungen mußten natürlich in ein Organisationskonzept eingebettet werden, das die neue Philosophie in jeder Hinsicht unterstützt. Dieses neue Konzept hat nichts mit den traditionellen Organigrammen zu tun, die wir aus den Büchern über Organisationstheorien kennen. Ganz im Gegenteil, es strahlt auf eine organische Weise aus, was sein Ziel ist: nämlich Träger des neuen High Design-Prozesses, einschließlich der dafür erforderlichen Flexibilität, zu sein (siehe Abbildung auf Seite 258).

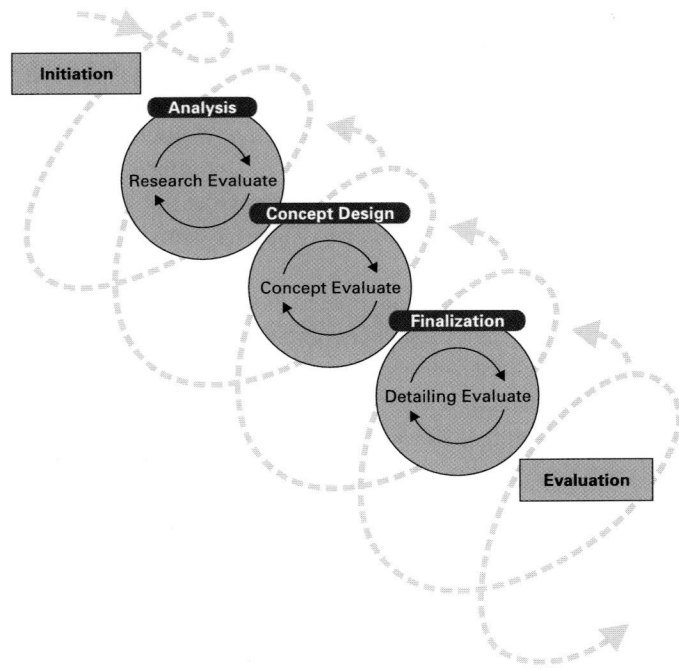

Der Philips High Design-Prozeß: Projektphasen.

Die neue Organisation besteht aus zwei Teilen. Ein Teil befaßt sich mit den Aktivitäten bezüglich Research- und Kompetenzentwicklung, der andere Teil der Organisation ist auf die Anwendung des Know-how ausgerichtet. Bei ihrer täglichen Arbeit beeinflussen sich beide Teile in starkem Maße: Know-how kann nur dann sinnvoll angewendet werden, wenn die Researchgruppen es richtig aufbereitet haben. Umgekehrt können die Researchgruppen nur dann gut arbeiten, wenn sie aus der Praxis den richtigen Input erhalten.

Der Mittelbereich bei diesem Organisationsmodell wird mit „fluidity" bezeichnet. Das „Fluidity-Prinzip" verfolgt das Ziel, die Organisation möglichst effizient und effektiv funktionieren zu lassen. Dadurch, daß die Barrieren zwischen den einzelnen Gruppen so niedrig wie möglich gehalten werden, kann zwischen den zahllosen Projekten, für die die Designabteilung die Verantwortung trägt, ein flexibler Strom von Mitarbeitern geschaffen werden. Das dient zwei Zielen: Die Mitarbeiter können sich persönlich besser entfalten, weil sie auf Gebieten eingesetzt werden, zu denen sie eine eindeutige Affinität besitzen, und gleichzeitig wird erreicht, daß die Organisation aus unternehmerischer Sicht optimal funktioniert.

Um letztlich ein Gleichgewicht zwischen der Nachfrage der Projekte und dem Angebot der Mitarbeiter zu erreichen, wurde eine digitale Datenbank entwickelt, in der jeder Mitarbeiter seine Erfahrungen und Affinitäten registrieren lassen kann, wodurch eine Beziehung bei der Planung verschiedener Projekte geknüpft werden kann.

„Let's make things better"

Seit Beginn des Centurion-Umstrukturierungsprozesses sind gut fünf Jahre vergangen. In diesen fünf Jahren hat sich bei Philips unvorstellbar viel geändert. Die Organisation hat sich angepaßt, die Unternehmenskultur hat sich drastisch gewandelt, zahllose Verbesserungsprogramme wurden ausgeführt, und parallel dazu haben sich die finanziellen Ergebnisse des Konzerns positiv entwickelt. Philips ist einen Weg gegangen, der mit einschneidenden Maßnahmen der Umstrukturierung begann und der jetzt von Erneuerung und gewinnträchtigem Wachstum gekennzeichnet ist.

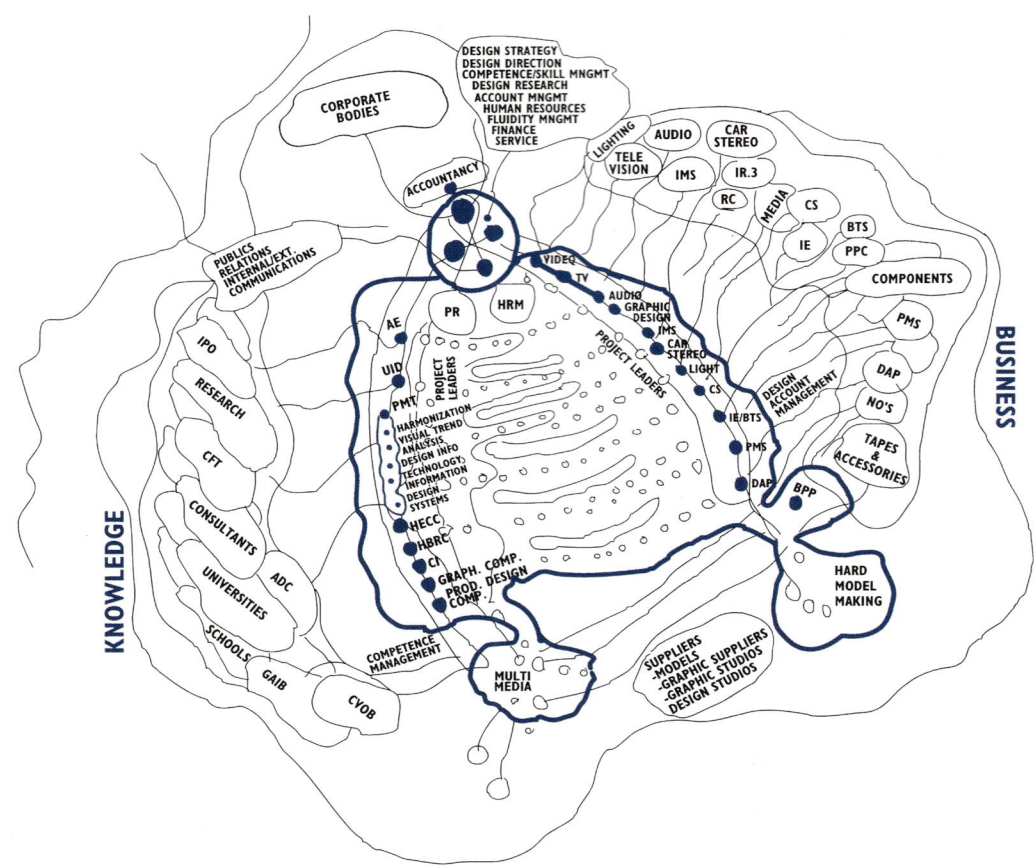

The diagram contains the following labels:

DESIGN STRATEGY / DESIGN DIRECTION / COMPETENCE/SKILL MNGMT / DESIGN RESEARCH / ACCOUNT MNGMT / HUMAN RESOURCES / FLUIDITY MNGMT / FINANCE / SERVICE

CORPORATE BODIES — LIGHTING — AUDIO — CAR STEREO — TELE VISION — IMS — IR.3 — RC — MEDIA — CS — BTS — IE — PPC — COMPONENTS — PMS — DAP — NO'S — TAPES & ACCESSORIES — BPP — HARD MODEL MAKING

ACCOUNTANCY

PUBLICS RELATIONS / INTERNAL/EXT. COMMUNICATIONS

VIDEO — TV — AUDIO — GRAPHIC DESIGN — IMS — CAR STEREO — LIGHT — CS — IE/BTS — PMS — DAP

AE — PR — HRM — PROJECT LEADERS

IPO — RESEARCH — CFT — CONSULTANTS — UNIVERSITIES — ADC — SCHOOLS — GAIB — CVOB

UID — PMT — PROJECT LEADERS — HARMONIZATION — VISUAL TREND ANALYSIS — DESIGN INFO — TECHNOLOGY — INFORMATION — DESIGN SYSTEMS — HECC — HBRC — CI — GRAPH. COMP. — PROD. COMP. — COMP. DESIGN

DESIGN ACCOUNT MANAGEMENT

COMPETENCE MANAGEMENT — MULTI MEDIA — SUPPLIERS -MODELS -GRAPHIC SUPPLIERS -GRAPHIC STUDIOS DESIGN STUDIOS

KNOWLEDGE — BUSINESS

Das Organisationsmodell
der Philips Corporate
Design-Abteilung.

Die neue Unternehmenskultur und die auf den Menschen ausgerichtete Einstellung von Philips finden ihren Ausdruck in dem Slogan, der 1995 weltweit herausgegeben wurde: „Let's make things better." Damit zeigt die Firma Philips ihren festen Entschluß, jetzt und künftig einen wesentlichen Beitrag zur Verbesserung der Lebensqualität in unserer Gesellschaft zu leisten.

Inzwischen hat Philips eine Vielzahl von Produkten auf den Markt gebracht, die entsprechend den Prinzipien des High Design-Prozesses entwickelt wurden. Viele davon wurden international anerkannt. Das wahrscheinlich bekannteste Projekt ist die Philips-Alessi-Reihe, deren Entstehungsgeschichte weiter unten beschrieben wird.

Vision der Zukunft

In der Corporate Design-Abteilung hat man inzwischen einen weiteren Schritt in Richtung der vor einigen Jahren begonnenen und formulierten Abteilungsmission gesetzt. Passend zum Vorhaben des Unternehmens, in den kommenden Jahren weiter zu wachsen, hat die Designabteilung innovative Methoden erforscht, um neue, zukünftige Geschäftsmöglichkeiten zu schaffen. Die auf den Menschen ausgerichteten Produkte und Dienstleistungen sind es, die das weitere Wachstum des Unternehmens stimulieren können. Die entwickelten Forschungsmodelle schließen direkt an die Ideen von Hamel und Prahalad an, die sie in ihrem Buch „Competing for the future" (1994) formuliert haben.

Die Philips Designabteilung hat Forschungsprogramme für die unterschiedlichen Bereiche unseres täglichen Lebens entwickelt. Die bekanntesten Projekte, die bisher gestartet wurden, sind: Workshop* (1994, in Zusammenarbeit mit Olivetti), Television at the Crossroads (1995), New Objects, New Media, Old Walls (1995) und The Enlightenment (1995). Diese Projekte basieren auf dem Forschungsmodell, das in der Abbildung auf Seite 260 dargestellt wird. Die schematische Darstellung zeigt, daß neue Produkte und Dienstleistungen, die die wahren „customer benefits" darstellen, immer das Ergebnis eines kreativen und interaktiven Prozesses sind, mit zwei Quellen als Input: die sozio-kulturellen Trends der Werte der (nahen) Zukunft und die Möglichkeiten, die uns die Technologie bietet oder bald bieten wird. In jedem der genannten Projekte wurden die menschlichen Aspekte und Technologieelemente auf eine derartige Weise miteinander „versöhnt", daß dadurch faszinierende neue Richtungen entstanden sind.

Sozio-kulturelle Trends und neue Techniken

Das Neue an diesem Prozeß ist nicht nur das Denkmuster, sondern vor allem die Tatsache, daß sich Philips dazu entschlossen hat, dieses Konzept nicht im Verborgenen zu halten, sondern an die Öffentlichkeit zu bringen. Von jedem Projekt wurden Modelle und Simulationen angefertigt, die zusammen mit einem Buch über die Hintergründe des jeweiligen Themas erschienen. In Videofilmen wurde gezeigt, wie das Projekt im täglichen Leben angewendet werden könnte. Außerdem wurden alle Produkte auf vielen internationalen Ausstellungen präsentiert. Auf diese Weise entstanden sowohl für ein breites Publikum als auch für die Meinungsforscher Möglichkeiten, auf das Ausgestellte zu reagieren und mit dem Unternehmen in einen Dialog zu treten. Philips ist davon überzeugt, daß auf diesem Weg die richtigen Bedingungen für Produkte und Dienstleistungen geschaffen werden, die auf die tatsächlichen Bedürfnisse der Menschen ausgerichtet sind. Das bisher jüngste und umfangreichste Projekt heißt „Vision der Zukunft". Es wurde im Frühjahr 1996 nach über einem Jahr Forschung vorgestellt. Mehr als 50 Konzepte und Verhaltensszenarien sind in folgende vier Gebiete aufgeteilt worden: persönliches Umfeld, das Haus, der öffentliche Raum und die Mobilität. Diese Entwürfe werden in einer ständigen Ausstellung im Philips Competence Centre in Eindhoven gezeigt. Außerdem werden sie in einem Buch, auf einer CD-I und über Internet weltweit veröffentlicht.

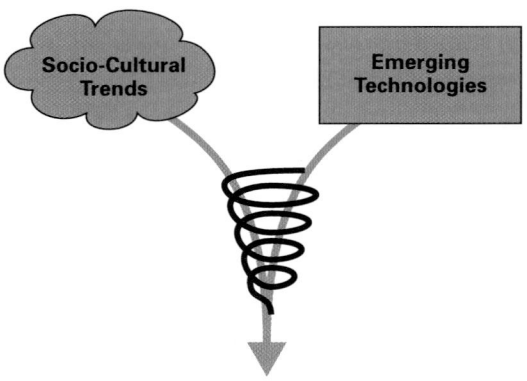

Das Philips Modell zur
**Entwicklung neuer Produkte
und Dienstleistungen.**

concepts for new products and services

Fallstudie: Philips und Alessi, zwei Komplementärpartner

Ende 1994 stellten Philips und Alessi eine neue Serie hochwertiger elektrischer Küchengeräte vor. Die Philips-Alessi-Reihe besteht aus einem Toaster, einer Zitruspresse, einer Kaffeemaschine und einem Wasserkocher. Diese besondere Produktserie ist aus der ungewöhnlichen Zusammenarbeit eines multinationalen Konzerns mit einer kleinen italienischen Designerfirma entstanden. Sie verbindet bemerkenswertes Design und auffallende Farbgestaltung mit dem neuesten Stand der Technik und

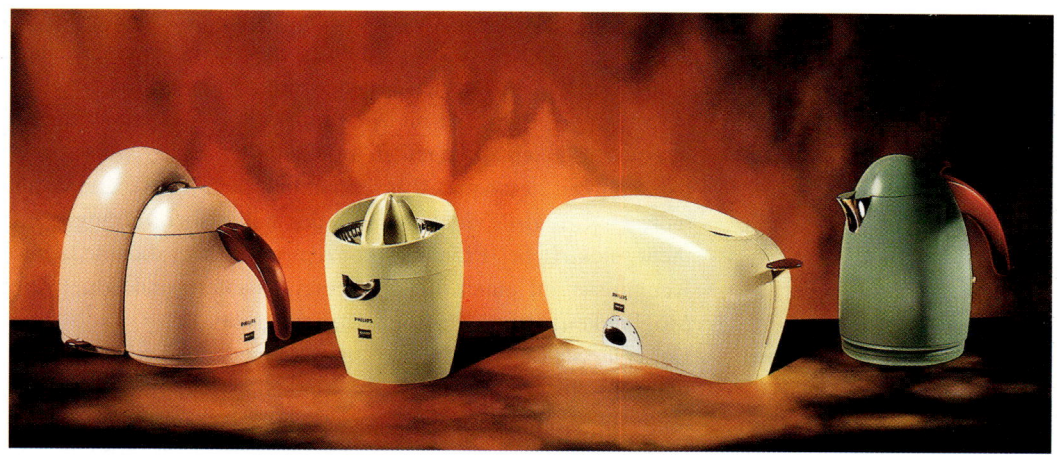

einem hohen Gebrauchswert. Dieser speziellen Kombination liegt eine spezielle Philosophie zugrunde. Die Philips-Alessi-Reihe ist auf die Verwirklichung der „menschlichen" Küche ausgerichtet. Effizienz, Hygiene und High-Tech werden mit Wärme, menschlichen Gewohnheiten und „high touch" verbunden.

Die Entstehungsgeschichte der Philips-Alessi-Reihe beginnt 1991 in Mailand. Stefano Marzano leitete an der Domus Akademie ein Seminar, in dem ein Vergleich zwischen den Designphilosophien zweier sehr unterschiedlicher Unternehmen gemacht wurde. Einerseits Philips: ein multinationaler Konzern auf dem Gebiet der fortschrittlichen Elektronik und Beleuchtungskörper, der Produkte, Systeme und Dienstleistungen in mehr als 150 Ländern verkauft. Ein Unternehmen, das sich unter anderem einen Namen mit der Kompaktkassette, der CD, der Energiesparlampe und dem renommierten Philishave Rasierapparat machte. Und andererseits Alessi: ein kleines Familienunternehmen, das auf einige nicht elektrische Produkte für bestimmte Marktnischen spezialisiert ist. Eine Firma, die sich selbst nicht als Industrieunternehmen betrachtet, sondern als Entwickler angewandter Kunst.

Es wurde sehr schnell deutlich, daß eine Zusammenarbeit fruchtbare Synergien freisetzen würde. Die komplementären und sich gegenseitig unterstützenden Kompetenzen schienen von einer gemeinsamen Ambition getragen zu werden: Ästhetik und Zuverlässigkeit in einer Produktreihe zu vereinen, die Wärme und

Die Produkte der Philips-Alessi-Reihe.

Die Konzeption

Atmosphäre atmet. Auch aus unternehmensstrategischer Sicht war die Zusammenarbeit für beide Partner die richtige Entscheidung. Der Philips-Bereich Hausgeräte und Geräte für die Körperpflege mit Hauptsitz im niederländischen Groningen konnte in einem Bereich anfangen zu arbeiten, dem bisher wenig Aufmerksamkeit geschenkt wurde, nämlich dem Marktbereich für teure High-End-Produkte. Alessi, das sich bisher vorrangig auf nicht elektrische Produkte konzentriert hatte, konnte seine Kenntnisse auf einem neuen Gebiet erweitern und erhielt die Möglichkeit, seinen Marktanteil zu vergrößern.

Die Küche: ein „geschmackloses" Labor?

Der erste Schritt war ein Workshop im niederländischen Noordwijk. Designer, Produktmanager, Marketingspezialisten, Ergonomiker und Techniker von Philips trafen sich dort mit Alberto Alessi und dem Berater Alessandro Mendini. Der Ausgangspunkt war eine Analyse der Küche, wie sie sich im letzten Jahrzehnt entwickelt hat. Das Ergebnis dieser Analyse läßt sich mit dem Begriff „fabrikmäßige Funktionalität" zusammenfassen. Es wurde festgestellt, daß die Küche zu einem geschmacklosen Labor verkommen ist: anonym, emotionslos, fast antisozial. Die technische Entwicklung und die Betonung der Funktionalität haben die Küche zu einem Ort gemacht, wo ausschließlich gearbeitet wird – und zwar am besten so kurz wie möglich. Küchengeräte werden zu seelen- und leblosen Geräten degradiert, die im allgemeinen nach Gebrauch hinter einer Schranktür verschwinden.

Würde es möglich sein, die soziale und zwischenmenschliche Funktion der Küche wiederherzustellen? Als ein Ort der Ruhe, an dem sich die Menschen treffen, der das Herz des Hauses darstellt, so wie es in früheren Zeiten üblich war, jetzt allerdings mit Produkten ausgestattet, die den Komfort modernster Technik bieten?

Richtlinien für das Design

Auf der Grundlage dieser verkürzt wiedergegebenen Analyse wurden einige Charakteristiken erarbeitet, die als Kriterium für neue Produktentwürfe dienen sollten: Affektion, Ritualisierung, Zuverlässigkeit und Gebrauchswert. Man entschied sich für vier Produkte, die fast täglich gebraucht werden und in den meisten Küchen ständig sichtbar sind.

Sie sollten eindeutig als Mitglied einer Familie erkannt werden können, unter anderem durch eine kohärente Formensprache, Materialverwendung, Farbgestaltung und User Interface. Gleichzeitig verfügt jedes Produkt über eine Anzahl individueller Qualitäten. Die Zitronenpresse hat eine sehr stabile Grundlage und einen leistungsstarken, aber äußerst geräuscharmen Motor. Die Kaffeemaschine – eine intime Einheit –verfügt über ein Spezialsystem zur Bewahrung von Aroma und Geschmack. Der Wasserkocher ist mit einem Spezialverschluß versehen und kann sowohl von Rechts- als auch von Linkshändern benutzt werden. Der Toaster mißt mit einem Sensor die Bräunung des Brotes, und sein Krümelfach ist einfach zu entleeren.

Solide Eleganz

Aus den mehr als 200 Entwürfen, die in Noordwijk angefertigt wurden, hat man zehn ausgewählt, die am besten den obengenannten vier Charaktereigenschaften entsprachen. Form, Umfang, Farbgestaltung und Materialverwendung wurden intensiv untersucht. Das Ergebnis waren weiche, klare Formen, ein robuster Umfang, vier unterschiedliche Pastellfarben mit einer festen Akzentfarbe in Halbmatt-Verarbeitung. Als Material entschied man sich für Polypropylen und rostbeständigen Stahl für einige kleine Bauteile. Während der Entwicklungsphase wurden verschiedene Tests durchgeführt. Diese sollten einerseits überprüfen, ob die Entwürfe allen erstellten Kriterien entsprachen und andererseits die Reaktion des potentiellen Käufers messen. In den Niederlanden und in Deutschland wurden Tests mit Schaumstoffmustern und Prototypen durchgeführt; die Ergebnisse zeigten, daß man sich auf dem rechten Weg befand. Die Produkte wurden zudem im Praxisbereich getestet, um dadurch ein gutes Bild von ihrer Funktionsweise in einer normalen Umgebung zu bekommen.

Heutzutage haben die meisten Produkte auf dem Markt für elektrische Geräte eine kurze Lebensdauer. Die Philips-Alessi-Reihe wurde für eine lange, zuverlässige Lebensdauer entworfen. Die elektronischen Bauelemente sind professionellen Kriterien entsprechend spezifiziert und die verwendeten Kunststoffe garantieren auch nach jahrelangem Gebrauch ein attraktives Aussehen. Der ästhetische Wert der Produkte ist so beschaffen, daß sie, auch wenn sie von neuen Technologien überholt werden, wie ein lieb gewordener Gegenstand aufbewahrt werden können.

Der spezifische Marktbereich, auf den diese Serie zielt, ist das designbewußte Trendsetter-Publikum, das bereit ist, für Exklu-

Marketing und Advertising für die neue Reihe

Verpackung und Werbung der
Philips-Alessi-Reihe.

sivität etwas mehr zu bezahlen, und das ein Auge für Faktoren hat, die die Lebensqualität verbessern können.

Aus diesem Ansatz ergibt sich eine spezielle Marktstrategie. Die Produkte werden nicht über die konventionellen Kanäle verkauft, sondern in Designläden und Geschäften für Küchengeräte, Möbel und Dekoration der gehobeneren Preisklasse.

Die Produkte spiegeln natürliche, menschliche Werte wider. Das zeigt sich auch bei der Verpackung. Die Verpackungsphilosophie, die nahtlos an die Strategie des Produktdesign anknüpft, ist auf dem Gebiet der Küchengeräte überraschend innovativ. Ebenso wie ein Teil der Produkte von Alessi wurden die Produkte der Philips-Alessi-Serie in brauner Pappe verpackt. Damit wird Einfachheit und Wärme ausgedrückt, genauso wie es die Produkte selbst tun. Eine Schnur dient als Griff, wodurch der Transport erleichtert wird. Ein ausdrucksstarkes Farbfoto verrät den Inhalt.

Werbung läuft über das Fernsehen sowie über Lifestyle- und Designzeitschriften. Die erste Präsentation vor Publikum, Meinungsforschern und der Fachpresse fand 1994 im neuen Museum von Groningen statt, das unter anderem von Alessandro Mendini entworfen wurde. Danach wurde diese Serie in fast allen europäischen Ländern auf den Markt gebracht. Inzwischen folgte Südostasien, und nun stehen auch die Vereinigten Staaten auf dem Programm.

Der Markt für elektrische Küchengeräte ist gesättigt. Häufig ist es ein Ersatzmarkt: Echte Neuerungen finden in sehr beschränktem Maße statt. Vor diesem Hintergrund ist eine hervorgehobene Marktpositionierung, hinsichtlich sowohl der Technik als auch des Design, von ausschlaggebender Bedeutung. Die Nachfrage nach der Philips-Alessi-Reihe hat sich ausgezeichnet entwickelt.

Die Kommunikation wurde von Anfang an in den Entwicklungsprozeß einbezogen. Der rote Faden war und ist: „Das Beste in Form und Funktion." Die Produkte sind innovativ, attraktiv, effektiv und einfach im Gebrauch. Sowohl das Image von Philips als auch das von Alessi konnten daraus einen Vorteil ziehen. Die Zielgruppe setzt sich nicht ausschließlich aus denjenigen zusammen, die an einem ursprünglichen und innovativen Design interessiert sind, es sind auch die Menschen angesprochen, die ihre Lebensqualität und ihre direkte Umgebung verbessern wollen, und zwar nicht dadurch, daß sie sich mit Statussymbolen umgeben, sondern einfach dadurch, daß sie sich eine Umgebung schaffen, die Ausdruck ihres Interesses für Kunst und Kultur ist.

Eine zentrale Aussage des Produkts: Stil vor Status

Die Zusammenarbeit zwischen Philips und Alessi umfaßte unter anderem folgende Aspekte: Philips war hauptverantwortlich für das Projekt; Alessi bot Know-how und Unterstützung auf den Gebieten des Design Management, des Vertriebs und der Kommunikation mit der Kunstwelt, mit der Fachpresse und den Meinungsforschern. Das Alessi-Workshop-Logo, ein Markenzeichen von Alessi, wurde speziell für diese Zusammenarbeit entwickelt.

Elemente der strategischen Allianz

Die Zusammenarbeit zwischen den beiden Parteien läßt sich als vertikal bezeichnen. Bei einer horizontalen Zusammenarbeit zweier Unternehmen kann man von der Bündelung mehr oder weniger gleicher Kompetenzen sprechen. Bei einer vertikalen Zusammenarbeit sind die einzelnen Beiträge der Partner komplementär. Jeder Partner steuert sowohl Kenntnisse und Fähigkeiten, die für den anderen neu sind – und somit neue Lernkurven eröffnen –, als auch Unterstützung für die Realisierung der gemeinsamen Ambitionen bei.

High Design und Verantwortung

Unternehmen, ob es sich um weltweit operierende multinationale Konzerne oder um kleine Spezialfirmen handelt, sind für die Lebens- und Arbeitsqualität mitverantwortlich. In einer Zeit, die von oberflächlicher Zweckmäßigkeit, Wegwerfkonsum, Entfremdung und einem ununterbrochenen Strom von „Einförmigkeit" charakterisiert wird, liegt bei ihnen unter anderem die Verantwortung dafür, neue Richtungen zu suchen. Innovationen müssen einen direkten Anschluß an die Bedürfnisse und Werte der Menschen suchen und finden. Es geschieht noch zu oft, daß neue Produkte eine Antwort auf eine nicht vorhandene (Nach-)Frage sind.

Selbstverständlich kommt das endgültige und ausschlaggebende Urteil vom Verbraucher. Aber die ungewöhnliche Zusammenarbeit zwischen Philips und Alessi hat sich als ein gutes Rezept herausgestellt, um die traditionell so getrennten Konzepte von Funktionalität und Massenproduktion auf der einen Seite sowie menschlicher Wärme und verschiedenen Formen auf der anderen Seite zusammenzufügen.

Damit veranschaulicht die Philips-Alessi-Reihe in hervorragender Weise, wozu High Design führen kann.

Literatur

Beckwith, D.: Putting a Hard Edge on Soft Values, in: *Design Management Journal,* Vol. 5 No. 4, 1994.

How to Spend It. Cuddly Appliances for a Dream Kitchen, in: *Financial Times,* 8. Oktober 1994.

Marzano, S.: Flying over Las Vegas, European Design Centre, 1993.

Hamel, P./Prahalad, C. K.: Competing for the Future, Harvard 1994.

Poletti, Rafaella: La cucina elettrica, Mailand 1994.

Rotterdam School of Management: Philips by Alessi. A Closer Look at the Strategic Alliance, Rotterdam 1995.

Wettbewerbsvorteile durch Design

von Frank Wöhner

In den vergangenen Jahren hatte Wöhner seine Position als Marktführer im Bereich der Sammelschienentechnik ausgebaut, war dabei jedoch trotz seiner innovativen Produkte bei den Verbrauchern nicht bekannt geworden. Mittels Design Management sollte diese Situation verbessert werden. Ziel war es, mit den Instrumenten des Design Management die Wettbewerbsfähigkeit in Bereichen zu steigern, die bislang weder bei Wöhner noch in der Branche insgesamt angegangen worden waren.

Der unbekannte Innovationsmeister

1929 gründete Alfred Wöhner im oberfränkischen Mönchröden, dem heutigen Rödental, die Firma Wöhner. Heute ist das Familienunternehmen in der dritten Generation im Bereich der Elektrotechnik tätig. Wöhner stellt Produkte wie zum Beispiel Sicherungssockel, Trennlastschalter und Sammelschienensysteme zur Stromverteilung und -sicherung her. Die Produkte gehen an die weiterverarbeitende Industrie (Original Equipment Manufacturer, OEM), Schaltanlagenbauer und zu einem kleineren Teil direkt an das Elektrohandwerk. Von der Entwicklung über den Werkzeugbau bis hin zur Montage können sämtliche Arbeitsgänge im eigenen Hause stattfinden. Wöhner verfügt über Know-how in der Metallfertigung – vom Stanzen bis hin zur eigenen Galvanik – sowie in der Kunststofffertigung, wobei die erforderlichen Werkzeuge im eigenen Werkzeugbau hergestellt werden.

Vor allem in den vergangenen zehn Jahren konnte das Unternehmen ein starkes Wachstum verzeichnen, 1996 werden ca. 60 Millionen Mark umgesetzt. Insgesamt werden nahezu 400 Mitarbeiter beschäftigt, davon etwa 280 im Stammwerk in Rödental. Seit kurzem baut Wöhner insbesondere die Auslandsmärkte stark aus. So wurden Tochtergesellschaften in Frankreich, England und Österreich als Vertriebsbüros mit Auslieferungslager

Frank Wöhner (1961) ist seit 1994 geschäftsführender Gesellschafter der Wöhner GmbH & Co. KG, Rödental. Nach einer kaufmännischen Ausbildung arbeitete er 1983 bis 1984 als Konstrukteur bei einem Unternehmen der Elektrobranche in England. 1985 trat er in den elterlichen Betrieb ein. 1989 bis 1992 war er Berater in einer schweizerischen Unternehmensberatung und 1992 bis 1995 Geschäftsführer eines Unternehmens der Möbelindustrie.

gegründet. Ein produzierendes Tochterunternehmen in Tschechien und ein Joint Venture in China dienen der Herstellung und dem Vertrieb. Die nordamerikanischen Märkte in den USA und Kanada werden zur Zeit über eine Kooperationsvereinbarung mit einem amerikanischen Partner aufgebaut.

Schon immer ist Wöhner von einem außergewöhnlichen Innovationsreichtum geprägt und hat die Anforderungen der Kunden bei der Entwicklung beziehungsweise Weiterentwicklung seiner Produkte stets eingebracht. Die Kunden nahmen dies dankbar an, konnten sie diese Innovationen doch als ihre „eigenen" auf den Markt bringen. Wöhner war so zum Beispiel eines der ersten Unternehmen, das auf seinem Gebiet anstelle des üblichen Isolierstoffs Porzellan Kunststoff einsetzte. Diese Entscheidung Anfang der siebziger Jahre eröffnete völlig neue Konstruktionsmöglichkeiten, die zu einem wichtigen Baustein in der Erfolgsgeschichte werden sollten.

Zu Beginn der achtziger Jahre entwickelte Wöhner ein neuartiges Produkt zur Stromverteilung. Dieses brachte grundlegende Vorteile: Ein geringerer Platzbedarf im Schaltschrank und eine einfachere und damit vor allem zeit- und kostensparende Montage.

Mit der Entwicklung des Sammelschienensystems setzte der Wandel vom Lieferanten für Sonderartikel zum Systemlieferan-

Systemabschottung für das 60 mm System bis 630 A.

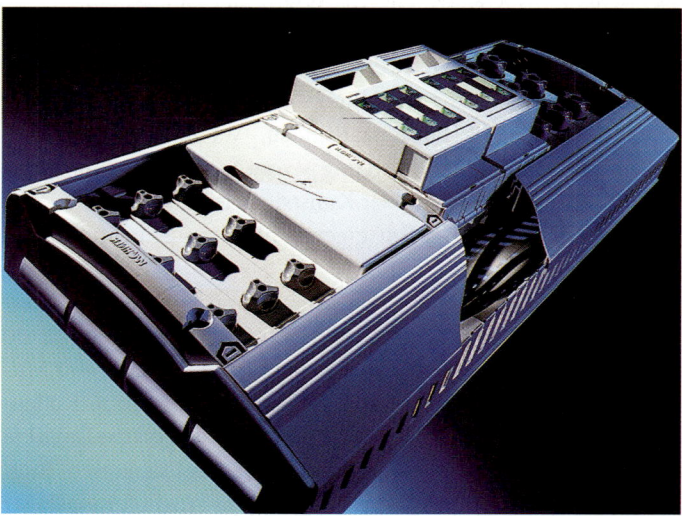

ten ein, mit welchem notwendigerweise einschneidende Veränderungen für das Unternehmen einhergingen. Die Aufbau- und Ablauforganisation wurde stetig den Veränderungen angepaßt und konnte so auf einer soliden und gesunden Basis mitwachsen. Eine unterstützende und positive Komponente bildete in diesem Prozeß sicherlich auch der äußerst konservative Markt, in welchem Veränderungen – also auch eine Innovation wie das Sammelschienensystem – nur sehr langsam eingeführt werden können. Denn damit stand ausreichend Zeit zur Umsetzung der internen Veränderungen zur Verfügung.

Bis zur Mitte der achtziger Jahre konnte sich das Sammelschienensystem immer stärker durchsetzen und wurde kontinuierlich weiterentwickelt. War diese Entwicklung auch nicht revolutionär, so brachte sie aber eine entscheidende Veränderung in der Bauweise von Schaltanlagen mit sich. Ein ausreichender Fortschritt jedenfalls, um damit auch den Bekanntheitsgrad und das Image des Unternehmens deutlich zu verbessern. Gleichzeitig wurde das neue System auf Wunsch der OEMs auch mit einem kundeneigenen Label versehen.

Als Resultat dieser Vereinbarungen blieb Wöhner jedoch beim Endverbraucher unbekannt. Wahrscheinlich hätte sich eine kleine mittelständische Firma ohne diese Maßnahme jedoch mit einem neuen System kaum durchsetzen können. Von weittragender Bedeutung war in diesem Zusammenhang allerdings, daß nach Ablauf der Schutzrechte die Wettbewerber sehr schnell begannen, dieses System nachzubauen. Viele warteten durch eine Umgehung der Merkmale das Verstreichen der Schutzzeit gar nicht erst ab und kopierten das System. Die Folge war, daß Wettbewerber die Wöhner-Innovation „Sammelschienensystem" unter eigenem Namen auf den Markt brachten und dadurch einen beachtlichen Bekanntheitsgrad erzielen konnten, was uns mit dem eigenen Produkt nicht gelang.

Der Weg zum Design Management

Diese Situation blieb in ihren Grundzügen bis Anfang der neunziger Jahre bestehen. Als vor drei Jahren die Geschäftsleitung wechselte, wurde – auch als Reaktion auf die beschriebenen Zusammenhänge – eine langfristige Strategie entwickelt, die auf Investition und Wachstum setzt, mit dem Ziel, sich vom Wettbe-

**Design-Studie
D0-Einbau-Sicherungssockel.**
Erstes überarbeitetes Produkt nach den festgelegten Design-Kriterien (Design: Peter Naumann, München).

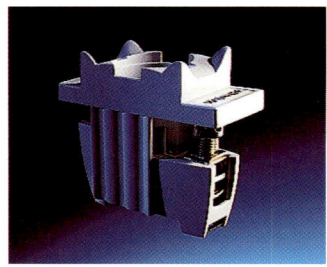

Die **wellenförmige Oberfläche** gibt dem neuen D0-Einbau-Sicherungssockel sein charakteristisches Aussehen. Wenige Kontaktpunkte zwischen den einzelnen Elementen erhöhen die Luftzirkulation und schützen vor einem Wärmestau im Verteilerkasten.

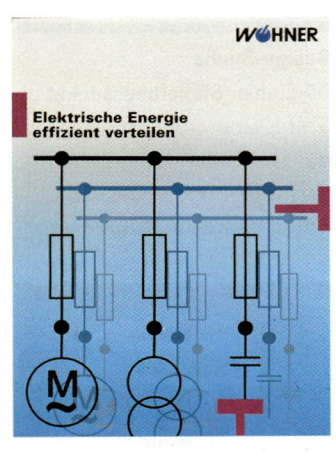

Altes Produkthandbuch
der Firma Wöhner.

Werbung allein reicht nicht

werb abzugrenzen. Hierzu sollten die Faktoren Innovation, Preis/Leistung und Design genutzt werden.

Wesentlicher Bestandteil unseres Unternehmens ist die nach wie vor fest verankerte Innovationskraft. Somit war dort bei der Umsetzung der Strategie der geringste Handlungsbedarf vorhanden. Das Preis-Leistungs-Verhältnis war unserer Auffassung nach als Ergebnis einer über Jahre hinweg bestehenden konsequenten Beziehung zu unseren Kunden ausgewogen.

Zu den bekannten Faktoren Innovation und Preis-Leistungs-Verhältnis sollte nun der neue und zugleich unbekannte Faktor Design hinzukommen und entscheidend zur Abgrenzung gegenüber der Konkurrenz beitragen. Es war uns bewußt, daß zu einer erfolgreichen Einbettung des Themas „Design" zusätzliches Know-how bereitgestellt werden mußte. Mit der Entscheidung für Design Management und dem Einsatz entsprechender Instrumente hat Wöhner in der Branche insgesamt einen neuen, wie wir glauben wegweisenden Schritt getan.

Die große Aufgabe bestand darin, das vorhandene Innovationspotential und den Nutzen für Kunden und Verbraucher zu visualisieren, was in der Vergangenheit versäumt worden war. Eine zum Zeitpunkt des Beschlusses durchgeführte Imageanalyse bei Kunden und anvisierten Zielgruppen brachte erschreckende Ergebnisse zu Tage: Seit der letzten Erhebung (vor fünf Jahren) hatte man keine Veränderung in der Wahrnehmung des Unternehmens und seiner Produkte bewirken können. Wir hatten mit hervorragenden Produkten die quantitative Marktführerschaft erreicht, waren aber nach wie vor bei den Anwendern nicht bekannt.

Der Beschluß, die Leistung des Unternehmens von nun an besser und kompetenter zu visualisieren, führte zur Zusammenarbeit mit externen Beratern. Nicht einfach nur „Werbung" sollte Wöhner ins Bewußtsein der relevanten Zielgruppen bringen, es sollte der gesamte Unternehmensauftritt im Zuge der Internationalisierung ganzheitlich angepaßt werden. Dieser Wunsch nach ganzheitlicher Veränderung führte zur Entscheidung für eine Design Management-Beratung.

Die von d…c Unternehmensberatung erstellten detaillierten Analysen zu Image und Bekanntheit von Wöhner bei Kunden und ausgewählten Zielgruppen definierte die aktuelle Ausgangssituation. Für die Analysen untersuchte man auch den Unterneh-

mensauftritt der Wettbewerber, prüfte die Anforderungen der
Kunden in bezug auf die Kommunikationsmittel und benannte
die wichtigsten zu beachtenden Faktoren. Der auf Basis der Analyse konzipierte Projektvorschlag legte Schwerpunkte auf die
Kommunikations- und Produktpolitik. Bei der Analyse wurden
die wichtigsten Kommunikationsmittel in unserem Markt re-
cherchiert und ein ganzheitliches Konzept vorgeschlagen, das
aufzeigte, wie man sich von den Wettbewerbern unterscheiden
könnte.

Vor der Präsentation der Unternehmensberatung hielten sich
Neugier und Skepsis auf unserer Seite die Waage. Doch es zeigte sich, daß die richtige Entscheidung gefallen war. Wir waren
erstaunt, wie anders und interessant man über Wöhner und die
Elektrotechnik reden kann. Von nun an herrschte ein neues Bewußtsein dafür, was mit Kommunikation bewirkt werden kann.
Wir wollten ja nicht einfach nur „Werbung" machen, sondern
das Thema Kommunikationspolitik ganzheitlich angehen. Man
schlug uns vor, das ureigene Thema unserer Tätigkeit aufzugrei-
fen: die Energie! In der Branche redeten wir genauso wie alle anderen immer nur von irgendwelchen Maßen oder Kurzschlußlei-
stungen und anderen Kennwerten. Dementsprechend nüchtern
und sachlich waren auch die Kataloge, Verkaufsmaterialien und
Anzeigen, aber auch die Produkte selbst. Daß in der Beherr-
schung der Elektrizität mit all ihren Urgewalten immens viel
Faszination liegt, bedachte bislang niemand.

**Design eröffnet völlig
neue Perspektiven**

Unser Unternehmen hat die Aufgabe, Energie als Elektrizität dienstbar zu machen. Selbst hatten wir uns noch nie überlegt, daß wir an der Schnittstelle zwischen Angst (ungebändigte Energie, Blitz) und Wohlstand (Elektrizität) arbeiten. Mit dieser Sicht gelingt es, mittels der Materie Emotionen zu wecken, die in jedem Menschen schlummern, auch im Elektriker, der unsere Produkte verwendet. Auf der Grundlage dieser Betrachtungsweise entstand ein kommunikativer Leitfaden, an dem wir uns für die künftigen Maßnahmen orientieren konnten. Wir konnten die grundlegenden Kommunikationsmittel aus den Erkenntnissen der Marktstudie ableiten. Neben diesen waren aus dem Konzept auch die für die Markenbildung und die Produktentwicklung notwendigen Parameter abzuleiten.

Die Einbettung des Design Management ins Unternehmen

Als Ansprechpartner der Unternehmensberatung wurden der Marketingleiter sowie der Leiter Technische Entwicklung benannt. Bei ihnen lag die operative Zuständigkeit der Umsetzung, jede weiterführende Maßnahme wurde darüber hinaus auf Geschäftsführungsebene diskutiert und freigegeben. Die aktive Beteiligung der Geschäftsführung bei der strategischen Ausrichtung der Maßnahmen war uns dabei eine Selbstverständlichkeit – die außerdem eine höchst anregende Auseinandersetzung mit einer neuen Materie bedeutete.

Die ersten Maßnahmen: neue Kommunikationsmittel

Die Marktstudie hatte unter anderem ergeben, daß neben den Fachmessen und den Fachzeitschriften das wichtigste Kommunikationsmittel der eigene Produktkatalog ist. Gleichzeitig erörterte die Studie auch die Anforderungen an den Katalog, so daß wir genau wußten, worauf es bei ihm ankommt. In vielen Dingen, die wir bereits bis zu diesem Zeitpunkt in unseren jährlich neu erscheinenden Katalog einfließen ließen, wurden wir bestätigt. Aber wir wurden auch auf Verbesserungen aufmerksam gemacht und waren bereit, diese aufzunehmen und einzuarbeiten. Gemeinsam mit der Unternehmensberatung beschlossen wir, den nächsten Katalog als erstes Medium für unseren neu definierten Unternehmensauftritt zu nutzen. Erstmalig wurde nun das erarbeitete Konzept angewandt. Auswahl und Steuerung ge-

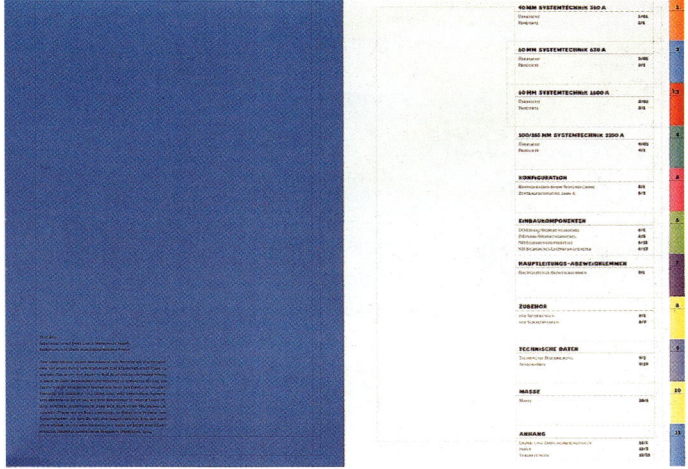

Registerseite des neuen
Produkthandbuches.

eigneter Grafiker übernahm die Unternehmensberatung. Sie
sorgte auch dafür, daß die Ergebnisse der Marktforschung in das
Konzept und die Entwürfe für das neue Produkthandbuch einfließen konnten.

Obwohl schon vor der Präsentation der ersten Layouts die Spannung und Neugier gegenüber der Skepsis überwogen, wurden
unsere positiven Erwartungen noch weit übertroffen. Die Vor-
schläge des ausgewählten Grafikers begeisterten uns alle, angefangen bei der Gestaltung bis hin zu der Übersichtlichkeit, die
durch ein anderes didaktisches System des Katalogaufbaus völlig neu interpretiert wurde. Nachdem wir dieses neue Produkthandbuch an unsere Kunden verschickt hatten, geschah etwas
vollkommen Unerwartetes: Wir erhielten zum ersten Mal spontane Zuschriften, in denen wir zu unserem neuen Katalog be-
glückwünscht wurden. Darüber waren wir natürlich überaus er-
freut, da der Schritt auf der gestalterischen Ebene in unserer konservativen Branche doch sehr gewagt erschien.

**Das neue Konzept begeistert
Mitarbeiter und Kunden**

Natürlich bedeuten Veränderungen auch immer, Abschied zu
nehmen von eingefahrenen Dingen und Prozessen, und so war
nicht jeder von Anfang an glücklich über den neuen Katalog.
Verantwortlichkeiten hatten sich verschoben, der neue „Stil"
schien manchem nicht passend für Wöhner. Aber genau das wer-
teten wir als Zeichen dafür, daß Dinge in Bewegung gerieten. In
dieser Phase war es uns wichtig, Kritik bezüglich der täglichen

Imagebroschüre:
Aufbau der Innenseiten.

Eine besondere Auszeichnung:
der Deutsche Preis
für Kommunikationsdesign

Benutzung nicht nur aufzunehmen, sondern bewußt abzufragen. Wir sprachen über neue Themen, intern und auch mit unseren Partnern und Kunden. Später wurde dann auch noch von neutraler fachlicher Seite bestätigt, daß uns dieses neue Produkthandbuch absolut geglückt war: Es erhielt eine Auszeichnung beim Deutschen Preis für Kommunikationsdesign, und wir fanden uns plötzlich neben so renommierten Unternehmen wie Mercedes Benz, Erco und der Expo 2000 wieder.

Konzept und Layout des Produkthandbuches wurden in der Folge dann auch für die Einzelprospekte, die Produktinformationsblätter, angewandt. Diese dienen dazu, den Kunden gezielt über ein bestimmtes Produktspektrum zu informieren. Innerhalb der speziell entwickelten Didaktik wird hier zum Beispiel auf die neue Tabellensystematik und Farbcodes zurückgegriffen, mit denen im Handbuch die Kapitel übersichtlich getrennt und Produkte den entsprechenden Bereichen zugeordnet wurden.

Im Rahmen der Marktstudie fanden wir – wie oben bereits erwähnt – heraus, daß die meisten Kunden ihre Partner auf den Fachmessen ausfindig machen. Deshalb war es für uns von allergrößter Bedeutung, bei der Gestaltung eines neuen Messestandes verstärkt auf das Image des Unternehmens hinzuwirken. Eine entscheidende Grundlage bildete hierbei und für alle folgenden Projekte ein gemeinsam mit der Unternehmensberatung durchgeführter Workshop zur Unternehmensidentität. Die Zusam-

menarbeit mit dem Beratungsunternehmen war bereits einge-
spielt: Suche nach geeigneten Standarchitekten, Briefingerstel-
lung, Steuerung und Absprachen. Neben unserer wichtigsten
Messe, der Industriemesse in Hannover, nehmen wir jährlich an
vier bis fünf Regionalmessen teil. Der bestehende Messestand
hatte das Ende seiner Lebenszeit erreicht und mußte ersetzt werden. Bezogen auf unseren neuen Unternehmensauftritt war der
Zeitpunkt geradezu ideal. Ein wesentlicher Teil der Anforderungen an einen neuen Messestand war im Kommunikationskonzept
bereits definiert.

Das vom Projektteam erarbeitete Ergebnis war wiederum hervorragend. Der neue Messestand wirkt technisch, transparent
und vermittelt die Faszination der Elektrizität. Die Architekten
benutzten Schaltschränke, in die unsere Produkte im „Alltag"
eingebaut werden, und schufen so eine attraktive, anwendungsorientierte Präsentation der Produkte. Lediglich die Pro-
file wurden oberflächenbehandelt und in einem Sondermaß so
gestaltet, daß der Besucher die Produkte in ihrer gewohnten
Umgebung sieht. Die Schaltschränke wurden teilweise an der
Vorder- und Rückseite mit Glasplatten versehen. Dadurch er-
gab sich aus bestimmten Blickwinkeln der Betrachtung ein
Flimmern, ähnlich dem Flimmern, das über starke Farbkontra-
ste (Komplementärkontraste) auch im Produkthandbuch erzeugt wurde.

In einem Bericht über Messestände einer Fachzeitschrift für Design und Gestaltung wurde auch unser Messestand als gelungenes Beispiel für innovative Messestandarchitektur hervorgeho-
ben. Natürlich fördert diese kostenlose Werbung ein positives
Image. Sicherlich, mit designorientierten Printmedien erreichen
wir nicht die Anwender unserer Produkte, aber eine für uns neue
Gruppe von Absatzmittlern, die Planungsbüros, könnten zum
Beispiel durchaus auch zu den Lesern gehören.

Produkthandbuch, Produktinformationsblätter und der Messestand hatten für eine gesteigerte Wahrnehmung von Wöhner in
der Fachöffentlichkeit gesorgt. Als erste unterstützende Maßnahme konzipierten unsere Berater in Zusammenarbeit mit einem Grafikbüro eine imageorientierte Anzeigenkampagne für
Fachzeitschriften. Es sollte das erste Mal sein, daß unser Unternehmen mit ganzseitigen vierfarbigen Anzeigen wirbt. Gestützt
wurde das Konzept und die Auswahl der relevanten Medien

**Imageanzeige
für Fachzeitschriften,**
Beispiel:
Systemabschottung
(Design: quandel design/
Frankfurt am Main).

Unterstützende Maßnahmen

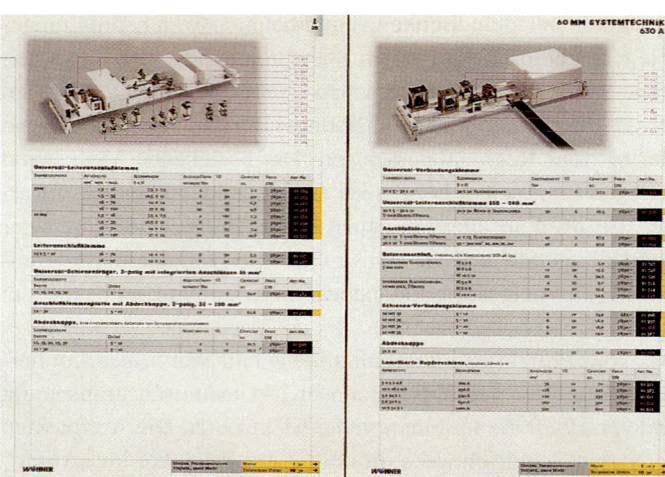

durch eine Medienanalyse des Beratungsunternehmens. Die Anzeigen bauten ebenfalls auf den grafischen Grundelementen des Produkthandbuchs auf. Zwei Arten von Anzeigen sollten auf das Unternehmen aufmerksam machen. Zum einen eine Anzeige, bei der die Produkte im Mittelpunkt stehen, zum anderen eine modifizierte Version, bei welcher der Einsatz von Wöhner-Produkten unter höchsten Ansprüchen in technisch innovativen Projekten gezeigt wird.

Die angestrebte „Ausformulierung" des Images auf Bild- und Wortebene in Form einer Selbstdarstellungsbroschüre wurde immer intensiver gefordert. Parallel zu den beschriebenen kommunikativen Aktivitäten erarbeiteten wir gemeinsam mit der Unternehmensberatung ein Konzept für die erste Wöhner-Imagebroschüre. Mit ihrem Erscheinen zur Hannover Messe 1996 besitzen wir endlich ein breit streubares Instrument zur Imagepflege. Die Imagebroschüre wird innerhalb des Kommunikationskonzepts wie das Produkthandbuch und die Produktinformationsblätter an ausgewählte Zielgruppen versendet. Alle Maßnahmen wurden aufeinander abgestimmt und sollen in ihrer Gesamtheit den gewünschten Erfolg bringen. Zusätzlich sollen neue Medien individuell auf das Unternehmen und seine Anwendungsbereiche zugeschnitten werden. So entsteht ein Planungsposter mit einer neuartigen, anwenderfreundlichen Produktübersicht.

Bei der Unterschiedlichkeit der Ebenen und der Vielfalt der Medien und Maßnahmen insgesamt ist es wichtig, eine übergeordnete Kontrolle einzurichten. Wir haben uns deswegen entschieden, über die Einrichtung eines Corporate Design-Controlling durch unsere Unternehmensberatung bei allen Maßnahmen grafischen und sonstigen „Wildwuchs", der sich sonst erfahrungsgemäß sehr schnell einschleicht, schon im Vorfeld auszuschließen.

Die Entwicklung der grundlegenden Printprodukte hat uns gezeigt, wie wertvoll das Konzept des Beratungsunternehmens war, wie nützlich die anfangs erwähnte Annäherung an die Themen Energie und Elektrizität. Vom Produkthandbuch über die Anzeigen bis hin zum Messestand und der Imagebroschüre wird das neue Wöhner-Image vermittelbar. Das Bild, das in den Köpfen entsteht, wenn von Wöhner die Rede ist, hat Gestalt angenommen. Ganz entscheidend ist dabei, daß es nicht irgendeine Gestalt ist, sondern diejenige, die das Unternehmen aus sich heraus formt, denkt und lebt.

Als vorläufiger Abschluß der Entwicklung neuer Printprodukte soll in nächster Zeit ein Newsletter erscheinen, der nach innen und außen über aktuelle Aktivitäten informiert.

Mit der Entscheidung für Design Management kamen neue Aufgaben mit einem deutlichen Schwerpunkt in der Kommunika-

Corporate Design-Controlling zur Wahrung der ursprünglichen Richtlinien

Messestand der Firma Wöhner: Die Standarchitektur aus Aluminium, Glas und Buchenholz ermöglicht Ein- und Durchblicke in eine anwendungsorientierte Produktpräsentation (Design: Eckart + Barski/ Frankfurt am Main).

Wöhner-Produkte
werden in
transparenten Schaltschränken
anwendungsorientiert
vorgestellt.

tion auf das Unternehmen zu. Wir wollten Wöhner als leistungsfähiges und innovatives Unternehmen ins Bewußtsein relevanter Zielgruppen bringen. Bestätigt duch die erfolgreiche Einführung des Produkthandbuchs und der folgenden Maßnahmen entschlossen wir uns, die entwickelten Konzepte intensiv zu nutzen und weiterzuentwickeln, indem wir eine neue Stelle für Unternehmenskommunikation schufen.

An dieser Schnittstelle – nach innen zu den einzelnen Abteilungen, nach außen zu Kunden, Partnern, dem Beratungsunternehmen und der Öffentlichkeit – laufen alle Informationen und Aktivitäten zur Umsetzung der einzelnen Maßnahmen zusammen.

Der für die Internationalisierung des Unternehmens notwendige Aus- und Aufbau interner Kommunikationsstrukturen läuft ebenfalls über diesen Strang.

Designorientierte Produktentwicklung

Neben den beschriebenen Kommunikationsaktivitäten wurde innerhalb des Design Management-Prozesses sehr früh über die Möglichkeiten einer designorientierten Produktentwicklung nachgedacht. Auch hier steht am Anfang eine Studie. Wir beauftragten unsere Berater mit der Analyse unserer Produkte und der Konkurrenzprodukte aus designrelevanter Sicht. Dabei sollten die jeweils verfolgten Stilprinzipien und die charakteristischen formalen Merkmale der Produkte analysiert werden.

Das Ergebnis war gar nicht mehr so überraschend: Keines der untersuchten Produkte, unsere eigenen eingeschlossen, verfügte über eine eigenständige, charakteristische Formensprache und war deutlich zu identifizieren. Alle Unternehmen bedienten sich des gleichen Stilprinzips. „Gestaltet" wurden ausschließlich Teile, die nach dem Einbau in einen Schaltschrank noch sichtbar sind. Zu untersuchen waren nur die Farbgebung von Kleinstteilen, die Aufbringung des Firmenlogos und ähnliche Merkmale. Mit diesem Wissen konnte der Weg zu einem eigenständigen Produktdesign für Wöhner präzisiert werden. Es galt, dem Bild, das es über die Imagebroschüre, den Katalog usw. bereits gab, auch auf der Ebene der Produkte gerecht zu werden.

Nach dem neuen Unternehmensauftritt: neu gestaltete Produkte

Im weiteren Verlauf wurde unter verschiedenen Stilprinzipien das für unser Unternehmen geeignetste bestimmt. In Zusammenarbeit unserer Entwicklungsabteilung mit der Unternehmensberatung und einem ausgewählten externen Designer wurde ein individuelles Design entwickelt, das eigenständig auf den Hersteller Wöhner hinweist.

Gleich das erste Projekt mußte höchsten Ansprüchen gerecht werden: Das Produkt mußte komplett überarbeitet werden, um die bestehende Baureihe ablösen zu können. Dabei mußte die starke Konkurrenz aus den Billiglohnländern abgewehrt werden. Das neue Produkt mußte also preiswert sein, um die Billiganbieter vom Markt zu verdrängen, und gleichzeitig entscheidende Vorteile haben, um gegen Dumpingpreise gefeit zu sein. Wir lernten: Design muß nicht teuer sein! Im Gegenteil. Professionell eingesetzt, kann es kostensparend wirken.

Unser langfristig angelegtes Ziel ist es, uns durch den gezielten Einsatz von Design von den Wettbewerbern abzusetzen. Bei den langen Produktlebenszyklen in unserer Branche ist der Weg zu einem einheitlichen Produktdesign zwar noch weit, aber in jedem Fall wichtig und lohnend. Auch hier gilt, daß der erarbeitete Vorsprung gleichbedeutend ist mit einem Wettbewerbsvorteil.

Design muß nicht teuer sein!

Die angestrebte Veränderung in der Wahrnehmung unseres Unternehmens ist zu großen Teilen in Gang gebracht. Eine jährlich durchgeführte Marktforschungsstudie der Design Management-Beratung bietet die notwendige Erfolgskontrolle. Auf ihrer Basis werden Korrekturen vorgenommen und Ausprägungen verstärkt.

Zurückblickend kann man feststellen, daß wir in den vergangenen zwei Jahren sehr viel weiter gekommen sind, als wir ursprünglich vorgesehen hatten. Die Branche beobachtet intensiv den Prozeß, in dem wir uns befinden, während uns die erzielten Resultate zunehmend bestätigen. Die Internationalisierung wird uns und unsere Berater vor neue Aufgaben stellen, wir sind aber jetzt schon sicher, in der neuen „internationalen Liga" mitspielen zu können.